HISTOIRE

DU

RÉGIME DOTAL

ET

DE LA COMMUNAUTÉ EN FRANCE.

CORBEIL, IMP. DE CRÉTÉ.

HISTOIRE

DU

RÉGIME DOTAL

ET

DE LA COMMUNAUTÉ EN FRANCE.

(MÉMOIRE COURONNÉ PAR LA FACULTÉ DE DROIT D'AIX.)

PAR M. CH. GINOULHIAC,

DOCTEUR EN DROIT.

« Ce que je me suis proposé de déduire
« en ce lieu est du fond de notre vieux
« droit de la France. »
(PASQUIER, *Lettres*, liv. IX, ch. I.)

PARIS,

JOUBERT, LIBRAIRE DE LA COUR DE CASSATION,

Rue des Grès, 14, près la Faculté de droit.

1842

A monsieur **Villemain**, *ministre de l'Instruction publique.*

MONSIEUR LE MINISTRE,

En vous offrant l'hommage de ce livre, je n'ai pas eu égard à son mérite, j'ai voulu remplir un devoir envers l'illustre chef de l'enseignement en France, le protecteur éclairé des sciences historiques et juridiques, qui par la direction qu'il a imprimée aux grandes études de l'histoire et du droit, et par les encouragements qu'il a donnés à ceux qui entrent dans la carrière littéraire, a droit de recevoir les prémices de leurs travaux.

Daignez agréer à ce titre, Monsieur le Ministre, l'hommage de ce livre, ainsi que celui du profond respect avec lequel je suis,

De votre Excellence,

Monsieur le Ministre,

Le très-humble serviteur,

Ch. Guioulbiac.

Ce n'est pas **un ouvrage systématique** que j'offre au public ; il n'a pas été composé d'après un plan arrêté d'avance où les matériaux viennent se ranger, de gré ou de force, à la place qui leur a été assignée *à priori*. Ce sont de simples recherches que j'ai entreprises dans le seul but de jeter quelque jour sur l'origine du Régime dotal et de la Communauté, et d'étudier leur histoire en France, en appliquant cette étude à nos lois actuelles. J'ai recherché, j'ai examiné, et puis j'ai conclu, n'ayant pas cru devoir poser mes conclusions avant d'en connaître les prémisses. Aussi regrettera-t-on peut-être, dans ce livre, ces grandes idées qui dominent tout

A

un sujet, et soumettent les faits eux-mêmes
à leur empire ; mais ce qu'on gagne à cette
haute philosophie, on le perd souvent en
exactitude, et c'est elle, à mon sens, qui fait
le principal mérite d'une étude historique.
Ainsi, je le répète, je n'ai pas écrit au profit
de tel ou tel autre système. Ce travail a
d'ailleurs été composé comme mémoire sur
une question spéciale ; j'ai dû lui conserver
en partie sa forme primitive, et en le livrant
au public, je le mets sous le patronage de
ceux qui ont bien voulu l'honorer de leur
suffrage.

Aix, 15 avril 1842.

INTRODUCTION.

« Interrogez ceux qui sont nourris au
« pays de droit escrit, ils vous diront que la
« séparation de biens est, sans comparaison,
« meilleure que la communauté; et ceux du
« pays de coustume donneront leur arrest
« en faveur de la communauté de biens;
« tant a de tyrannie sur nous un long et an-
« cien usage ! » (1) Il y a trois siècles que
Pasquier écrivait ces choses, et nous pouvons les répéter encore aujourd'hui. Cependant depuis lors de grandes révolutions ont
agité la France, bouleversé la société, changé la législation. Le droit romain et le droit
coutumier ont été confondus dans un même
code, et les pays de droit écrit et de cou-

(1) Pasquier, *Recherches de la France*, liv. IV, chap. XXI.

tume ont été absorbés dans l'unité territoriale et législative. Mais il est des sentiments qui chez un peuple résistent au choc des révolutions et que les lois ne peuvent éteindre, parce qu'ils sont puisés dans ses habitudes, dans ses mœurs, dans les traditions de son origine. Aussi de tout temps la loi romaine et la loi coutumière ont eu leurs sujets et leurs champions ; elles avaient jadis leur territoire ; et aujourd'hui qu'elles ne subsistent plus comme lois, on y conserve leurs principes comme des traditions que les habitants se transmettent d'âge en âge, et que la jurisprudence consacre dans ses arrêts. C'est un fait digne de remarque, que cette dissidence constante des Cours royales du Midi et du Nord sur certaines questions de droit ; elle nous prouve l'influence toujours vivante des anciennes lois du pays et de la jurisprudence des parlements (1).

(1) Parmi ces questions, nous ne citerons que celle de la nature de la légitime ou réserve qui a divisé les Cours du Midi et du Nord : les unes, les jugeant d'après les principes de la loi romaine, les autres, d'après ceux du droit coutumier qui étaient tout différents. On sait que la Cour de cassation, après avoir embrassé l'opinion de ces dernières dans l'arrêt Roque de Mons, est revenue à l'autre.

Parmi ces traditions, celle qui s'est le plus religieusement conservée dans le Midi est, sans contredit, le régime dotal que n'a pu vaincre la communauté, malgré son adoption comme régime légal pour toute la France. Dans ce pays on croit encore, et peut-être non sans raison, que le régime dotal est le régime par excellence, et l'on n'y trouve que de rares exemples de communauté (1). Naguère encore, un de nos jurisconsultes les plus éminents élevait la voix au milieu d'une assemblée célèbre, et payait son tribut de citoyen du Midi en faveur d'une loi et d'un régime dont il connaissait tous les avantages et qu'il avait appris à aimer et à respecter (2). Dans le Nord (3), on n'est pas resté en arrière de patriotisme ; la

(1) Ces exemples sont plus fréquents depuis quelque temps, il faut bien l'avouer ; et les gens du peuple qui n'ont rien, ne croient plus, comme autrefois, qu'un contrat devant notaire soit nécessaire pour le mariage ! La négligence fera peut-être ainsi, pour la communauté, ce que n'ont pu faire les lois.

(2) M. Siméon, dans un mémoire lu à l'Académie des sciences morales et politiques, le 9 juillet 1835. Voy. *Revue de législation*, t. II, p. 306 et suiv.

(3) En Normandie cependant, le régime dotal est aussi généralement pratiqué qu'en Provence, parce que le ré-

communauté y est non-seulement en vigueur, mais on n'y conçoit pas même l'existence et l'adoption du régime dotal, *tant a de tyrannie sur nous un long et ancien usage !*

En présence de ces opinions contraires, inconciliables même, pouvons-nous dire, la Faculté d'Aix a cru devoir appeler l'attention sur la préférence à accorder à l'un des deux régimes. Cette question souvent agitée n'est pas résolue pour le Midi, qui supporte avec peine le joug d'une législation étrangère, et proteste tous les jours dans les contrats contre la violence qui lui est faite. Elle n'est pas non plus sans importance, car elle tient aux intérêts les plus intimes de la famille, et par suite de la société.

Le régime d'association conjugale est une des lois de la famille : à lui s'applique aussi ce que disait un des plus grands philosophes de l'antiquité : « *Pour qu'une république soit bien constituée, les premières lois doivent être celles qui règlent les ma-*

gime de la coutume de Normandie se rapprochait beaucoup de celui du droit romain.

riages » (1). Le mariage est lié à la famille dans toutes les législations, car d'elle il tient son importance et sa nature propre, qui le distingue de tous les autres contrats. Il n'a pas seulement pour objet la procréation des enfants, mais aussi leur entretien, leur éducation, leur position dans la famille et la société; comme union des époux, en les obligeant à la vie commune, il leur impose en même temps l'obligation de s'aider, de se secourir mutuellement, et crée ainsi, dans leur intérêt et dans celui de la famille, des devoirs communs et réciproques. C'est pour les remplir qu'une mise en commun des biens et des travaux de chacun des époux est nécessaire. De là, ce calcul qu'on ne doit pas négliger, selon Pline-le-Jeune, dans les mariages (2); de là, ces conventions nombreuses pour régler la quotité et le mode de

(1) Γαμικοὶ δὲ νόμοι πρῶτοι κινδυνεύουσι τιθέμενοι καλῶς ἂν τίθεσθαι πρὸς ὀρθότητα πάσῃ πόλει (Platon, *De legibus*, lib. IV). —Nullus est contractus, cui tot adjiciantur contractus alii, ne de pactionibus loquar, nam celebrior est contractus cæteris omnibus, quippe qui primus est omnium contractuum. Cujas, ad tit. 1, lib. V, Cod., *eod.*

(2) Plinii *Epistolæ*, lib. I, cap. XIV. Et sanè de posteris

cet apport, selon les circonstances de la fortune et de la position des époux ; et ce régime d'association conjugale en usage, quoique bien différent, chez tous les peuples et dans toutes les législations.

Ce régime ne peut être que le résultat et la combinaison des droits et des intérêts qui concourent dans le mariage ; il dépend surtout des droits personnels et de la position de chacun des membres de la famille. Qu'on proclame avec les vieux Romains l'omnipotence absolue du père de famille et la *manus* de l'épouse ; alors il ne sera plus question des droits de celle-ci pendant le mariage, et la seule loi qui régira la personne comme les biens sera celle de la puissance. Que cette puissance ne soit au contraire qu'une simple tutelle, ou même qu'elle se réduise à l'autorité morale que confère au mari sa qualité de chef de l'union conjugale et de la famille, l'épouse et les enfants pourront avoir sous cette autorité des droits propres, indépendants de ceux du père. Les droits des époux sont encore modifiés quelquefois par ceux

et his pluribus cogitanti, hic quoque in conditionibus deligendis ponendus est calculus.

de leur famille respective ; car le mariage, pour créer des liens nouveaux, ne brise pas toujours ceux qui existaient déjà.

Ainsi, le régime d'association conjugale dérive des lois constitutives de la famille ; c'est par elles qu'il est réglé : comme toutes les institutions humaines, plus que toutes les autres même, car elles tiennent plus intimement à la constitution de la société, ces lois varient avec chaque peuple, suivant ses mœurs et son génie particulier. De leur différence naît celle des divers régimes d'association conjugale qui en sont la conséquence, et cette diversité du régime romain et du régime germain qui doivent faire l'objet de notre travail. Aussi, ces systèmes essentiellement différents l'un de l'autre, ne sont pas nés et ne se sont pas développés chez le même peuple et dans le même état de civilisation ; ils sont, au contraire, l'expression de mœurs et de lois différentes. Avec la puissance paternelle et maritale, ils ont eu chacun leurs phases diverses, suivant les temps et les nations ; ils ont subi plus ou moins l'influence de l'esprit de famille. Comme toutes les autres parties de la législation, ils ont aussi leur histoire.

Cette histoire peut seule, en nous révélant le secret de l'origine des deux systèmes, et en nous les montrant à leur naissance et dans leur développement ou leurs modifications, toujours en harmonie avec l'état de la famille et de la société, nous faire connaître leurs vrais principes et nous donner en même temps la raison de leurs différences et de la lutte de leurs partisans.

Quoique nés chez des peuples divers et au milieu de lois différentes, ces deux systèmes se présentent aujourd'hui chez un même peuple et dans une même législation; mais, malgré leur réunion, ils sont encore opposés par leurs principes, comme autrefois lorsque chacun avait ses sujets et son territoire. Leur existence simultanée comme droit commun est impossible; il faut donc, pour donner la préférence à l'un d'eux, tenir compte de l'état actuel de la famille, de la société, et aussi de la législation en France; car *les lois sont faites pour les hommes et non les hommes pour les lois* (1).

(1) *Discours préliminaire du Code civil.*

Ici l'histoire seule peut nous répondre et, comme l'a dit Montesquieu, « Il faut éclairer l'histoire par les lois et les lois par l'histoire » (1).

La question de préférence des deux régimes n'a pas encore été traitée sous ce point de vue; il nous paraît néanmoins le seul qui puisse conduire à des conclusions satisfaisantes et précises, parce qu'elles reposent sur des faits, et qu'elles ne sont plus laissées à l'opinion prévenue et arbitraire des partisans de l'un ou de l'autre système. D'un autre côté, l'histoire du régime dotal et de la communauté en France n'ayant pas été l'objet d'un travail spécial (2), nous a paru digne de fixer l'attention : *Quis est enim quem non moveat clarissimis monimentis testata consignataque antiquitas* (3)? L'histoire, appliquée à l'étude du droit français, est appelée à de hautes

____

(1) *Esprit des lois*, liv. XXXI, ch. 11, *in fine*.

(2) Quant aux divers ouvrages qui, sans avoir pour objet cette histoire, ont pu nous être utiles dans nos recherches, nous les citerons dans les diverses parties de notre travail auxquelles ils se rapportent.

(3) Cicéron, *De divinatione*, lib. I.

destinées et à des résultats dont on n'apprécie peut-être pas assez toute l'importance, non pas seulement dans l'ordre spéculatif et comme simple objet de curiosité ou de science, mais encore dans l'ordre pratique, pour l'interprétation et l'intelligence de nos lois actuelles. Ces motifs nous ont engagé à traiter la question proposée par la Faculté d'Aix, sous le point de vue historique.

Elle pouvait encore, il est vrai, être examinée par rapport aux avantages et aux inconvénients des deux régimes ; mais de tels raisonnements jettent le plus souvent dans des systèmes nouveaux et impraticables, parce qu'ils sont créés, abstraction faite de l'état de la législation et de la société, et en dehors de toute expérience. Aussi de pareilles considérations n'ont eu et n'auront jamais que bien peu d'influence sur la préférence donnée à un régime sur l'autre : elles ont fourni seulement et fourniront toujours matière à discussion, sans jamais convertir ou concilier les opinions contraires, parce qu'elles ont leur source, non dans des raisonnements, mais dans un sentiment de patriotisme, dans ce *long et ancien usage* dont parle Pasquier.

D'ailleurs les arguments en faveur des deux régimes ont été reproduits de tout temps par leurs partisans, depuis Pasquier et Lebrun jusqu'à nos jours (1); les quelques réflexions qu'on pourrait y ajouter

(1) Pasquier, *Lettres*, liv. IX, chap. 1 : « Mais en cecy je recognoistray franchement que nous cedons au droit Romain, de tant qu'en ses contrats de mariage il était sobre distributeur de son bien et réservoit cette libéralité à un testament, lorsque le mari, par une longue et mutuelle conversation, s'étoit rendu asseuré des bons ou mauvais offices de sa femme ; et elle en cas semblable des favorables traictements de son mary. Nous, au rebours, sommes prodigues par nos contrats de mariage en faveur de ceux ou celles qu'à peine nous cognoissons et lorsque nous savons dequels ils ont esté en nostre endroit, et que voulons rendre l'ame à nature, l'on nous ferme les mains, n'estant en nostre liberté d'avantager par nos testaments nos femmes, ni aux femmes de faire rien pour leurs maris. »

Recherches, liv. IV, chap. XXI : « Mais en cette diversité de mœurs et d'humeurs me plaist grandement l'opinion du grand Aristote au troisième de ses Politiques, lequel nous enseignant quelles doivent être les fonctions du mary et de la femme pour l'entretenement et manutention de leurs familles, dit que le propre du mary est d'acquérir et de la femme de conserver. Puis doncque, qu'en ce ménage commun, chacun y contribue du sien, il semble merveilleusement raisonnable que celle qui a part au labeur participe aussi au profit. Et a tant que nos anciens n'introduisirent pas sans grandes raisons cette communauté de biens entre

trouveront place dans notre travail. « Je ne
« veux pas cependant nier qu'en cette bigar-
« rure de droits il n'y ait quelques particu-
« larités entre nous, ès quelles je souhaite-
« rois quelque bonne réformation. »

Né dans les pays du Midi, et sous l'influence de la loi romaine, nous espérons

les gens mariés. » Le rapprochement de ces deux passages
de Pasquier nous a paru curieux ; d'autant plus que depuis
lors les arguments reproduits en faveur des deux systèmes
ont été les mêmes ou à peu près.

Lebrun (*Traité de la communauté*, chap. 1) examine les
avantages et les inconvénients des deux régimes, mais il
n'ajoute rien de nouveau à ce qu'avait dit Pasquier, si ce
n'est ce motif de préférence que la communauté est de
droit français. Au conseil d'État, lors de la discussion du
titre du contrat de mariage, s'est renouvelée l'ancienne
controverse entre les partisans de la loi romaine et ceux
du droit coutumier (voir les procès-verbaux, les rapports
et les discours des orateurs du gouvernement). — M. Siméon, ancien président de la Cour des comptes et membre
de l'Institut, lut un mémoire sur cette question à l'Académie des sciences morales et politiques, le 9 juillet 1835
(Voy. *Revue de législation*, t. II, p. 306). Aux considérations
déjà présentées par ses devanciers, il en ajoute de nouvelles
qui l'amènent à conclure en faveur du régime dotal. —
M. Laboulaye traite, en passant, cette question, dans son
Histoire de la propriété foncière, mais il donne la préférence
au régime germain. — M. Zœpfl., en digne enfant de l'Allemagne, ne se montre pas plus ami du régime dotal. —
Le dernier travail que nous connaissons sur cette matière,
est une brochure de M. Léopold Marcel, notaire à Lou-

néanmoins pouvoir nous défendre de ces préjugés qui nuisent toujours à la saine critique et à la juste appréciation d'une institution. Si le droit romain a ses avantages et son mérite, que nous sommes loin de lui contester, le droit coutumier a aussi les siens ; son histoire n'est ni moins riche ni moins utile ; et son étude, pour n'être pas plus cultivée parmi nous, n'en est pas moins intéressante.

viers (Eure), intitulée : *Du régime dotal et de la nécessité d'une réforme dans cette partie de la législation*, Paris, Durand, 1842. — Pour l'histoire, ce livre est nul ; il ne contient que quelques erreurs nouvelles qu'il nous importe de signaler. Ainsi il représente la loi romaine et le régime dotal, comme favorisant les mâles au préjudice des femmes, et au contraire, le droit coutumier, comme établissant l'égalité des sexes dans le mariage et dans les successions. C'est le contraire qui est vrai. S'il en était autrement dans les coutumes d'Auvergne, de Bordeaux, de Rheims et de Normandie, c'est qu'elles avaient admis un principe de droit coutumier opposé au droit romain, comme le Parlement de Paris pour les pays de droit écrit de son ressort. Mais la jurisprudence constante des parlements des pays de droit écrit fut toujours que la fille n'était pas exclue par sa renonciation tacite ou même expresse, et qu'elle avait toujours droit au supplément de légitime. On doit également appliquer au pays de coutume, et non au pays de droit écrit, la formule de Marculfe citée par l'auteur, et ce qu'il dit de la modicité des dots (Voy. surtout le chap. ii, p. 61, 62, 63, 64, et le chap. v, pag. 147).

Avant de faire l'histoire du régime romain et du régime germain, nous croyons nécessaire de donner un aperçu de l'origine et des variations de notre droit privé, qui lui servira d'introduction ; car, dans une législation, toutes les parties sont liées entre elles ; elles ont une origine et une destinée communes, et cela est vrai surtout de la nôtre que tant de révolutions ont tour à tour modifiée.

APERÇU HISTORIQUE SUR L'ORIGINE DU DROIT PRIVÉ FRANÇAIS.

Les lois suivent les mœurs des peuples, elles changent avec elles, et doivent toujours en être l'expression. Diverses avec les races et suivant les climats, elles subissent l'influence des événements sociaux ou politiques, et portent l'empreinte du génie de chaque peuple : elles sont encore l'histoire la plus vraie de son origine, de sa civilisation et de sa décadence.

Deux races se sont rencontrées, opposées par leur génie, mais également puissantes, l'une, par sa civilisation, l'autre, par sa barbarie même ; c'était le monde antique et le monde nouveau en présence. La Gaule a été le théâtre de la lutte de leurs armes et de leurs législations : là l'élément Germain et l'élément Romain se sont long-temps disputé l'empire, et nos lois actuelles ont pu les associer dans un même code, mais non les confondre et les identifier (1). Ils y vivent encore pour qui sait les découvrir, car le génie d'un peuple ne périt pas avec les individus; il est comme un sceau qui le marque à son origine et dont il porte l'empreinte dans ses mœurs et dans ses lois à travers toutes ses transformations sociales ; il passe ainsi d'âge en âge, et quand les races se sont mêlées ou ont disparu, c'est dans leur législation qu'on doit aller le chercher. C'est là aussi que nous retrouverons l'élément Romain et l'élément Germanique toujours en lutte l'un contre l'autre, avec des chances variables de revers et de succès, mais persistant toujours, chacun, dans leur territoire, malgré les révolutions qui se sont succédé en France. L'histoire

(1) Voir, dans la *Revue étrangère et française de législation* de mars 1842, un article de M. Zœpfl, professeur de Code civil à Heidelberg : *Elément germanique dans le Code Napoléon*.

de l'antagonisme de ces deux éléments, de leur influence réciproque et de leur association dans un même code est l'histoire tout entière de notre droit Français.

Rome avait envahi la Gaule qui n'était déjà plus qu'une province de son vaste empire; mais à la domination de ses armes elle avait joint celle de ses lois (1). Le nom de Gaulois avait même disparu. On ne trouve ce nom dans aucune loi barbare, et il n'en est question dans les anciens auteurs, tels que Grégoire de Tours, Sidoine Apollinaire, Honorat, que pour indiquer la noblesse et l'ancienneté des familles. Il n'y avait plus que des Romains. Subjugués, puis séduits, les vaincus avaient dépouillé leurs mœurs et leurs habitudes sauvages, et avaient accepté, avec les lois de la conquête, celles de la civilisation romaine. Leurs mœurs étaient déjà romaines, comment leurs lois auraient-elles pu rester gauloises ? La première transformation entraîna comme conséquence la

______

(1) Altesserra, *Rerum Aquitaniæ*, lib. III, cap. 1. — *Bibliothèque des Coutumes*, par Berroyer et Delaurière, préface, p. 3, avec les notes.

seconde (1). Les vers de Sidoine Apollinaire et de Numance nous apprennent que les jeunes Gaulois allaient à Rome étudier le droit romain.

> Facundus juvenis Gallorum nuper ab arvis
> Missus Romani discere jura fori.
> RUTILIUS NUMANTIUS, lib. I, *Itin.*

En vain, quelques auteurs ont voulu ressusciter les lois gauloises, nulle part il n'en est question; cinq siècles avaient suffi pour en effacer tout vestige. Il semble cependant difficile de concevoir cette absorption complète de la nationalité, et surtout des usages d'un peuple, dans une législation étrangère; mais ces usages, quels étaient-ils? César seul nous en indique quelques-uns, qui n'ont pu servir de fondement à notre législation; car il n'y a pas la moindre analogie entre eux. S'ils survécurent à la conquête, il faut donc les reléguer dans quelques cantons isolés, où ils se conservèrent à l'abri de toute influence étrangère; mais toute recherche de ce qu'ils

(1) Voy. Fleury, *Histoire du droit français*, § 3. — Audigier, *Origine des Français*, t. II. — De Savigny, *Histoire du droit romain au moyen âge*, préface, p. 23 et 24. — M. Pardessus, *Mémoire sur l'origine des coutumes*, dans les *Mémoires de l'Institut*, t. X, p. 677.

furent jadis serait plus curieuse qu'utile pour
l'histoire de notre droit, puisqu'ils n'ont
contribué en rien à sa formation (1).

La loi des Romains était universelle dans
la Gaule comme leur domination ; elle en
embrassait toutes les parties, le nord comme
le midi, les pays situés au-delà comme en-
deçà de la Loire. Ce fleuve lui aurait-il d'ailleurs servi de limite, toute autre législation
n'aurait survécu à une première conquête
que pour périr sous une seconde. Les lois qui
régirent la Gaule, pendant la période Romaine, ne furent autres que celles qui étaient
en vigueur à Rome ; elles se composaient au
cinquième siècle des écrits des jurisconsultes,
des codes Grégorien, Hermogénien et Théodosien et des Novelles, suite et supplément
de ce dernier (2). Tel fut l'état de la législa-

(1) Grosley, dans ses *Recherches pour servir à l'histoire du
droit français,* et Bernardi, *Révolution du droit français,* p. 15
et 143. Le premier confond perpétuellement les Gaulois avec
les Germains, et applique aux premiers les actes, les formules même qui n'appartiennent évidemment qu'aux
seconds. Quant aux Romains, il les relègue avec leurs lois
dans le midi de la Gaule ; et son ouvrage est curieux à consulter, pour les documents sur lesquels il appuie son opinion.

(2) De Savigny, *Histoire du droit romain au moyen âge,*
t. I, chap. 1, § 4.

tion romaine en Occident, lors des invasions des Barbares qui démembrèrent l'empire (an 476).

La Gaule fut d'abord la proie des Wisigoths et des Burgundes qui s'établirent, les premiers dans la partie méridionale, les seconds plus au centre et vers l'orient ; les Lombards la traversèrent, et puis envahirent l'Italie. Enfin les Franks, peuple peu connu jusqu'alors, soumirent presque toute la Gaule à leur empire ; mais ils se fixèrent principalement dans le nord. Ces peuples venaient tous des mêmes contrées, se poussant les uns les autres (1) ; les forêts de la Germanie leur avaient servi de refuge ; mais lorsque la brèche fut faite, ils traversèrent le Rhin, et comme un torrent fondirent sur la Gaule et la couvrirent tout entière. C'est dans leurs forêts que Tacite avait observé leurs mœurs, leurs habitudes, leur physionomie, et qu'il avait reconnu que leur race était la même (2).

(1) Leibnitz, *De origine Francorum*, t. IV de ses œuvres, 2e partie, p. 146. — Et M. Miguet (Mémoire), *Comment l'ancienne Germanie est entrée dans la civilisation de l'Europe moderne*, Paris, 1841.

(2) Tacite, *De moribus Germanorum*, 2. 4. 28. — Strabon. lib. IV, p. 399, et lib. VII, p. 443.

Barbares alors, ils n'avaient que des coutumes qui suffisaient à les régir (1); ils les emportèrent avec eux, et lorsqu'ils fondèrent un empire, elles devinrent des lois. Rédigées après la conquête, et à des intervalles différents, ces lois respirent toutes néanmoins l'esprit germain; il y domine, malgré leur diversité et les altérations qu'elles durent subir en présence d'une religion et d'une législation nouvelles, dont il faut tenir compte en les étudiant. Mais Wisigoths, Burgundes, Lombards, Franks, ils n'en sont pas moins tous Germains, et tels ils apparaissent dans leurs lois (2), de même que les Allemands, les Bavarois, les Saxons, les Frisons, qui avaient mieux conservé leurs mœurs et leurs coutumes sur le sol de la Germanie (3).

C'est ainsi que les lois des Barbares et celles des Romains se trouvèrent en présence

(1) Gœrtner, *Sur la loi des Saxons*, tit. I, not. 1 (Leipsick, 1730, in-4°). — Heineccius, *Historia juris*, lib. II, ch. 1. — Eichhorn, *Deutsche Staats und Rechts Geschichte*, B. I, §§ 29 et suiv.

(2) *Ex suis legibus Francos fuisse Germanos. Hermanni comitis dissertatio*, dans Duchesne, t. I, p. 174.

(3) Pour plus de détails, voir Mœser, *Osnabrückische Geschichte*, Theil. I, et Eichhorn, *ubi suprà*. B. I, *erste Période*.

dans la Gaule. Les premières n'étaient que les coutumes rédigées d'un peuple non encore civilisé, simples, appropriées à ses besoins de chaque jour ; les secondes, au contraire, étaient les lois d'un peuple vieilli dans la civilisation, d'autant plus compliquées que ses besoins étaient multiples, ne se suffisant plus à elles-mêmes, et déjà passées à l'état de science dans les écrits de leurs admirables interprètes. Ces différences expliquent leur lutte, et aussi l'influence qu'exercèrent les lois romaines sur celles des Barbares par le moyen des ecclésiastiques ; mais elles ne triomphèrent pas partout de celles-ci, et leur destinée, comme celle des Romains eux-mêmes, fut bien différente dans le nord et dans le midi de la Gaule.

Conquérants, les Wisigoths et les Burgundes avaient enlevé une partie des terres aux vaincus ; mais ils avaient respecté leurs lois. Bien plus, elles passèrent dans la législation des vainqueurs et furent reconnues et réunies dans des recueils spéciaux pour les Romains (le *Breviarium* d'Alaric et le *Papien*) (1).

(1) Voir pour tout ceci Eichhorn, *ubi suprà*, et de Savi-

Les Franks furent moins favorables aux Romains ; ils usèrent de leur droit de vainqueurs sur ceux qui restèrent dans le Nord qu'ils occupaient, et les effets de la conquête y furent beaucoup plus terribles que dans le Midi. Le Nord, exposé dès le commencement aux premiers coups des Barbares, car c'est par là qu'ils se répandirent dans la Gaule, eut plus à souffrir de leurs ravages. Aussi les Romains, poussés en avant par toutes ces invasions, et surtout par la dernière, s'enfuirent vers le Midi, où ils devaient trouver une loi plus douce et une protection plus sûre. Là, en effet, ils étaient plus à l'abri de ce flux de Barbares qui de la Germanie se portaient continuellement vers la Gaule. Les Barbares dominèrent alors dans le Nord, et les Romains chassés vers le Midi y formèrent bientôt la principale population. C'est là, ce nous semble, la seule explication plausible de l'extinction de la loi romaine dans un pays, de sa conservation au contraire dans l'autre. M. de Savigny recon-

gny, *Histoire du droit romain au moyen âge,* vol. II de la traduction française, chap. i, vii et viii.

naît lui-même, avec tous les autres auteurs, la différence des effets de la conquête dans le Nord et dans le Midi, et même l'anéantissement de toutes les lois antérieures dans le premier; mais il pense qu'elles renaquirent plus tard, ce qui n'est pas probable; car nous n'avons aucune preuve de cette renaissance, nous en avons plutôt de l'extinction à peu près complète de la loi romaine dans le Nord (1).

Ce qui nous prouve en effet le petit nombre de Romains qui étaient restés dans ce pays et le peu de connaissance qu'on y avait de la loi romaine, c'est le curieux procès que rapporte Adrewalde, moine de Saint-Benoît, procès qui eut lieu entre deux monastères aux environs de Paris sous Charles-le-Chauve, et qui devait être décidé d'après la loi romaine. Les juges assemblés à cette occasion, étant tous des hommes de la loi salique (on n'avait pas trouvé de Romains) et ne connaissant pas le droit romain, on fut obligé de tenir un nouveau placitum à Orléans, où il paraît qu'on ne le connaissait ou qu'on ne

____

(1) Montesquieu, *Esprit des lois*, liv. XXVIII.

l'appliquait guère mieux (1). Cependant la loi romaine était la loi commune d'une classe de personnes, alors nombreuse et puissante, vivant dans le Nord comme dans le Midi, nous voulons parler des ecclésiastiques ; elle régissait non seulement leurs personnes, mais encore leurs biens. C'est à eux qu'il faut attribuer la conservation de cette loi ; seuls chargés, dans ces temps d'ignorance, de rédiger les actes et les contrats authentiques ou privés, même les lois, ils suivaient autant qu'ils pouvaient les dispositions du droit romain dans les cas non prévus par les codes barbares (2). Leurs formules, celles de Marculfe même, ont quelquefois une tournure romaine (3). Quand nous parlons de ce droit, nous n'entendons pas le res-

(1) Ce procès est cité par tous les auteurs, depuis Fleury, par Grosley, de Savigny, etc., qui en tirent chacun des conséquences contraires, suivant leur opinion. Comme il n'est rapporté que par parties détachées et d'une manière tronquée qui nuit nécessairement à son appréciation, nous le transcrirons en entier. (*V. Appendice, I.*)

(2) C'est pour cela qu'Agathias, lib. I, dit que dans les contrats on suivait la loi romaine.

(3) Marculfi *Formulæ*, II. 15. 17. — *Appendix*, 37. 46. 56. — Sirmondi, *passim*. — Mabillon, 1. 39. 45. 53. 57, etc.

treindre au code Théodosien, les rapports des membres de l'Eglise entre eux durent faciliter l'importation du droit de Justinien (1). On ne saurait conclure cependant de la conservation du droit romain par le clergé à son autorité, comme loi générale dans le Nord, car les ecclésiastiques ont formé de tout temps une classe privilégiée et à part dans la nation.

Ce n'est pas ici le lieu de discuter les actes produits en faveur de la loi romaine; nous ferons remarquer seulement que la plupart sont entre personnes et au sujet de propriétés ecclésiastiques; les autres sont passés dans le Midi. Enfin, s'il s'en trouve quelques-uns entre laïcs dans le Nord, ce sont des actes privés en si petit nombre, qu'ils ne sauraient à eux seuls servir de preuve contre ce que nous avons dit de l'extinction presque complète du droit romain dans cette partie de la Gaule (2).

Dans le Midi au contraire, les recueils de

______

(1) De Savigny, vol. II, chap. ix, § 37, et chap. xv, §§ 95 à 100.

(2) Voir les actes rapportés par M. de Savigny, chap. ix.

lois, les chartes, les formules, le droit Municipal, tout concourt à prouver la persistance et l'universalité de la loi romaine, et l'affaiblissement du droit germanique, de telle sorte que la première eut la même autorité dans ce pays que les lois barbares avaient dans le Nord. Ainsi, la Gaule fut partagée entre les deux races germaine et romaine, et à raison de ses habitants, fut même divisée en deux parties qui formèrent bientôt chacune un territoire séparé, avec ses lois propres. C'est alors que Charles-le-Chauve et depuis un auteur du onzième siècle ont pu dire : *Le pays où l'on juge selon la loi romaine* (1).

---

(1) *Edictum Pistense* (Baluze, tom. II, pag. 179, éd. Chiniac), §§ 14. 20. 23 et 31. — *In illis autem regionibus in quibus secundum legem Romanam judicantur judicia juxta ipsam legem*, committentes talia judicentur. *Quia super illam legem* vel contra *ipsam legem* nec antecessores nostri quodcumque capitulum statuerunt, nec nos aliquid, statuimus (§ 20). — Les autres paragraphes cités disent à peu près la même chose. — Petri *Exceptiones*, II. 31 *in fine*. Omnis hæc solemnitas necessaria est *his partibus in quibus juris legisque prudentia viget*,... *aliis verò partibus ubi sacratissimæ leges incognitæ sunt.* — MM. de Savigny et Pardessus expliquent ces passages par le nombre des habitants Romains qui, dominant dans le Midi, faisaient que la loi romaine y était seule appliquée. Montesquieu les explique de la même ma-

Dans le Nord il n'y avait pas cependant cette unité de législation. Les Barbares seuls l'occupaient, il est vrai, et leurs lois y étaient en vigueur ; mais ils n'étaient pas tous de même nation, et les lois, attachées seulement à la race, et non au territoire, étaient différentes. Toutefois, lorsque les Franks formèrent un empire dans la Gaule, comme chacun des autres peuples barbares dans les contrées qui ont pris leur nom, leurs lois y dominèrent. C'étaient la loi salique et la loi Ripuaire. On sait, d'après Eginhard (*Vita Caroli magni*), que Charlemagne ordonna la révision des lois rédigées et la rédaction de celles qui ne l'étaient pas. Les lois des Franks conservèrent jusque sous ce prince et ses successeurs leur force et leur autorité (1). Quant à celles des autres habitants de la Gaule, comme elles étaient toutes personnelles, ils purent conserver chacun la sienne, malgré leur diversité. Mais ces lois finirent par se mêler et se confondre, parce

nière ; mais en partant d'un autre principe, le choix libre de la loi sous laquelle on voulait vivre. (*Esprit des lois,* XXVIII, chap. IV.)

(1) Voy. *Capitul. Caroli magni,* 143.

qu'au fond elles avaient des principes communs, et que leur personnalité tendait tous
les jours à disparaître devant l'établissement
fixe et permanent des habitants dans un
même pays, où ils se constituèrent en corps
de nation. Nous ne nions donc pas la personnalité des lois barbares (1). Nous croyons
même qu'elle était, dans le principe, une conséquence nécessaire des mœurs et du caractère de ces peuples nomades, qui changeaient
chaque jour de demeure, qui n'avaient pas
de territoire fixe et qui ne pouvaient se distinguer entre eux que par leur race. Aussi, à
cette race étaient attachées les lois; elle faisait
leurs sujets, et le choix n'en fut pas libre (2).
M. de Savigny, dont l'autorité en cette ma-

(1) Que ces lois fussent personnelles dans le principe,
cela est incontestable et reconnu par tous les auteurs. Mais
Delaurière, *Bibliothèque des Coutumes* (préface), Grosley
et M. Laferrière en tirent un argument contre la persistance
de ces lois, et une preuve de leur anéantissement complet
par la féodalité.

(2) Montesquieu, *Esprit des lois*, liv. XXVIII, chap. iv,
et Muratori, *Antiquit. medii œvi*, dissert. 22, *De legibus Itali-
corum*, et les auteurs cités *suprà, not. I*, pensent, d'après une
loi de Lothaire, qu'il fut libre à chacun de choisir la loi
sous laquelle il voulait vivre, indépendamment de son
origine. M. de Savigny, t. I, chap. iii, et M. Pardessus,

tière doit avoir un grand poids, pense que ces lois ne furent personnelles qu'après l'établissement des Barbares, qui en se civilisant permirent aux vaincus de conserver leurs lois. Cette explication peut fort bien s'appliquer aux Romains ; mais elle ne nous paraît pas applicable à leurs vainqueurs; car il faudrait supposer alors que les lois des Barbares nomades étaient réelles, et que l'établissement de ces peuples sur le sol gaulois, et par suite celui de la propriété foncière, favorisèrent, au lieu de la faire disparaître, leur personnalité; ce qui nous semble contradictoire.

D'ailleurs les Barbares s'établissant, les races se mêlèrent ainsi que les lois, les empires se formèrent; et bientôt, la séparation des territoires fut la limite des législations ; ce furent là les causes de la réalité des lois.

Dans le Nord, ce mélange des lois germaniques produisit des coutumes générales et communes pour tous les habitants, comme dans le Midi le triomphe de la loi romaine y

dans le mémoire déjà cité, § 3, sont d'une opinion contraire et réfutent celle de leurs devanciers.

avait produit une loi universelle. La féodalité survint, elle fut toute territoriale ; mais
en divisant les terres, elle divisa aussi les habitants ; ceux-ci avaient déjà des lois, ou des
coutumes qui devinrent ainsi définitivement
la loi des territoires. Cette révolution produisit le même effet dans le nord et dans le
midi de la Gaule.

La diversité des coutumes est un fait que
nous sommes loin de nier. Cette diversité
qui fut singulièrement favorisée par le morcellement du territoire et la séparation des
habitants, n'eut même, si l'on veut, d'autre
cause que le caprice des seigneurs (1) ; mais
elle ne porta pas sur tous les points de la législation. Pour ce qui concernait les rapports
des seigneurs et des vassaux, les priviléges
et les droits des uns, les devoirs et les presta-

____

(1) *Bibliothèque des coutumes* (préface, p. 12, 25 et suiv.),
et M. Laferrière, *Histoire du droit français*, t. I.—M. le comte
Beugnot, dans son *Introduction aux assises de Jérusalem*,
suit l'erreur commune et ne voit dans les mariages, les
successions et tout le droit civil des vassaux, que le caprice
des seigneurs, p. 41. Dans la notice sur Beaumanoir, qui
précède les œuvres de ce jurisconsulte, dans la nouvelle
édition qui vient de paraître (1842), l'auteur semble reconnaître l'existence du droit coutumier, indépendamment

tions des autres, il n'y eut souvent, il faut l'avouer, d'autre règle que l'arbitraire de l'oppression. Mais la féodalité, quelque part qu'on lui fasse dans la législation de ces temps, n'absorba pas et n'anéantit pas tout ce qui existait avant elle et en dehors d'elle; elle laissa subsister ce qu'elle n'avait pas intérêt à détruire, ce qu'elle ne pouvait remplacer. Il en fut des autres pays comme de la France où la féodalité laissa en usage, malgré son établissement, la plupart des lois anciennes. Ainsi, en Italie, la loi lombarde fut en vigueur jusqu'au quinzième siècle, et en Allemagne, les lois barbares se conservèrent dans les coutumes du moyen âge. Avant la féodalité il existait une loi commune, une coutume générale dont les coutumes des habitants ne furent que les restes. Pour se conserver uniformes, elles n'avaient besoin ni d'une sanction ni d'une promulgation générale, qui était dans les mœurs et dans les habitudes (1). La loi féodale mo-

du droit féodal, mais non antérieurement au douzième siècle. Il ne parle pas d'ailleurs de son origine, et semble bien loin de reconnaître cette origine germanique.

(1) Voy. le mémoire déjà cité de M. Pardessus, p. 707 et

difia, il est vrai, cette loi ancienne, cette coutume à l'égard d'une classe privilégiée de personnes, les possesseurs de fiefs. Ce fut là une raison de plus pour qu'elle ne la modifiât pas aussi à l'égard de ceux qui étaient en dehors de cette classe ; et si elle fut une loi générale et commune pour les uns, le droit coutumier ne le fut pas moins pour les autres. Aussi dans tous les anciens monuments du droit coutumier qui nous restent, la loi des fiefs, des gens nobles est toujours distinguée de celle des gens de *pooste*, des roturiers (1).

Il faut distinguer dans notre ancien droit, les principes du droit coutumier des coutumes elles-mêmes ; ceux-là, généraux et communs à toutes sur certaines matières de droit civil ; celles-ci, diverses, dans chaque comté, dans chaque ville, dans chaque sei-

708, et M. de Savigny, chap. III. — Fleury, *Histoire du droit français*, dit : « J'estime que l'ancien droit cessa d'être « étudié et continua d'être appliqué sans distinction des « différentes lois, comme il n'y avait plus de distinction « entre les peuples. »

(1) Ainsi, dans les assises, à côté de l'assise de la haute cour, est l'assise de la cour des Bourgeois, et tous nos anciens auteurs distinguent toujours les deux lois (Voy. *infrà*, deuxième partie, liv. III ; chap I).

gneurie, en tant qu'elles réglaient quelque droit féodal, ou qu'elles consacraient des usages locaux. L'universalité de ces principes prouve la communauté de leur origine qu'il faut rechercher dans une ancienne loi commune aussi : les lois des Barbares passées à l'état de coutume générale. C'est l'opinion de celui qu'on a surnommé l'oracle du droit français; Dumoulin, entre autres raisons en faveur de la possibilité d'une coutume générale et uniforme, donne celle-ci (1) : « Ter- « tiò quòd jam ab omni ævo specie juris, « nempe consuetudinarii, utuntur; quod « licet in singulis municipiis in plerisque va- « rium sit, tamen ea varietas non consistit

(1) *Oratio de concordia et unione consuetudinum Franciæ.* Idem, *Ad consuetudinem Parisiensem,* tit. 1. *De fiefs,* n° 107. « Franci et Galli semper habuerunt consuetudines quasdam generales et communes; præsertim in *accessionibus, hærediis* et *lucris nuptialibus* feudis, censibus, retractibus, prorsùs discrepantes a *jure communi Romanorum* cui *Franci nunquam subditi fuerunt.* Et illæ consuetudines generales et communes erant jus peculiare et commune Francorum et Gallorum, et initio rariores erant consuetudines locales, et unicum in toto regno erat commune auditorium sive parlamentum ambulatorium, et quamquam, tractu temporum, multiplicatæ sint et diversificatæ consuetudines locales cujusque præfecturæ, *tamen semper manserunt jura quædam generalia et peculiaria Francorum.* »

« nisi in quibusdam particularibus singula-
« rium. Cæterùm in summa rerum, et in
« generibus singulorum, conveniunt, ut
« facilè conjici queat, omnes has consuetu-
« dines initio unam fuisse, licet successu
« temporis, in singulis municipiis quædam
« circa particularia variata sunt. »

Que des partisans quand même du droit romain n'aient pas voulu reconnaître au milieu de ce chaos de coutumes qu'on s'est d'ailleurs bien plus exagéré qu'on n'a cherché à le dissiper, des principes généraux (1); pour nous, nous croyons le contraire avec Dumoulin, et nous pensons avec un auteur moderne qui avait acquis par ses travaux le droit de prononcer sur les coutumes, que les principes qu'elles renferment seraient en certaines parties le meilleur commentaire de notre Code civil (2).

(1) *Bibliothèque des Coutumes* (préface). — Bretonnier, *Préface sur Henrys.* — Bouhier, *Observations sur la Coutume de Bourgogne*, t. I, p. 175. — Berryat-Saint-Prix, *Histoire du droit romain.* — M. Laferrière, *Histoire du droit français.*

(2) Henry Klimrath, docteur en droit, trop tôt enlevé à la science, dans ses *Etudes sur les Coutumes*, préface, t. VI, de la *Revue de législation*, et publiées séparément à Paris en 1837.

Les coutumes étaient pour le Nord, ce que furent les statuts locaux pour le Midi : les unes et les autres n'empêchèrent pas le droit coutumier et le droit romain de subsister comme loi générale. Ils se conservèrent chacun dans leur pays par la tradition et par l'usage, plutôt que par une autorité reconnue (1); car dans ces temps de désordre et de dissolution où la puissance était divisée entre tant de mains, nul pouvoir n'était capable de la leur donner. Mais le treizième siècle fut une époque de transformation générale pour tous les peuples de l'Europe et pour leurs législations. La puissance royale s'était accrue et raffermie entre les mains de souverains dignes de l'exercer ; appuyée sur elle, la Bourgeoisie voyait tous les jours augmenter ses franchises et son importance. La tradition transmettant d'âge en âge les mœurs et les coutumes anciennes, suffisait seule à

(1) Le droit romain se conserva de cette manière en France, quoique ce ne fût pas un droit coutumier. Voy. l'Ordonnance de Philippe-le-Bel, de 1302, rapportée à la note 1, p. 40, qui dit au sujet de la loi romaine : *Consuetudine juxta juris scripti exemplar moribus introducta.*

régir les roturiers sous la domination des seigneurs, alors qu'isolés et dispersés dans des seigneuries et des châtellenies indépendantes les unes des autres, ils n'avaient guère d'autres rapports entre eux que ceux de famille. Mais lorsque membres de la Bourgeoisie, réunis dans des villes libres sous la protection royale, participant au pouvoir public, liés entre eux par des associations de toute espèce, ces vassaux affranchis formèrent une classe nombreuse dans la nation, l'usage et la tradition ne leur suffirent plus. Alors paraissent les jurisconsultes praticiens (les baillis), qui, sans changer la coutume et en la prenant pour base, sont les premiers fondateurs de la science du droit coutumier. Bien différents de leurs devanciers qui se contentaient d'appliquer et de transmettre à leurs descendants les usages et les maximes qu'ils avaient reçus de leurs ancêtres, ils discutent, en les exposant, les principes de la coutume; ils les systématisent : telle a été l'œuvre de de Fotaines et de Beaumanoir, les deux pères de la science du droit coutumier en France, et de Eccard de Repgow en Allemagne; ils n'ont pas créé, mais ils ont fixé ce qui existait déjà. Fixer sa législation est le premier besoin d'un peuple qui sort de la barbarie ou de la servitude. C'est le point de départ nécessaire de toute civilisation. Mais ce n'étaient là que les efforts de quelques particuliers qui avaient compris les besoins de leur siècle ; il leur fallait la sanction des souverains. Lorsque les rois furent assez puissants pour accomplir cette grande œuvre qu'avait tentée un de leurs prédécesseurs dont les lumières et l'amour du bien avaient devancé de loin son époque, ils n'y faillirent pas, et plus heureux que lui ils opérèrent cette réforme devenue indispensable, par la rédaction des coutumes. La séparation des pays de droit écrit et des pays de coutume, et leur législation différente, est alors encore plus nettement tracée (1). La loi romaine et la loi

(1) Le pays de droit écrit comprenait les quatre grands Parlements de Guienne, de Languedoc, de Provence et de Dauphiné. Dans le ressort du Parlement de Paris, le Lyonnais, le Mâconnais, une partie de l'Auvergne et de la Basse-Marche ; dans le Parlement de Dijon, la Bresse, le Bugey, le Valromey et le Gex. On peut citer encore la Franche-Comté, la Suisse et la Savoie. Voir aussi pour la géographie des pays de coutume l'ouvrage de M. Klimrath (déjà cité), chap. II.

coutumière ne sont pas plus que par le passé, reconnues comme droit commun, hors de leur territoire (1).

Il faut pourtant ne pas méconnaître l'influence du droit romain, même dans les pays de coutume, surtout à sa renais-

(1) On sait la grande discussion entre les anciens auteurs pour savoir quel était le droit commun de la France, discussion renouvelée de nos jours; nous citerons à ce sujet quelques passages des ordonnances, qui nous paraissent prouver évidemment que le droit romain était loin d'être reconnu par nos rois, du moins comme droit commun. — Ordonnance de Philippe-le-Hardi, de 1271 : « Li advocast ne soit si hardy d'alléguer droit escript là où les coutumes ont lieux » (rapportée par Grosley). — Autre de Philippe-le-Bel, de juillet 1302, art. 1 : « Supra negotiis et causis forensibus quæ spiritualitatem et fidei sacramenta non tangunt, regnum nostrum consuetudine et moribus præcipue, non jure scripto regitur. Licet, in partibus ipsius regni quibusdam, subjecti, ex permissione nostrorum progenitorum et nostra, juribus scriptis utantur in pluribus aut juribus scriptis ligentur..... *consuetudine juxta juris scripti exemplar moribus introducta.* » — La bulle par laquelle le pape Honoré (1220) proscrivit l'étude du droit romain dans la Faculté de Paris, cap. 28. X. *De privilegiis,* contient ces paroles au sujet du droit romain : « In Francia et nonnullis provinciis laïci Romanorum imperatorum legibus non utuntur. »— Dumoulin, *Ad Consuet. Parisiens.,* tit. 1, *De fiefs : Jus autem Romanum nullo* modo hic est, nec esse potest commune, nisi in locis in hoc regno qui jure scripto reguntur, ubi major adhuc pars scripti juris exolevit.

sance. En effet, son étude se réveilla en Italie et en France; elle séduisit et attira tous les jurisconsultes; la législation nouvelle passa dans leurs écrits, servit à interpréter la coutume, et même à la réformer. L'ancien droit eut cependant ses champions, qui luttèrent tant qu'ils purent contre les progrès toujours croissants de cette loi étrangère. Alors il y eut division des jurisconsultes en deux camps; d'un côté, ceux du droit romain (1); de l'autre, ceux du droit coutumier (2). Ce fut encore la lutte

(1) Les auteurs cités à la note 1, page 36, sauf le premier.

(2) Ce sont les auteurs les plus connus de nos pays de coutume. Dumoulin, d'Argentré, Coquille, Pasquier, Montaigne lui-même dans ses *Essais*. Voici comment il parle de la loi romaine : « Pour exemple je luy demanderay « quelle chose peut être plus estrange que de voir un peu- « ple obligé à suivre des lois qu'il n'entendit oncques, at- « taché en tous ses affaires domestiques, mariages, do- « nations, testaments, ventes et achapts à des règles qu'il « ne put savoir n'estant escrites ni publiées en sa langue, « et des quelles il lui faille acheter l'interprétation et l'u- « sage... Je sçai bon gré à la fortune de quoi, comme di- « sent nos historiens, ce fut un gentilhomme Gascon et de « mon pays qui le premier s'opposa à Charlemagne, nous « voulant donner les lois impériales et latines » (*Essais*, liv. I, chap. XXII). Quant aux premiers ils ne montraient cette rigueur que lorsque les principes du droit coutumier

des deux races romaine et germaine, mais avec des armes plus pacifiques. On nous permettra de citer à ce sujet Pasquier, l'un des éloquents défenseurs de notre vieux droit : « Il est désormais temps, dit-il, « qu'ostions cette folle apprehension qui « occupe nos esprits par la quelle mettons « sous nos pieds ce qui est du vrai et naïf « droit de la France, et réduisons tous nos « jugemens aux jugemens des Romains, ne « nous advisans pas que tout ainsy que « Dieu nous voulut séparer de l'Italie par « un haut entrejet de montaignées, aussi « nous sépara-t-il presque en toutes choses, « de mœurs, de lois, de nature et de com- « plexions. Repassez par toutes les princi- « pales propositions des lois, tant de la « France que de Rome et les confrontez les « unes aux autres, vous n'y trouverez aucun « assortiment..... Mon Dieu, que j'ai de « honte que pour sauver nos causes, nous « perdions le droit de la France (1). » Pa-

---

étaient en question; pour le reste, ils appliquaient eux-mêmes continuellement la loi romaine.

(1) *Lettres*, liv. IX, chap. 1. Un peu plus bas il ajoute : « Et ce qui m'excite le plus le courroux est que s'il y a quel-

role éloquente, qui nous peint l'influence envahissante du droit romain et qui pourrait, avec non moins de raison, s'appliquer à d'autres temps !

Cette lutte contre les progrès de la loi romaine fut la même partout où elle trouva des lois ou des coutumes nationales à vaincre. Il en fut en Angleterre (1) et en Allemagne (2) comme en France. Les habitudes, l'amour de la patrie dont l'existence semblait liée à celle de la législation, inspiraient cette résistance ; mais le droit romain n'en poursuivit pas moins sa marche, et on sait aujourd'hui quels ont été ses progrès dans notre droit et dans celui de l'Allemagne. L'Angleterre seule a pu se soustraire à sa domination.

Cependant chez nous, les principes de

« ques cas indécis, nous sommes d'advis qu'il faut avoir « recours au droit commun, entendans par ce droit com- « mun le droit civil des Romains... Nous ne recognoissons « en rien le droit des Romains, sinon de tant et en tant « que leurs lois se conforment à un sens commun dont « nous pouvons faire nostre profit. »

(1) Blackstone, *Commentaires sur les lois anglaises*, *discours préliminaire*, t. I de ses OEuvres.

(2) Heineccius, *Elementa juris Germanici*, *préface*, p. 3 et suiv., t. VI de ses OEuvres.

l'ancien droit, même les plus contraires au droit romain, se sont conservés dans les pays de coutume , et les auteurs qui proclament la loi romaine droit commun de la France, font toujours exception en matière purement coutumière. Ces principes opposés dans les deux législations, sont ceux qui réglaient les droits de famille, parce que sa constitution reposait sur des bases toutes différentes , dans l'une et dans l'autre (1). De ce nombre, sont la communauté et les successions, les institutions principales du droit coutumier que l'influence romaine ne put détruire, parce que le régime dotal et celui des successions romaines étaient tout contraires. Elles représentèrent donc l'élément Germain dans notre droit comme les autres

(1) Pasquier (*ubi suprà*): « D'autant que sur deux divers « fondements le Romain et le Français semblent avoir « établi leurs lois : celui-là, sur une considération écono- « mique, pour la conservation des volontés de chacun en son « particulier ; celui-ci, sur une plus politique, pour l'entre- « tenement des familles en leur entier ; et en cette diver- « sité de fondemens du droit des Romains au nostre, il y « a eu aussi diversité des maximes qui sont venues à la « suite des premiers principes. » Voir aussi la 2ᵉ partie, *infrà*, liv. I, chap. IV *in fine*.

l'élément Romain, elles se rattachent au système tout entier de législation des pays de coutume. Elles furent en vigueur dans toute leur étendue et régirent l'ancien pays des Franks (1). Derniers restes du droit coutumier, leur histoire est donc la sienne.

C'est ainsi que nous pouvons suivre l'élément Romain et l'élément Germanique dès leur introduction dans la Gaule, jusque dans notre Code civil; toujours en lutte l'un contre l'autre, et formant, par leur association, notre législation actuelle. Nous les voyons se transmettre d'âge en âge, avec l'autorité de lois ou comme traditions : le premier, dans le Midi, passant des anciens recueils dans les chartes et de celles-ci dans la jurisprudence des parlements; le second, dans le Nord, passant des lois barbares dans les coutumes non écrites, puis dans les coutumes rédigées, et formant ainsi, par leurs monuments législatifs, une chaîne non interrompue par les révolutions politiques, depuis leur origine jusqu'à nos jours.

Les lois romaines avaient fait négliger

____

(1) La Normandie exceptée. Voy. *suprà.*

toute autre législation, et aujourd'hui nos lois civiles absorbent tout. Aussi nous sommes bien pauvres en travaux historiques sur notre vieux droit (1). Plus heureuse, l'Allemagne a su allier l'étude du droit romain et de son histoire à celle de son droit national! Ce qui contribua aussi à cet oubli des anciennes lois, fut la fausse opinion, qui était alors l'opinion commune, même des auteurs les plus versés dans le droit coutumier, que les coutumes ne devaient leur origine et leurs principes qu'à la féodalité (2). Professée surtout par les partisans de la loi romaine (3), cette opinion arrêtait toute recherche à l'établisse-

(1) Nous n'avons, comme histoires du droit français proprement dites, que celle de Fleury ; Grosley, *Recherches pour servir à l'histoire du droit français;* Bernardi, *Révolutions du droit français,* et M. Laferrière, *Histoire du droit français.*

(2) C'est l'opinion qui se trouve exposée dans la *Bibliothèque des Coutumes,* par Berroyer et Delaurière, *Préface.* On s'appuie sur la personnalité des lois barbares, sur la variété des coutumes, et surtout sur la non-conformité des unes aux autres, pour prouver qu'elles ne peuvent leur avoir servi de fondement. Nous avons réfuté les deux premiers points ; quant au troisième, la preuve contraire devra ressortir de toute la seconde partie de notre travail. Cette opinion est aussi celle de M. le comte Beugnot dans son *Introduction aux Assises de Jérusalem* 1re partie, p. 41.

(3) Bretonnier et Bouhier, *ubi suprà.*

ment du système féodal; elle a exercé une fatale influence sur nos études historiques, en nous faisant rompre avec un passé qu'elle rendait odieux. Sur la foi les uns des autres, nos auteurs avaient cru pouvoir se dispenser d'étudier les lois barbares ; à les entendre, la féodalité les avait anéanties, elles et leurs principes, sans qu'il en restât de vestiges. On ne devait y rien trouver qui eût le moindre rapport avec les coutumes, et personne n'y jetait les yeux. C'était se priver ainsi d'une des sources les plus importantes et les plus fécondes de notre ancien droit qui, rattachant le droit germanique au droit français, et les coutumes allemandes aux nôtres, doit, en les rapprochant, les compléter les unes par les autres, et ouvrir ainsi une nouvelle voie à nos recherches sur nos antiquités juridiques, et même à l'étude de nos lois civiles. Aussi n'avons-nous pas cru devoir la négliger dans notre travail.

Quelques savants plus courageux, tels que les Bignon et les Ducange (1), qui

______

(1) Nous rapporterons *infrà* leur opinion sur l'origine de la communauté.

osaient pénétrer dans cette législation barbare, ne manquaient pas d'y découvrir de
nombreux rapports avec notre droit coutumier, et ils concluaient que celui-ci en tirait
son origine : c'était l'opinion d'Audigier et
de Brodeau (1). De nos jours, les auteurs
qui se sont occupés des sources de notre
droit en général, ou sur un point particulier, ont tous appuyé de leur autorité cette
vérité historique, et cela parce qu'ils avaient
étudié les lois des Barbares (2). Cependant
un auteur moderne, dans une histoire ré-
cente du droit français, en est revenu aux anciens préjugés ; il n'a pas même tenu compte

(1) Audigier, *Origine des Français*, t. 2, p. 46.—Brodeau,
Sur la Coutume de Paris, *préface*, p. 5.

(2) M. Pardessus, dans son *Mémoire* sur l'origine des coutumes, après avoir exposé succinctement le système de nos
lois barbares, dit : « Ce ne sera pas sans surprise peut-être
« et sans doute ce sera avec quelque satisfaction, qu'on re-
« connaîtra d'après cette analyse sommaire que les codes
« Germaniques, les capitulaires, les formules et les autres
« documents qui s'y rattachent contenaient déjà une mul-
« titude d'éléments qui ont dû servir à constituer notre
« droit coutumier. » — Voir aussi M. E. Laboulaye, *Histoire de la propriété foncière en Occident*. Un des ouvrages
modernes les plus dignes d'estime par les recherches et les
travaux neufs et profonds qu'il contient sur les lois barbares. Nous y aurons souvent recours dans cette étude.

dans notre législation de l'élément germanique, dont un de ses savants prédécesseurs
avait découvert et signalé l'influence (1).
Nous avons dû le réfuter, car son système
s'étend à toutes les parties du droit coutumier, même à la communauté ; mais nous
sommes persuadé qu'en pénétrant dans les
lois des Barbares, il y trouvera les anciens
titres de notre vieux droit, que plus que tout
autre il est digne de lui rendre.

Nous suivrons dans notre travail la division qui ressort du sujet, en étudiant le régime d'association conjugale du droit romain dans la première partie, celui du droit
germanique dans la seconde ; enfin, dans la
troisième, nous suivrons les deux régimes
dans leurs modifications et leur transformation, dans les lois intermédiaires et dans
notre Code civil.

(1) V. *suprà*, p. xlviii, note 2.

NOTA.

Aux notes des pages 55, 58, 69, 70, 72, 89, dans les renvois aux pages 4, 17, 18, 12, 8, 18, 19, *lisez,* pages 54, 67, 68, 62, 58, 68, 69. — Page 122, ligne 5, *au lieu de :* et celle de Valentinien, *lisez :* et Valentinien.

PREMIÈRE PARTIE.

DROIT ROMAIN.

—

Quoique le régime dotal fût à peu près complétement constitué lorsque les lois romaines pénétrèrent dans la Gaule, et que, sous ce rapport, il puisse paraître inutile de rechercher son origine, en étudiant les divers systèmes d'association conjugale antérieurement en vigueur chez les Romains, nous avons cru néanmoins utile d'étudier son histoire, en considérant le régime dotal dans son développement et ses rapports avec les autres parties de la législation romaine, soit à Rome sous la république et les empereurs romains, soit à Constantinople sous les empereurs d'Orient jusqu'à Justinien. Cette étude nous a paru nécessaire sous un double rapport; afin de mieux saisir, d'un côté, les principes du régime dotal en vigueur dans la Gaule, puisqu'il fut le même qu'à Rome, et qu'il eut par conséquent la même origine et les mêmes variations; d'un autre côté, il était impossible de comprendre le système des pays de droit écrit et de reconnaître l'influence des réformes de Justinien, sans étudier le système entier dans la législation romaine jusqu'à cet empereur ; soit que ses réformes eussent pénétré dans la Gaule avant la renaissance du droit Romain par le moyen des ecclésiastiques ou de toute autre manière ; soit qu'elles ne se fussent introduites que plus tard, par le moyen des glossateurs et de la jurisprudence. Mais, comme les progrès et les variations du régime dotal sont liés entre eux chez les Romains, et comme ils le sont aussi dans la Gaule, où il a eu à subir certaines modifications, nous avons séparé son étude dans les deux pays ; elle formera le sujet de deux livres.

Nous ne mentionnerons pas les ouvrages auxquels nous avons eu recours : leur indication se trouve dans les notes (1).

(1) Cet ouvrage était sous presse lorsque nous avons eu connaissance du travail de M. Grimaud sur l'histoire du régime dotal chez les Romains, couronné par la Faculté de Grenoble. Nous en parlerons dans quelques notes supplémentaires.

LIVRE PREMIER.

DU RÉGIME DOTAL CHEZ LES ROMAINS.

CHAPITRE I.

Du Mariage et de la Manus.

La constitution de la famille romaine reposait sur un principe unique : la puissance du père. Cette puissance formait entre les divers membres de la famille le seul lien reconnu par la loi civile ; elle était nécessaire et devait avoir plus d'étendue et d'énergie dans un État où le lien politique était trop faible encore pour s'étendre à tous les individus (1). Cette nécessité politique nous paraît expliquer et ce pouvoir extraordinaire confié aux mains du père, et cette incapacité légale de tous ceux qui l'entouraient et dont il absorbait la personnalité dans la sienne. La loi ne reconnaissait que le père de famille ; femme, enfants, esclaves, elle n'avait aucun égard à eux. Mais, sous cette puissance, il y avait égalité entre tous ceux qui lui étaient sou-

____

(1) Voir le mémoire de M. Giraud , *Du vrai caractère de la loi Voconia*. Paris, 1841.

mis, sans distinction d'âge ou de sexe : seulement, le fils ou le petit-fils devaient un jour avoir à leur tour le sceptre de la famille ; tandis que la fille ou la femme ne pouvait jamais aspirer à une condition où elle jouirait de la plénitude de sa liberté. De la puissance du père elle passait sous la puissance du mari ou d'un agnat (1) ; et, à leur défaut, sous la tutelle d'un tiers choisi par eux ou par le préteur (2). Nous n'entreprendrons pas de traiter ici d'une manière complète de la condition civile des femmes dans la loi romaine, ni de ces lois diverses qui étendirent ou restreignirent leur capacité suivant les temps et les besoins de la politique, ce serait nous écarter de notre sujet (3). Mais il est important d'observer que la succession se réglait par les seuls liens de parenté civile ou de puissance, et que le patrimoine de la famille était dévolu sans aucun.

(1) Majores nostri nullam ne privatam quidem rem agere feminas sine auctore voluerunt ; in manu esse parentum, fratrum, virorum. Tite-Live, liv. XXXIV, *Discours* de Caton. — Minus filiæ, uxores, sorores quibusdam in manu erunt? In vestro arbitrio suum ornatum quam in legis maluerunt esse, et vos in manu et tutela, non in servitio, debetis eas habere. *Ibid., Discours* de Valérius. — Gaius, *Comm.* I. § 192.

(2) Gaius, *Comm.*, I. §§ 148 et suiv., 157. 168. 190. Ulpien, *Frag.*, tit. XI. Cette tutelle, comme on le sait, était devenue bien illusoire du temps de Cicéron. Cicéron, *Pro Muræna,* cap. xii.

(3) Ce travail est déjà fait dans le mémoire déjà cité de notre savant professeur, auquel nous renvoyons parce que nous y avons souvent puisé nous-mêmes.

égard à l'origine ou à la nature des biens (1). Suivant ces principes, la femme fut admise au même degré et pour la même portion que les mâles dans les successions *ab intestat* (2).

Le mariage dut occuper une place importante dans cette législation : comme source de la famille, il dut être favorisé chez un peuple naissant ; à cause de ses effets à l'égard du mari et de la femme, et de leurs familles respectives, chez un peuple formaliste, il fut environné de solennités destinées à consacrer la transmission de puissance du père ou de tout autre au mari, et l'introduction de l'épouse dans une nouvelle famille. La *conventio in manum* nous paraît avoir été dans le principe un des effets essentiels du mariage, et plutôt la cause que le résultat de la *confarréation* ou de la *mancipation* (3).

(1) Gaius, *Comm.* III. §§ 1 et suiv. ; Ulpien, *Frag.*, tit. XXII, §§ 14 et suiv., et XXVI. §§ 1 et suiv. ; Paul, *Recept. sent.*, IV, tit. viii; *Collatio legum Mosaïcarum et Romanarum*, tit. xvi.

(2) En effet, la loi Voconia ne s'appliquait qu'à la succession testamentaire ; ce ne fut que beaucoup plus tard que, *Voconiana ratione,* on appliqua ses dispositions à la succession *ab intestat.* Voir le mémoire déjà cité.

(3) **M.** Grimaud pense que dans les mariages des patriciens il n'y avait pas de *conventio in manum*, et que la *confarréation* ne suffisait même pas pour donner la puissance au mari. Cette opinion nous paraît contraire aux textes de Gaius, d'Ulpien, de Denys d'Halicarnasse et de Tite-Live (*Discours* de Caton, liv. XXXIV, où il s'adresse toujours aux *matronæ*, V. *suprà*, p. 4, not. 1). Quant au passage de Denys d'Halicarnasse, il ne peut s'appliquer qu'à la

Ainsi, nous croirions, ce que confirment d'ailleurs les principes de la législation romaine sur la famille et les mœurs de tous les peuples de l'antiquité, que, par la vertu seule du mariage, la femme passait sous la puissance de son mari. Plus tard, pour donner plus de force à ces effets et pour les consacrer, on environna le mariage de solennités, comme d'ailleurs tous les autres actes importants de la vie civile.

On appela l'intervention des dieux et des pontifes pour célébrer cette union, car à Rome chaque famille avait ses divinités particulières (1); par le mariage, la femme abdiquait les siennes propres et en recevait de nouvelles (2). Aussi la confarréation fut en usage (3), et le mariage devait être alors, comme les successions, une des parties les plus importantes du droit pontifical. Toutefois, la confarréation, dont nous ne retracerons pas ici les for-

femme soumise à la puissance maritale, car il indique sa participation aux biens et aux *sacra*, c'est-à-dire à la famille de son époux (**V.** *infrà*, chap. ii, not. 2).

(1) Brisson, *Antiquit. selectæ*, I. 18.—Sigonius, *De antiquo jure populi Romani*, I. 8; Savigny, *Uber die sacra privata der Romer*, IV et V (dans le *Zeitschrift fur geschichtliche Recht-wissenschaft*, B. II.

(2) Denys d'Halicarnasse, *Ant. rom.*, II. 95; leg. I. D. *De ritu nuptiarum* 23. 2); L. 4. C. *De crim. exp. hæred.* (9. 32).

(3) Cicéron, *Topic.* III; Quintilien, *Instit. orat.*, V. 10; Pline, *Hist. nat.*, XVIII. 3; Tacite, *Ann.*, IV. 16; Ulpien, *Frag.*, tit. ix; Gaius, I. § 112; Brisson et Hotoman, *De veteri ritu nuptiarum*; Grüpen, *Uxor Romana*, cap. iv.

malités, ne nous paraît convenir qu'au mariage des patriciens (1). On lui attribue, et non sans fondement, une origine étrusque (2).

De même que Numa ou tout autre législateur avait appliqué la confarréation aux mariages des patriciens; on dut appliquer aussi la *mancipation* aux autres, afin qu'on acquît la puissance sur les personnes comme on acquérait la propriété parfaite des choses (3). L'usucapion annale dut, par la même raison, produire les mêmes effets (4). Mais, voici ce qui en résulta : l'application de ces formalités supposait leur nécessité, et, dès-lors, si elles n'étaient pas accomplies, elles ne purent pro-

(1) En effet, outre la *conventio in manum,* la confarréation avait d'autres effets : ainsi, les enfants nés de ces mariages *patrimi* et *matrimi* pouvaient seuls aspirer aux dignités du sacerdoce, ou accompagner la fiancée, et devaient être pris parmi les patriciens (Tacite, *Hist.,* IV. 53; Festus, in vᵒ *Patrimus*). De plus, dans les premiers temps de Rome, les patriciens seuls avaient des divinités particulières ; ce que l'on appelait des *gentilitia sacra* (Tite-Live, VI. 42; Cicéron, *in Vatic.,* VI). La confarréation ne pouvait donc s'appliquer qu'à eux. Enfin ces cérémonies s'étaient conservées parmi les patriciens seuls et les prêtres (Tacite, *Annal.,* IV. 16; Gaius, I. § 112; Boëce, *in Topiois,* III; Servius, *Æneid.,* IV, *Géorgiques,* I).

(2) Glück, *Ausführliche Erlauterung der Pandecten,* B. XXIV. S. 322.

(3) Les formalités de la mancipation sont trop connues pour que nous les rapportions ici. Voir Gaius, I. §§ 110 et 113; Ulpien, *Frag.* XIX. 3; Boëce, *in Topic.* II. V. aussi Cicéron, *Pro Flacco;* Servius, *Géorgiques,* I. 34; et Glück, *ubi suprà.*

(4) Cicéron, *ibid.;* Gaius, I. § 111; Aulu-Gelle, III. 2; Macrobe, *Saturnalium,* I. 3.

duire les effets qui leur étaient attachés; la femme n'était pas *in manu mariti*, d'où la négligence et plus tard le calcul firent par leur omission les mariages libres que la loi des Douze Tables consacrait elle-même, en indiquant à la femme les précautions qu'elle devait prendre pour interrompre l'usucapion (1). Il faut donc distinguer entre le mariage romain avec *manus*, c'est-à-dire avec confarréation, mancipation et usucapion, et le mariage libre, ou *mero consensu*, entre les *matres 'familiæ* et les *matronæ* (2). Distinction qui ne dut pas exister dans le principe, ainsi que nous l'avons déjà dit, car il était impossible de séparer la puissance maritale du mariage dont elle était la conséquence nécessaire (3); elle avait précédé les formalités, mais elle ne put leur survivre. Ces notions posées, il nous sera plus facile de comprendre le régime d'association conjugale des Romains, et, par conséquent, de découvrir l'origine du régime dotal.

Les effets de la *manus* étaient de dépouiller la femme de toute capacité civile et de toute pro-

(1) Non enim posse impleri trinoctium quod abesse a viro usurpandi çausa ex Duodecim Tabulis deberet. Aulu-Gelle, *ubi suprà ;* Gaius, I. § 110; et Macrobe, *ibid.*

(2) Gaius, *ubi suprà ;* Aulu-Gelle, XVIII. 6; Nonius, V. 82; Isidori *Origines*, VIII. 5; Glück, B. 24. S. 534.

(3) Voir P. 4. not. 2, et Denys d'Halicarnasse, *Antiquit. rom.*, II. 95.

priété; elle était la fille de son mari (1). Celui-ci ne pouvait cependant user à son égard, comme envers ses enfants, des droits de la puissance paternelle qui auraient été contraires à la nature du mariage (2). Quant aux biens de la femme, acquis de ses parents ou de tous autres, avant ou depuis le mariage, ils étaient confondus avec ceux du mari, et ne formaient tous ensemble qu'un seul patrimoine, dont il avait la propriété et la libre disposition; *sive quem adrogaveris, sive quam in manum ut uxorem receperimus, ejus res ad nos transeunt* (3). Ainsi, pendant le mariage, la femme ne possédait rien, n'avait pas de droits propres. Ils résidaient tous entre les mains du mari, qui était seul aussi tenu de toutes les charges du ménage.

A la dissolution du mariage, si elle arrivait par la mort du mari, la femme ne retirait pas les biens qu'elle avait apportés ou qu'elle avait acquis; ils étaient devenus la propriété du mari; seulement, elle partageait le patrimoine de la famille, où ils

______

(1) Gaius, I. §§ 111 et 115, II. § 96. In summâ, sciendum est, his qui in potestate, manu, mancipiove sunt, nihil in jure cedi posse, *quum enim istarum personarum nihil suum esse possit.*

(2) Tels que ceux de vendre son épouse ou de la livrer *ad noxam.* Gaius, IV. § 80.

(3) Gaius, II. 98 et 86; Plaute, *Casina*, act. II, sc. 2, vers : 29 : Hoc viri censeo esse omne, quidquid tuum est.

étaient confondus, et par portion égale avec ses enfants, qui étaient, comme elle, sous la puissance du père de famille (1); s'il n'en existait pas, elle prenait le tout comme héritière unique. Si, au contraire, elle mourait pendant le mariage, le mari gardait ce qu'il avait reçu et n'était tenu à aucune restitution.

En cas de divorce, les droits des époux étaient réglés par une ancienne loi, attribuée à Romulus, et que Plutarque nous a conservée (2). Cette loi défendait à la femme le divorce, mais permettait au mari de la répudier pour certains crimes, et, dans ce cas, il n'y avait lieu à aucune restitution. Si le mari répudiait sa femme sans juste cause, la loi attribuait à l'épouse répudiée la moitié des biens de son époux, et consacrait l'autre à Cérès. Ce régime d'association conjugale fut évidemment le premier et le seul en vigueur à Rome dans les pre-

(1) Gaius, *Inst.*, III. § 3; Ulpien, *Frag*, XXII. § 14, XXIII. 3; *Collatio leg. Mosaïc. et Rom.*, XVI. 2; Denys d'Halicarnasse, *Antiquit. rom.*, lib. II. p. 95; Aulu-Gelle, XVIII. 2.

(2) Plutarque, *Vie de Romulus*, cap. xxii : Ἔθηκε δὲ καὶ νόμους τινὰς, ὧν σφοδρὸς μέν ἐστὶν ὁ γυναικὶ μὴ διδοὺς ἀπολείπειν ἄνδρα· γυναικὰ δὲ διδοὺς ἐκβαλεῖν ἐπὶ φαρμακείᾳ, καὶ τέκνων, ἢ κλειδῶν ὑποβολῇ, καὶ μοιχευθεῖσαν· εἰ δ' ἄλλως τὶς ἀποπέμψαιτο, τῆς οὐσίας αὐτοῦ τὸ μὲν τῆς γυναικὸς εἶναι, τὸ δὲ τῆς Δήμητρος ἱερὸν κελεύων· τὸν δ' ἀποδόμενον γυναῖκα θύεσθαι χθονίοις θεοῖς (*Ed. Reiske*); Montesquieu, *Esprit des lois*, XVI. 16; Tigerström, *Das Römische Dotal-Recht*, B. II. § 44.

miers temps de sa fondation, car il était le plus conforme aux mœurs des anciens Romains, à leurs idées religieuses et à leurs lois sur le mariage et sur la famille.

On ne trouve pas dans ce système la moindre trace du régime dotal. Il n'y est question, ni de constitution de dot, ni de restitution, dans aucun cas, pas même dans celui de divorce. En effet, la dot n'était pas nécessaire, comme elle le fut plus tard, dans l'intérêt de l'épouse ou dans celui de sa famille. A quoi bon cette distinction entre les biens apportés par l'épouse au moment du mariage et les autres, puisqu'ils devenaient tous la propriété du mari, et formaient entre ses mains un seul patrimoine, dont la femme, quel que fût son apport, ne pouvait avoir qu'une quote-part? Les principes de la *manus* sont donc de tous points contradictoires à ceux du régime dotal, et l'on ne saurait attribuer à l'une l'origine de l'autre (1). On peut, toutefois, concevoir l'existence du régime dotal, même avec la *manus,* au moyen de stipulations expresses : rien n'empêchait, en effet, le père ou tout autre donateur de stipuler en sa faveur, ou envers l'épouse, un droit de retour à la dissolution

(1) Hasse, *Güterrecht der Ehegatten,* B. 1. S. 220.

du mariage (1) ; mais, malgré leur possibilité, de telles conventions, qui sont contraires à l'esprit des institutions de cette époque, et dont nous n'avons aucun exemple, ne peuvent servir de fondement à une opinion raisonnable à ce sujet.

Le divorce, soit qu'on n'admette son introduction à Rome que dans les temps postérieurs, sous Carvilius Ruga (2), soit qu'avec quelques modernes, on la fasse remonter à une époque plus reculée (3), contribua à la formation du régime dotal (4) ; il n'entraîna pas pourtant, comme conséquence nécessaire, la restitution de la dot. Nous avons déjà fait connaître la loi de Romulus à ce sujet ; mais plus tard, dans des exemples célèbres, que nous ont conservés les auteurs anciens, la restitution de la dot est toujours liée au divorce (5). Si le divorce avait lieu par la faute du

(1) *Du régime dotal*, par M. d'Hauthuille, tom. VII de la *Revue de législation et de jurisprudence*, pag. 305 et suiv.

(2) Valère-Maxime, liv. II. 1 ; Denys d'Halicarnasse, *Antiq. romanæ*, II ; Aulu-Gelle, IV. 3 ; Tigerström, B. II. p. 33.

(3) Montesquieu, *Esprit des lois*, XVI. 16 ; Zimmern, *Rechts Geschichte*, t. II. § 562 ; Hugo, R. G. §§ 130 et 131 ; Klenze, *Uber die Freiheit der Ehescheidung, nach Römischen Recht* (dans le *Zeitschrift für geschichtliche Rechtswissenschaft*, B. V. S. 24) ; Glück, § 1254, B. XXV. S. 454.

(4) Glück, B. XXIV. S. 427. § 1229 ; *Du régime dotal*, par M. d'Hauthuille. — M. Edouard Laboulaye, *Histoire de la propriété foncière en Occident*.

(5) Suétone, *Cæsar*. I ; Plutarque, *Marius*. XXXVIII ; Aulu-

mari, et s'il répudiait sa femme sans juste cause,
il restituait la dot; si c'était, au contraire, par la
faute de la femme, il retenait ce qu'elle lui avait
apporté en mariage. On peut supposer, et non sans
fondement, que ces règles ne s'appliquaient qu'aux
mariages libres; ceux avec *manus* étant réglés
d'après d'autres principes. Toutefois, en admettant
même qu'elles s'appliquassent indistinctement aux
uns et aux autres, tout ce qu'on peut en conclure,
c'est que les *cautiones* et les *actiones rei uxoriæ* furent transportées d'un autre régime dans celui de
la *manus*, et non que le divorce fut à Rome la cause
de l'introduction du régime dotal, comme le dit
Aulu-Gelle (1). Cicéron désigne clairement ces modifications apportées au régime de la *manus*, et

Gelle, X. 22; Pline, *Hist. nat.*, XIV. 13 : « Cneius Domitius pronun-
tiavit mulierem videri plus vini bibisse quam valetudinis causa, viro
insciente, ac dote mulctavit. » — Valère-Maxime rapporte à ce sujet un
jugement de Marius, assez curieux (VIII. n. 3). « Multo animosius,
et ut militari spiritu dignum erat se in consimili genere judicii C. Marius gessit; nam cum Caius Titinius Minturnensis, Fanniam uxorem,
quam impudicam de industria duxerat, eo crimine repudiatam dote
spoliare conaretur, sumptus inter eos judex in conspectu habita
quæstione subductum Titinium monuit ut incepto desisteret, ac
mulieri dotem redderet ; quod cum sæpius frustra fecisset, coactus
ab eo sententiam pronuntiare, mulierem impudicitiæ ream sestertio
nummo, Titinium summa totius dotis condemnavit » — Hasse, *Güterrecht der Ehegatten*, B. I. S. 492.

(1) Aulu-Gelle, IV. 3 : « Memoriæ traditum est quingentis fere
annis post Romam conditam, nullas rei uxoriæ neque actiones ne-

cette association de règles opposées, sinon contradictoires, lorsqu'il dit : *Cum mulier in manum convenit, omnia quæ ejus sunt, viri fiunt dotis nomine* (1).
On peut ainsi concevoir l'existence de la dot à cause
de sa restitution, même avec la *manus* (2). Mais que
comprenait cette dot? Embrassait-elle les seuls
biens apportés lors du mariage, ou bien encore
ceux advenus depuis à la femme, et qui, par suite de
la puissance maritale, avaient été acquis au mari?
Nous pensons qu'elle ne comprenait que les premiers, c'est même ce que semble dire Cicéron.
Quant aux derniers, le principe ancien dut être
toujours en vigueur, à moins qu'il ne s'agît de
donation faite à titre de dot.

D'ailleurs, la restitution de la dot n'avait lieu que
dans un seul cas, celui du divorce, et alors même

que cautiones in urbe Roma, aut in Latio fuisse, quia profecto nihil
desiderabantur, nullis etiam tunc matrimoniis divertentibus. Servius quoque Sulpitius in libro quem composuit de dotibus, tunc
primum cautiones rei uxoriæ necessarias esse visas scripsit, quum
Spurius Carvilius Ruga, vir nobilis, divortium cum uxore fecit. »

(1) Cicéron. *Topic.*, **IV**. Quant au passage de Cicéron, *Pro Flacco*,
XXXIV, il s'applique évidemment au mariage libre ; et c'est ce que
soutient Cicéron, pour prouver que Sextilius n'avait aucun droit à
la succession de Valéria son épouse (V. p. 68. n. 1).

(2) On peut ainsi concilier les opinions différentes des auteurs
qui pensent, les uns, que dans le régime de la *manus* il n'y a pas
de dot possible (Hasse) ; les autres, au contraire, qu'elle peut très-
bien s'accorder avec lui (Unterhölzner, Schilling, Hugo, et Tigerström, § 3. not. 5).

qu'on supposerait son application à tous les autres, malgré même les stipulations particulières, on ne pourrait expliquer tous les principes de la dot. Il faut donc rechercher ailleurs l'origine du régime dotal, et pour cela étudier la nature et les effets du mariage libre.

CHAPITRE II.

Du Mariage libre ou MERO CONSENSU. — De la Dot chez les Romains et chez les Grecs. — Origine du régime dotal.

Le mariage libre ne donnait pas au mari la puissance sur son épouse, car il n'avait pas été accompagné des formalités légales, et la *matrona* était libre (1). Les droits sur les biens étant une conséquence de ceux sur la personne, il en résultait que le mari n'avait ni les uns ni les autres. L'épouse n'était pas de la famille, et celle-ci n'avait plus de patrimoine; le père seul existait pour elle avec tous les droits et toutes les charges (2).

(1) Gaius, *Comm.*, 1. § 115. On trouve même dans le Digeste quelques exemples de cette conservation de puissance de la part du père, nonobstant le mariage. L. 7. D. *De jure dotium* (XXII. 5); 71. D. *De eviction.* (XXI. 2).

(2) *Matrem* autem *familias* appellatam esse eam solam quæ esset in mariti manu mancipioque aut in ejus in cujus maritus manu mancipioque esset, quoniam non in matrimonium tantum sed in familiam quoque mariti et in sui hæredis locum venisset. *Matro-*

Ce mariage dépourvu de solennités et du seul lien qui unissait entre eux les époux, et qui était, comme nous l'avons déjà dit, le principe constitutif de la famille romaine, en les faisant ainsi étrangers l'un à l'autre, semblait moins une union légitime, source de la famille, qu'un rapprochement passager dont la passion ou la débauche étaient les seuls mobiles. Comment distinguer alors l'épouse de la concubine (1)? La *manus* suffisait jadis à assurer la dignité, à régler les droits et les devoirs de la mère de famille; mais la *matrona* n'avait ni les uns ni les autres. On substitua alors à la *manus* la dot dans le mariage libre, pour remplir ce double objet, à l'égard de l'épouse et de la famille.

Aussi la dot n'existe qu'avec le mariage légitime: *Sine nuptiis quidem dos nulla intelligitur* (2). Elle commence et finit avec lui (3). Elle en est comme

---

nam (*contrà*) propriè dictam, quæ in matrimonio convenisset (*non in familiam*). Aulu-Gelle, XVIII. 6.

(1) En effet, la concubine de son patron conservait toujours, même dans le concubinat, sa dignité de *matrona* (Leg. 13. D. *Ad legem Juliam, de adult.*). Le seul consentement suffisait pour le mariage libre comme pour le concubinat (L. 4. D. *De concubinis*). Mais la concubine pas plus que la *matrona*, n'était sous la puissance du mari.

(2) L. 20. *Cod. De jure dotium.* — L. 3. D. *De jure dot.* : Neque enim dos sine matrimonio esse potest. — Leg. 39, *ibid.*, *inf.* Ubique igitur matrimonii nomen non est, nec dos est. L. 56, *ibid.*; L. 11. D. *De pact. dotal.*

(3) L. 1. D. *De jure dotium*; L. 60. § 3. D. *Mandati vel contrà.*

l'accessoire nécessaire, car elle sépare l'épouse de la concubine, et, comme a dit Plaute (*Trinumm.*, act. III. sc. II. v. 64 et 65) :

> Me Germanam meam sororem in concubinatum tibi,
> Sic sine dote dedisse, magis quam in matrimonium (1).

Si, avant la loi *Julia*, nous ne trouvons pas d'obligation de doter ou de nécessité légale de la dot, nous pouvons du moins supposer, à cause des effets qui y étaient attachés et des exemples qui nous restent à ce sujet, que la dot dut toujours accompagner le mariage et l'épouse. Les classiques nous représentent la femme sans dot comme ne pouvant se marier (2), soit que la difficulté vînt de l'impor-

(1) Ainsi, lorsque par la suite la légitimation des enfants naturels fut permise par le mariage subséquent de la concubine, la constitution de dot fut nécessaire (LL. 10 et 11. *Cod. De naturalibus liberis*). Les enfants naturels nés avant le mariage sont appelés *ante dotem*, et ceux nés depuis le mariage légitime, *post dotem*, ou bien *ante* ou *postea dotalia instrumenta editi*. La dot, dans ces deux lois, est le signe du mariage légitime et de la légitimation ; d'où il faut conclure qu'elle leur était nécessaire et n'existait pas dans le concubinat. Voir surtout Novelle 78, cap. 4 : « Si cui etiam ex serviente muliere procreentur filii, et voluerit ille postea mulierem manu mittere et dotalia conficere documenta, mox cum ipsa *dotis inscriptione* et filiis competet libertatis simul et morum jus. »

(2) Plaute, *Aulul.*, act. II. sc. 2. vers. 15-15 :

> ..... Meam pauperiem conqueror,
> Virginem habeo grandem, dote cassam atque illocabilem,
> Neque eam queo locare cuiquam.....

La même difficulté existait encore du temps des jurisconsultes, comme l'attestent les lois suivantes. L. ult. D. *Quæ in fraud. cred.* « Cum is indotatam uxorem non fuerit ducturus ; » et L. 5. D.

tance de la dot comme accessoire du mariage, ou, ce qui est plus probable, de l'exigence des maris.

La dot, qui ne fut d'abord, ainsi que son nom l'indique, qu'une donation volontaire de la femme au mari pour subvenir aux besoins de la famille, devint alors, par l'usage, une nécessité, que la loi *Julia* ne fit que consacrer. Sa constitution avait lieu de différentes manières. La plus ancienne est la *dictio dotis*, dont nous trouvons aussi le plus grand nombre d'exemples dans les classiques (1); elle se faisait avant la célébration du mariage (2), et n'était admise que de la part de

De doli mali except. « Non ducturus uxorem nisi dotem accepisset, nisi jam divertit. »

(1) On en trouve surtout dans Plaute et dans Térence. Ce mode paraît même avoir été le seul en usage de leur temps. « Doti Valeria omnem pecuniam suam dixerat. Nihil doti istorum explicari potest, nisi ostenderis, illam in tutela Flacci non fuisse; si fuit, quæcumque sine hoc auctore dicta est dos, nulla est (Cicéron, *Pro Flacco*, 34, *Pro Cæcinâ*, 25. — Pline, *Epist.*, II. 4; Martial, *Epigram.*, XI. 24).

(2) Cela nous paraît résulter du rapprochement des textes suivants : Ulpien, *Fr. tit.* VI. 1 : « Dos aut datur, aut dicitur, aut promittitur. Dotem *dicere* potest mulier quæ *nuptura* est. » — *Frag. Vatic.* § 110 : « P. respondit, etiam post nuptias copulatas dotem *promitti vel dari* posse; » Paul *Sent.*, II. XXI. 1 : « Dos aut antecedit aut sequitur matrimonium, et ideò vel ante nuptias vel post nuptias *dari* potest. » L'*Epitome* de Gaius, II. 9, dit au contraire : « Ut si mulier, sive sponso *uxor futura*, sive jam *marito* dotem dicat. » Les textes précédents établissent trop clairement ce que nous avons dit, pour que nous ne croyions pas devoir les préférer au texte de Gaius, dont on peut, à bon droit, suspecter l'exactitude et repousser l'autorité.

certaines personnes, qui étaient dans l'usage ou dans l'obligation de constituer la dot, à cause de leurs rapports avec la fiancée (1). Ce mode de constitution ne paraît pas avoir eu de solennités particulières, mais se distinguait seulement des autres par l'époque à laquelle il devait avoir lieu et par la qualité des personnes (2). On peut y ajouter aussi la présence des parties (3).

La dot était, après la *dictio*, ainsi que le mariage, mise sous la protection des dieux, et, pour plus de sûreté peut-être, déposée entre les mains des auspices (4).

(1) Ulpien, *ubi suprà.* « Dotem *dicere* potest mulier quæ nuptura est, et debitor mulieris, si jussu ejus dicat. Item parens mulieris *virilis sexus, per virilem sexum* cognatione junctus, velut putà avus paternus » (*Frag. Vat.*, §§ 99. 100). Ce dernier paragraphe paraît contraire à ce que dit Ulpien, en ce qu'il rapporte un exemple de la *dictio dotis* faite par la mère : « Mater pro filia partem dotis dedit, partem *dixit.* » Nous joindrions aussi aux personnes mentionnées par Ulpien, le *frère* germain qui, avant la loi *Julia*, était aussi tenu de doter sa sœur, comme le prouvent ces vers de Plaute : Nolo ego mihi te tam prospicere qui meam egestatem leves. — Sed ut inops *infamis ne sim ;* ne mihi hanc famam differant, *me Germanam* (V. le texte de la page 17, et toute cette scène et la suivante. — Voir aussi Térence, *Phormion*, II. 2. 62): « Itidem ut cognata si sit, id quod lex jubet — Dotem dare, abduce hanc, minas quinque accipe. » La loi 18. D. *De admin. tut.* est un reste de cette coutume.

(2) Saumaise, *De modo usurarum*, cap. xvi; Hasse, *Güterrecht der Ehegatten*, B. I. S. 292. 293; Tigerström, § 13; *Epitome Gaii*, II. 9; Nonius Marcellus, IV, in v° *Dos.* — *Contrà :* Heineccius, *Antiquit. rom.*, II. VIII. 6.

(3) Hasse, *ubi suprà*, S. 291.

(4) Suétone, *Claude.* 26, dote inter *auspices* consignata. Tacite,

Quant à la *datio* et à la *promissio,* qui s'appliquaient à la dot constituée par des tiers, les mêmes motifs ne subsistant pas à leur égard, on exigea les formes ordinaires des donations ou des contrats, qu'elles eussent lieu avant ou depuis le mariage (1).

La dot, ainsi constituée, ayant pour objet l'entretien de la famille, ou plutôt servant de dédommagement au mari pour les charges qu'il avait à subir, était entre ses mains comme un patrimoine dont il avait, à ce double titre, l'administration et la libre disposition. Toutefois, comme ces droits n'étaient pas une conséquence de la puissance du mari sur son épouse, ils n'étaient pas absolus, mais se trouvaient modifiés par ceux de la femme elle-même ou de ses parents. En effet, la dot n'était pas confondue avec les biens du mari, car elle était, dans certains cas, soumise à restitution. Pour plus de sûreté, des cautions et des gages ou hypothèques étaient même exigés de lui (2).

Si la fille était sous la puissance du père au mo-

Ann., XV. 37, visi auspices *dos.* — Juvénal, *Sat.*, X. 293-294....,

...... Et ritu decies centena dabuntur

Antiquo ; veniet cum signatoribus *Auspex.*

(1) Ulpien, *ubi suprà :* « Dare promittere dotem omnes possunt. » V. not. 2, p. 18 ; Tigerström, §§ 10 et 12.

(2) Aulu-Gelle, IV. 3 ; Cicéron, *Pro Cæcinâ :* « Cum uteretur dote uxoris numerata, quò mulieri esset res cautior, curavit *ut in eo fundo dos collocaretur.* »

ment du mariage, et même pendant sa durée, ce qu'il lui avait donné en la mariant n'était autre chose qu'un pécule sur lequel il n'avait pas perdu tous ses droits (1) ; ils étaient seulement suspendus pendant le mariage et modifiés par ceux du mari ou de la famille. A la dissolution du mariage, le père reprenait la dot, *jure peculii*, à l'exclusion du mari (2), sauf certaines parts que celui-ci pouvait retenir, dans l'intérêt des enfants nés du mariage (*propter liberos*). Cette rétention était déjà en usage du temps de Cicéron (3). Si c'était un étranger, ou même un parent, mais qui n'avait pas la femme sous sa puissance qui constituât la dot, elle était acquise au mari, car le donateur n'avait aucun droit de la revendiquer, à moins

______

(1) C'est la dot *profectice*. Les textes du Digeste sont, il est vrai, contraires à cette opinion : L. 59. D. *Solut. mat.*; L. 5. D. *De divort. et repud.*; et surtout la loi 5. § 10. D. *De jure dotium*, où Ulpien dit : « Non jus potestatis sed parentis nomen dotem profectitiam facit. » Mais il n'y a pas alors de raison plausible sur laquelle on puisse faire reposer la distinction entre les deux dots *profectice* et *adventice*. Il faut donc admettre que le lien de puissance s'affaiblissant chaque jour, on retint les conséquences, en rejetant le principe, ce qui arrive assez souvent dans les législations.

(2) Ulpien, *Fr.*, tit. vi. — *Fr.* v. § 108.

(3) Cicéron, *Topic.*, IV : « Si viri culpa factum est divortium, etsi mulier nuntium remisit tamen, *pro liberis* nihil manere oportere...; si mulier cum fuisset nupta cum eo quocum connubium non esset, nuntium remisit, quoniam qui nati sunt, patrem non sequuntur, *pro liberis* manere nihil oportet. »

qu'il n'y eût de sa part stipulation expresse (1). Le mari mourant le premier, la femme réclamait la dot avec l'assistance de son père, que cette dot fût profectice ou adventice (2). Mais l'épouse ne pouvait rien réclamer au-delà, n'ayant jamais été sous la puissance de son mari, et la *manus* ne lui conférant pas les droits de fille et d'héritière. En cas de divorce, il y avait rétention ou restitution de la dot, selon qu'il avait lieu, par la faute de la femme ou par celle du mari (3).

Dans ce système, les *matronæ* conservaient toujours, même l'administration, sauf les droits du père ou du tuteur, de tous les biens qui ne composaient pas la dot, et que l'on appelait *receptitia bona;* mais la dot pouvait comprendre l'universalité de leur fortune (4) ; s'il n'y avait pas de constitution de dot, tous les biens de la femme étaient libres ou extradotaux ; et dans ce cas, si elle en laissait la jouissance au mari, elle pouvait les lui

(1) Ulpien, *Frag.*, tit. **VI.** § 5 ; *Frag. Vat.*, § 100 ; Cujas, *Observ.*, IX. 4.

(2) Ulpien, *ubi suprà*, § 6 ; *Frag. Vat.*, § 116.

(3) Voir les notes 5, p. 12, et 1, p. 13.

(4) Cicéron, *Pro Flacco*, 34 (p. 18, not. 1) ; L. 72. **D.** *De jure dot.;* 4. *Cod. ibid.;* L. ult. *Cod. De dotis prom.* Quoiqu'on rencontre souvent le nombre de *decies centena*, nous ne pensons pas que ce fût le taux fixé pour la dot, d'autant plus qu'on trouve aussi beaucoup d'exemples d'une autre somme.

revendiquer à sa volonté (1), D'un autre côté, la dot qui ne venait pas du père était acquise au mari, alors même que la femme l'avait constituée de ses propres biens, parce qu'il n'y avait pas la même raison de restitution ; le tuteur n'ayant pas les mêmes droits que le père, et n'étant chargé que de compléter la capacité de la femme dans les *actes solennels* (2).

Mais sur quel principe reposait la puissance du mari sur la dot? Est-ce un reste de là *manus,* ou bien n'est-ce qu'un droit particulier qu'il a comme chef de la famille (3)? Pour la dot

(1) Aulu-Gelle, XVII. 6 : « Res enim procul dubio sic est : quando mulier dotem dabat ,tum quæ ex suis bonis retinebat, neque ad virum transmittebat, ea *recipere* dicebatur. Ex ea igitur re familiari quam sibi dote data retinuit, pecuniam viro mutuam dat. Eam pecuniam cum viro forte irata repetere instituit, apposuit flagitatorem servum *receptitium* (hoc est : proprium servum suum) quem cum pecunia reliqua receperat, neque dederat doti sed retinuerat » (Festus in vº *Receptitius servus*). Nonius Marcellus , I. 267 : « Sed vera hæc est hujus nominis interpretatio : quem in data dote aut donatione quis exceperit, quod est proprie receperit. — L. 9. § 3. D. *De jure dotium; LL. 8 et 11. Cod. de pactis conventis;* Glück, I. 1237, B. XXV. S. 227.

(2) Gaius, I. § 190 ; Ulpien, *Frag.*, XI. 25. 27.

(3) La question de savoir qui est propriétaire de la dot, du mari ou de la femme, est celle qui a le plus divisé les anciens auteurs et même les modernes. Voir Glück, tom. XXV, § 1234, où il expose les diverses opinions à ce sujet. Depuis lors (1831), M. Tigerström a émis un système nouveau, d'après lequel il considère le mari comme *procurator* de la femme pour les biens dotaux et comme agissant *procuratorio nomine*, dans le sens le plus large de ces mots dans le droit romain. *Römische Dotal-Recht*, § 25. Mais cette

profecticè, il est impossible d'admettre que la puissance du mari reposât sur la *manus*, puisque celle-ci existait déjà entre les mains du père et lui conférait même certains droits sur la dot. Pour la *dot adventice*, on peut reconnaître dans les droits du mari un reste de cette puissance, d'autant plus que le domaine quiritaire lui en est transféré (1).

Ainsi, dans le mariage libre, les règles sont : indépendance de la femme, et, par suite, séparation des patrimoines des deux époux ; constitution nécessaire de la dot de la part de la femme ; conservation et restitution de celle du mari. Au contraire, dans le mariage avec *manus*, ce sont : sujé-

opinion est trop en contradiction avec les textes, et aussi avec les données historiques, pour qu'elle puisse être admise, d'autant plus que le mari a contre la femme la *vindicatio* pour les biens dotaux. L. 24, D. *Rerum amotarum.*

(1) Gaius, II. 62. 63 ; M. Giraud, *Recherches sur le droit de propriété chez les Romains*, pag. 217. — En effet la femme ne pouvait constituer la dot sans l'assistance d'un tuteur ; et cette assistance n'était nécessaire que lorsqu'il s'agissait de transférer la propriété d'une chose *mancipi*. V. Cicéron, *Pro Flacco*, XXXIV, *suprà*, *Pro Cæcinâ*, XXV : « Ipse non auderet judicare deberi viro dotem, quam mulier nullo auctore dixisset. » *Frag. Vat.*, § 110 ; Ulpien, *Frag.*, XI. 20. « Ex lege Julia de maritandis ordinibus tutor datur a prætore urbis ei mulieri virginive quam ex hac ipsa lege nubere oportet ad dotem dandam, dicendam promittendamve, si legitimum tutorem pupillum habeat. Tutoris auctoritas quidem necessaria est mulieribus quidem in his rebus ; si lege aut legitimo judicio agant...., si rem *mancipi* alienent. » Gaius, *Inst.*, II. 80....

tion de l'épouse ; confusion des patrimoines ; puissance absolue du mari. Or, les principes du régime dotal sont ceux du mariage libre, et la dot n'a été nécessaire, n'a pu et dû exister qu'avec ce dernier.

Il nous paraît utile d'examiner ici, dans les deux systèmes, les règles des donations entre époux, qui se lient si intimement au régime dotal. Les donations faites par le mari à sa femme, qui était sous sa puissance, *in manu,* ne pouvaient exister qu'à titre de pécule, comme celles qu'il faisait à ses enfants (1) ; et comme la femme n'avait aucun droit de propriété, ou même d'administration, pendant le mariage, elles étaient impossibles, et non pas seulement prohibées ; leur existence même, comme pécule (2), entre les mains de la femme, ne peut se concevoir qu'autant qu'il s'agit d'objets mobiliers à son usage (3). Ce n'est donc pas au mariage avec

(1) L. 1. D. *Pro donato;* Paul. *Sent.* V. XI. 3 ; *Frag. Vat.,* 274. 278. 281. 294. 295.

(2) Plaute *Casina,* act. II, sc. 2, vers. 25-27.

> ... Ita est, undè ea tibi est,
> Nam peculii probam nihil habere addecet
> Clam virum.

(3) Comme ceux dont il est question dans la loi 9. § 3. D. *De jure dotium.* — En effet tous les autres objets donnés ou laissés au fils de famille afin qu'il les fasse valoir par son industrie, seraient sans aucune utilité donnés à la femme, puisqu'elle ne pourrait les faire valoir d'aucune manière.

manus que peut s'appliquer la prohibition dont parlent les jurisconsultes romains (1).

Dans les mariages libres la donation entre époux fut-elle prohibée? Quoique nous n'ayons pas d'exemple ou de texte positif à ce sujet, nous pensons que la prohibition qui se retrouve plus tard dans les écrits des anciens jurisconsultes vient de ce mariage qui consacrait l'indépendance des époux et la séparation des patrimoines (2). En effet, elle est dans l'esprit des règles du mariage libre, et des lois qui furent portées contre les *matronæ*, et qui tendaient toutes à restreindre leur capacité pour recevoir (3). Enfin ces donations étaient possibles sous ce régime, et c'est au mariage libre que s'appliquent directement, et que peuvent s'ap-

(1) C'est là cependant l'opinion généralement reçue, que cette impossibilité fut l'origine de la prohibition qu'on appliqua plus tard à tous les mariages. Zimmern, 499. 598. 599.—Glück, § 1253. p. 448. Ce dernier pense que cette prohibition fut appliquée aux mariages libres par les jurisconsultes, qui dans l'origine étaient tous patriciens, et c'est ainsi qu'il explique les mots d'Ulpien : *moribus apud nos receptum est.* Mais on ne peut concevoir cette assimilation de deux cas qui ne peuvent avoir la moindre analogie entre eux : car dans l'un il y avait impossibilité qui n'existait pas dans l'autre. Il faut donc chercher un autre motif de cette jurisprudence ou de cette coutume.

(2) Voir M. Giraud, Mémoire *Du vrai caractère de la loi Voconia,* p. 39.

(3) Les lois *Oppia* et *Voconia,* V. Tite-Live, liv. XXXIV, et le mémoire de M. Giraud.

pliquer seulement les motifs qu'Ulpien et Paul nous donnent dans leurs fragments de cette prohibition. Ils n'ont pas d'application au contraire dans le mariage avec *manus* (1).

Mais nous devons nous demander à présent d'où venait ce régime si bien constitué et dont toutes les parties étaient liées entre elles. Ne dut-il son introduction qu'à la coutume, ou bien est-il le fruit de quelque importation étrangère?

Il est certain qu'il n'y eut à Rome, dans le principe, qu'un seul mariage reconnu par les lois, le mariage vraiment romain, avec *confarréation, mancipation* ou *usucapion,* avec puissance du père de famille sur

______

(1) Ces motifs sont : L. I. D. *De donationibus inter virum et uxorem;* Ulpien : «Hoc autem receptum est ne mutuo amore invicem spoliarentur, donationibus non temperantes sed profusa erga se facilitate. » Ce qui ne pouvait s'appliquer aux *matresfamilias,* qui pendant le mariage étant *in manu,* n'avaient rien, ne possédaient rien et ne pouvaient ni donner ni recevoir.—L. 2. Paul. : « Nec esset eisstudium liberos potius educandi.» V. dans Tite-Live, liv. **XXXIV,** les reproches que Caton adresse aux *matronæ.* «Sextus Cæcilius et illam causam adjiciebat, quia sæpe futurum esset ut discuterentur matrimonia, si non donaret is qui posset, atque ea ratione eventurum ut venalitia essent matrimonia. » Or, le divorce était beaucoup plus facile avec le mariage libre, et ce furent les *matronæ* qui donnèrent ces scandales publics, que Martial et Juvénal flétrissent dans leurs vers. C'est aussi à ces mariages avec dot qu'on a reproché et qu'on reproche encore d'être *venalitia.* A ces mariages sans lien légal, sans *manus,* s'appliquent ces mots d'Ulpien, dans la loi suivante : *Ne concordia pretio conciliari videretur; neve melior in paupertatem incideret; deterior ditior fieret.*

l'épouse comme sur les enfants. Quant au mariage libre, il ne s'introduisit et ne subsista que par l'usage, une coutume à laquelle il doit toutes ses règles, depuis la nécessité de la constitution de la dot (1) jusqu'à la donation prohibée entre époux. *Moribus apud nos receptum est*, dit Ulpien (2), à ce sujet ; et il est à remarquer que dans le principe l'action *rei uxoriæ* était toujours *bonæ fidei* (3) ; mais cet usage, cette coutume, étaient évidemment contraires aux mœurs et aux idées romaines. Il faut donc y reconnaître une influence étrangère, influence qu'on découvre même dans la loi des Douze Tables ; car elle consacrait déjà le mariage libre d'une manière indirecte, en permettant à l'épouse de se soustraire à la puissance maritale. D'ailleurs, les mœurs des Romains perdaient chaque jour de leur sévérité primitive, et les lois anciennes, quoique toujours en vigueur, ne conservaient leur empire que par l'interprétation des préteurs. Le droit de puissance du père de famille devenu moins nécessaire,

---

(1) *Infamis ne sim, ne mihi hanc famam differant*, dit le *Lesbonicus*, qui ne peut constituer une dot à sa sœur. Voir les sc. ii et iii de l'act. III du *Trinummus* de Plaute, et surtout ces vers :

> *C.* Namque hercle honeste fieri ferme non potest,
> Ut eam perpetias ire in matrimonium sine dote.

(2) **L. I.** *De donat. inter virum et uxorem.*

(3) **Cicéron.** *Topic.*, cap. xvii ; *De officiis*, III.

où plutôt impossible dans un grand État, devint aussi moins rigoureux. Les femmes furent les premières à jouir de l'émancipation, à la provoquer même (1); le mariage libre leur en donnait le moyen, elles n'y faillirent pas. En vain Caton éleva la voix contre leur liberté; il ne put réussir à ramener un état qui n'était plus possible. Les lois *Oppia* et *Voconia* furent le seul fruit de ses efforts. Les *matronæ* triomphèrent, et la dot fut comme le signe de leur indépendance (2).

La *confarréation*, qui consacrait la *manus* entre les patriciens, tomba la première en désuétude (3); il devait en être ainsi. L'*usucapion* n'existait déjà

---

(1) Tite-Live, liv. **XXXIV**; Valère-Maxime, liv. **VIII**. iii. 5.

(2) **Plaute dit**, *Asin.*, I. i. 74 :

    Argentum accepi, *dote* imperium vendidi.

Térence les appelle *dote fretæ feroces*, et Horace, *Carmin*. III. 24.19.

    Nec *dotata* regit virum
    Conjux, nec nitido fidit adultero.

Justin. III. 6. «Virgines sine dote (*Lycurgue*) nubere jussit, ut uxores eligerentur, non pecuniæ; severiusque matrimonia sua viri coercerent, *cum nullis dotis frenis tenerentur*. »

L'indépendance et la licence des *matronæ* ont été l'objet des satires de Juvénal et des épigrammes de Martial... Juvénal, *Satires*, IV. 448 et suiv.

Martial, *Epigrammes*. VIII. 12. vers. 3 et 4.

    Inferior matrona suo sit, Prisce, marito;
    Non aliter fuerint fœmina virque pares.

(3) Tacite, *Ann.*, IV. 16. Elle existait cependant encore du temps de Gaius entre les prêtres (Gaius, I. § 112).

5*

plus du temps de Gaius (1); la *mancipation* lui survécut, mais elle périt à son tour au milieu de mœurs et de lois nouvelles (2). La *manus* tombant en désuétude, le divorce devint plus facile ; et l'on sait quelles furent les tristes conséquences de cette facilité (3).

La Grèce, par l'importation à Rome de ses arts, de ses sciences, de sa philosophie, et aussi de sa civilisation, n'avait pas peu contribué à ces changements dans les mœurs ; sa législation ne contribua-t-elle pas aussi à réformer les lois romaines ? Pour pouvoir apprécier cette influence, il nous paraît d'abord nécessaire d'exposer le système des lois grecques dans le mariage, et de rechercher ensuite si et comment elles ont pu influer sur celles des Romains.

Parmi les législations de la Grèce, celle qui se rapproche le plus de la législation romaine, est celle des Athéniens. Leur régime d'association conjugale a une grande analogie avec le mariage libre

(1) Elle tomba en désuétude dans la période qui s'étend depuis Cicéron jusqu'à Gaius (Cicéron. *Pro Flacco.* 34). Gaius. I. § 111. Sed hoc totum jus partim legibus sublatum est, partim ipsa desuetudine obliteratum est. ,

(2) Gaius, § 113, en parle comme d'un droit encore existant ; mais on n'en retrouve plus de traces dans la législation de Justinien.

(3) Voir la dissertation de M. Klenze sur la liberté du divorce chez les Romains, dans le cinquième volume du *Zeitschrift für geschichtliche Rechtswissenschaft,* déjà cité.

et le régime dotal. Quant aux lois de Lycurgue ,
elles sont tellement propres aux Spartiates, qu'elles
n'ont pas le moindre rapport avec celles des autres
peuples (1).

La dot paraît avoir été de tout temps en usage
dans la Grèce , même dans l'âge héroïque; on
l'appelait ἔδνα (2).

D'après les lois d'Athènes on doit distinguer la
fille héréditaire ἐπίκληρος, c'est-à-dire celle qui à
défaut de mâles succède à tous les biens de ses parents, et celle qui ne l'étant pas, n'a droit qu'à une
dot : ἐπίπροικος (3). Le régime d'association conjugale
n'est pas le même dans ces deux cas. En effet, la
première était tenue, à raison de l'hérédité même
qui lui était dévolue, d'épouser son plus proche
parent, et de lui apporter en mariage les biens qui
composaient la succession (4). Ils passaient entre les
mains du mari, qui était par droit de parenté κύριος

(1) Il suffit pour s'en convaincre de lire l'exposé qu'en fait Plutarque. *Lycurgue*, 14.

(2) Saumaise. *De modo usurarum*, cap. iv.

(3) V. Saumaise, *ubi suprà* ; Samuel-Petit, *Leges atticæ*, lib. VI.
tit. i. §§ 11 et 12 ; Bunsen, *De jure hæreditario Atheniensium* (Gœt-
tingue 1813), p. 17 - 18 ; Plutarque. *Solon*. 20.

(4) Ce droit de parenté allait même jusqu'à rompre un mariage
déjà contracté avec un autre que celui qui en jouissait. Il appartenait d'abord au frère germain du défunt ou à son fils. Voir pour
plus de détails Bunsen, p. 46 et 47.

ou tuteur de son épouse, car à Athènes les femmes étaient sous une tutelle perpétuelle (1). Les enfants nés du mariage de la fille ἐπίκληρος pouvaient seuls réclamer à leur majorité les biens de leur mère (2). Ce régime d'association conjugale était propre aux Athéniens et n'a aucun rapport avec celui des Romains.

Quant aux filles ἐπίπροικοι, elles étaient mariées par leur père, leur frère germain, leur aïeul paternel, l'héritier de leurs biens, celui d'entre eux sous la puissance duquel elles se trouvaient, ou par l'archonte éponyme. Elles devaient être dotées par eux, et même par leurs cognats, si elles étaient pauvres, d'après une loi de Solon (3). La dot était nécessaire, car elle séparait l'épouse de la concubine (4). Sa constitution de la part des parents et sa réception de la part

(1) Saumaise, *ubi suprà*, où il accuse Samuel Petit de s'être trompé sur la véritable signification du mot κυρίος. On sait la réponse si fière que fit une femme lacédémonienne à une étrangère qui lui demandait comment il se faisait que les femmes de Sparte commandassent seules aux hommes. Εἰπούσης γάρ τινος, ὡς ἔοικε, ξένης πρὸς αὐτὴν, ὡς μόναι τῶν ἀνδρῶν ἄρχετε ὑμεῖς αἱ Λάκαιναι. Μόναι γὰρ, ἔφη, τίκτομεν ἄνδρας (Plutarque, *Lycurgue*. 14 *in fine*).

(2) Bunsen, p. 50.

(3) *Ibid*. 17. 42. Bunsen expose dans cet ouvrage, d'une manière complète, le régime dotal des Athéniens. Nous y renvoyons pour la plupart des détails que nous avons donnés à ce sujet; Samuel Petit dit que la dot devait être du dixième des biens échus à l'héritier.

(4) *Ibid*, p. 42.

du mari étaient constatées par un acte solennel (προικῷα) dressé par écrit et en présence de témoins (1). Le mari qui en jouissait pendant le mariage, donnait un gage ou une hypothèque sur ses propres biens, afin d'en assurer la restitution (ἀποτίμασθαι, ἀποτίμημα), et la femme était pour sa dot préférée à tous les créanciers du mari. Après la mort de celui-ci ou le divorce, elle pouvait la réclamer devant l'archonte, par la δίκη προικός, mais à condition de quitter sur-le-champ la maison conjugale ; elle pouvait aussi intenter l'action en aliments δίκη σίτου (2) ; elle n'avait d'ailleurs aucun droit à la succession de son mari. S'il existait des enfants du mariage, la femme pouvait rester avec eux dans la maison conjugale, à la différence de la concubine, et elle avait droit à des aliments ; mais alors tous ses biens étaient confondus avec ceux de ses enfants, et elle ne pouvait plus en rien réclamer. S'il n'en existait pas, des aliments lui étaient dus par celui qui avait constitué la dot et qui l'avait recouvrée lors de sa restitution (3). Si le mariage était dissous par la mort de la femme,

(1) Samuel Petit, liv. VI, tit. ɪɪ. ɪ. Bunsen, 43.
(2) Voir les auteurs déjà cités, et Saumaise, *De modo usurarum* , cap. ɪv.
(3) Samuel-Petit, et Bunsen 44. La femme ne retirait donc pas elle-même la dot dans ce cas. C'était la dot profectice des Romains.

le mari conservait l'usufruit de la dot jusqu'à la majorité de ses enfants, qui pouvaient alors la réclamer.

Tout ce qui était donné en sus de la dot, s'il n'y avait pas d'enfants, ne pouvait être exigé après la mort de l'épouse. Aussi elle n'apportait pas à son mari en dehors de la dot ou de biens extradotaux (φερνὴ) plus de trois habits et certains ustensiles (1). D'un autre côté, les donations faites par le mari à sa femme pendant le mariage étaient prohibées (2). Il était aussi d'usage que le mari faisait, avant le mariage, une donation à sa fiancée; on l'appelait ἀνακαλυπτήρια, θεόρητρα, et plus tard ὑπόϐολον. Son origine remonte aux temps les plus reculés de la Grèce (3).

Les principes du système des Athéniens sont

(1) C'est ainsi que Bunsen explique la loi de Solon rapportée par Plutarque (*Solon.* 20.) : τῶν δ' ἄλλων γάμων ἀφεῖλε τὰς φερνὰς, ἱμάτια τρία, καὶ σκένη μικροῦ νομίσματος ἄξια κελεύσας, ἕτερον δὲ μηδὲν ἐπιφέρεσθαι τὴν γαμουμένην. Οὐ γὰρ ἐϐούλετο μισθόφορον οὐδ' ὤνιον εἶναι τὸν γάμον, ἀλλ' ἐπὶ τεκνώσει, καὶ χάριτι, καὶ φιλότητι γένεσθαι τὸν ἀνδρὸς καὶ γυναικὸς συνοικισμὸν. Samuel Petit dit au contraire que par cette loi il était défendu de donner en dot plus que les objets qui y sont énumérés; mais il se contredit lui-même; car un peu plus haut il a dit que la dot, donnée par le frère à sa sœur, devait être du dixième des biens héréditaires.

(2) Plutarque, *Solon.* 21 : ἡ γυναικὶ πειθόμενος (Reiske, t. I, p. 358 *in fine*).

(3) Samuel Petit, VI. 2; Saumaise, *ubi suprà*, explique avec détail l'origine et les modifications de cette donation.

les mêmes, comme on le voit, que ceux du mariage libre, sauf quelques différences qui tiennent à d'autres institutions propres à chaque peuple. La dot se présente avec le même caractère, dans les deux : comme destinée à assurer la dignité de l'épouse et à subvenir aux besoins de la famille. Il y a séparation de patrimoines, elle est même sanctionnée des deux côtés par la prohibition des donations entre époux ; même restitution de dot, mêmes garanties. Le nom de la dot est emprunté lui-même à la Grèce et révèle par son étymologie l'origine de cette institution chez les Romains (1). Il nous paraît qu'on peut conclure avec vraisemblance de ces rapprochements qu'il y a eu emprunt fait par le droit romain au droit grec ; quelques auteurs l'ont même reconnu pour certains points de ce système (2) ; d'autant plus que le mariage libre n'est pas romain comme nous l'avons déjà fait observer,

(1) Festus, IV, in v° *Dos* : Dote manifestum est ex græco esse; nam διδοναι dicitur apud eos dare.—Varron, *De lingua latina*, v° *Dos* : 'Dos erit pecunia, si nuptiarum causa data, hæc Græcè δωτήνη : ita enim hæc Siculi, ab eodem *donum*. Nam Græci δῶρον, et *ut alii* δόμα, et ut Attici δόσιν. — Le mot *paraphernalia bona* est aussi évidemment grec. Leg. 9. § 5 : *De jure dotium.*

(2) Cujas, Paratitl. ad Dig. tit. *De donationibus inter virum et uxorem,* fait remonter aux lois de Solon cette prohibition; emprunt qu'il suppose leur avoir été fait par la loi des Douze Tables. Glück qui applique cette prohibition aux mariages avec *manus* et qui la fait par conséquent remonter à Romulus, réfute Cujas sur ce dernier point seulement. — Mais tous les emprunts faits à la Grèce n'ont

et qu'il ne s'est formé à Rome que par l'usage ou la coutume. Mais comment a eu lieu cette introduction ?

Sans entrer ici dans la question si souvent débattue, de savoir quelle influence ont pu exercer sur la loi des Douze Tables les lois de Solon (1), nous ferons remarquer seulement, en rapprochant le passage de Denys d'Halicarnasse où il parle de la formation de la première (2), de ce que nous disent Aulu-Gelle, Macrobe et Gaius de l'introduction du mariage libre (3), que l'on peut supposer avec fondement, que les rédacteurs de cette loi avaient en vue le mariage grec (4). Ils ne pouvaient le constituer d'une manière légale, parce qu'il était contraire au mariage romain; ils laissèrent à l'usage le soin de le faire, et c'est au moyen des mœurs que les lois grecques pénétrèrent à Rome et formèrent la coutume, et Ulpien a dit avec raison de l'une d'elles : *Moribus apud nos receptum est.*

pas été consignés dans la loi des Douze Tables, et c'est en cela que Cujas a commis une erreur.

(1) Voir le résumé de cette controverse dans M. Giraud, *Histoire du droit romain*, p. 61 à 69.

(2) V. au chap. I, pag. 8, note 1.

(3) Ἔκ τε τῶν Ἑλληνικῶν νόμων καὶ παρὰ τῶν σφίσιν αὐτοῖς ἀγράφων ἐθίσμων. *Antiq. Rom.* lib. X, p. 661, et Tite-Live, liv. III.

(4) Vico et les divers auteurs qui ont fait un rapprochement entre les lois d'Athènes et la loi des Douze Tables ne parlent pas de celle relative à ce mariage.

C'est ainsi d'ailleurs que toute institution étrangère s'introduit dans une législation nationale, et finit insensiblement par causer sa ruine ; aussi, Caton confondait dans une réprobation commune, les *matronœ* romaines, et les lois et les mœurs de la Grèce (1).

CHAPITRE III.

Du Régime dotal depuis les lois JULIA jusqu'à Justinien.

Rome était épuisée par les guerres civiles, les trésors de l'État étaient vides, lorsque Auguste prit le titre d'empereur. Il fallait remédier à ce double mal, et pour cela favoriser et régulariser les mariages, et frapper en même temps les célibataires dont le nombre était grand, afin de combler par les peines le déficit du trésor. Tel fut l'objet des lois Julia et Pappia (2). Plus de lois furent portées dans cette période qu'on n'en avait jamais vu à Rome, et selon l'énergique expression de Tacite :

(1) Voir dans Tite-Live, liv. **XXXIV**, le discours de Caton où il dit : « Et jam in Græciam Asiamque transcendimus, omnibus libidinum illecebris repletas.—Jam nimis multos audio Corinthi et Athenarum laudantes mirantesque, et antefixa fictilia deorum Romanorum ridentes. Ego hos malo propitios deos, et ita spero futuros, si in suis sedibus manere patiemur. »

(2) Tacite, *Annalium*. III. 25 : Relatum est deinde de moderanda *Pappia Poppœa* quam senior Augustus, post Julias rogationes, incitandis cœlibum pœnis et augendo ærario sanxerat. — Heineccius, *Ad legem Juliam et Pappiam Poppœam.*

Utque antehac flagitiis ita tunc legibus laborabatur (1).
A cette époque commence une ère nouvelle pour
le régime dotal; jusque-là, il n'avait été réglé et
reconnu que par l'usage, il le fut alors par des lois.

En effet, la puissance maritale faiblissait chaque
jour, le mariage libre était dans les mœurs (2), et
la dot en était l'élément nécessaire. On reconnut
cette nécessité (3); aussi les lois nouvelles rendi-
rent obligatoire la constitution de dot pour engager
au mariage, tandis que, d'un autre côté, elles veil-
laient à sa conservation dans l'intérêt des secondes
noces et de la famille. On put dire alors : *Reipu-*
blicæ interest, mulieres dotes salvas habere propter
quas nubere possunt (4). Les motifs de ces lois étaient

(1) *Ubi suprà*, note 2.

(2) L. 15. D. *De condit. et demons.* et L. 30. D. *De regulis juris:*
Nuptias consensus.... facit. L. 66. D. *De donat. inter virum et uxo-*
rem : Matrimonium contractum quod *consensu* intelligitur. —
L'*Epitome* de Gaïus dit aussi : Legitimæ sunt nuptiæ, si Romanus
Romanam nuptiis intervenientibus vel *consensu* ducat uxorem. Tit.
De nuptiis.

(3) Quoique Justinien dise dans plusieurs de ses constitutions que
la dot n'est pas nécessaire pour la validité du mariage, il nous paraît résulter des divers textes du Digeste rapportés à la note 2 de
la page 17, et de l'obligation imposée par les lois de doter la
fille en la mariant, que cette nécessité n'était pas moins réelle que
du temps des classiques. Justinien lui-même semble la reconnaître
dans la loi 25. *Cod. ad senat. Velleianum*, où il dit : «Quasi cum for-
tuito interveniente mulierem fieri indotatam, et sic a viro forsitan
repelli et distrahi matrimonium. »

(4) L. 2. D. *De jure dotium.* Les derniers mots de cette lo

tous politiques; ils n'en furent que plus puissants pour leur maintien.

La loi *Julia* (*De maritandis ordinibus*) (1) imposa l'obligation de doter, non plus sous peine d'infamie, mais bien de contrainte légale. Cette obligation fut bornée cependant au père ou à l'aïeul paternel, et devint une charge de la puissance paternelle; les agnats furent dispensés de l'une, comme ils avaient perdu l'autre dans la législation nouvelle (2). A défaut de père ou d'aïeul, la fille dut se constituer la dot de ses propres biens par le moyen de son tuteur ou d'un curateur (3). La *dictio dotis* fut le mode de constitution en usage de la part de ces diverses personnes (4). Mais la femme

font connaître le véritable motif de ses dispositions ; *nubere* s'appliquant à la femme mariée, ne peut s'entendre que d'un second mariage. Voy. *Du régime dotal*, par M. d'Hauthuille, déjà cité.

(1) V. Ulpien, *Frag.* XI. 20. et L. 19. D. *De ritu nuptiarum :* « Capite trigesimo quinto legis Juliæ qui liberos quos habent in *potestate* injuria prohibuerint dücere uxores, vel nubere; vel qui dotem dare non volunt ex constitutione divorum Severi et Antonini per proconsules præsidesque provinciarum coguntur in matrimonium collocare et dotare.

(2) Il n'existe aucune loi qui les oblige à doter ; nous avons déjà donné le motif de la loi 12, D. *De admin. et pericul. tut.* dans laquelle la plupart des auteurs anciens avaient cru reconnaître une obligation qui n'existait plus à cette époque.

(3) L. 52. D. *De admin. et pericul. tutor.* LL. 9. 22. *Cod. De administ. tutor.* 60. 61. D. *De jure dotium.* 32. §. D. *De condict. indebiti.* Tigerström. § 5.

(4) Ulpien, **VI.** et *suprà*, pag. 18, note 2, et pag. 19, note 1.

put aussi être dotée par un étranger, et la *datio* et la *promissio* prirent alors une importance qu'elles n'avaient pas auparavant. Les peines du célibat contribuèrent beaucoup à la dotation des femmes; car, alors comme avant, les femmes sans dot trouvaient difficilement à se marier. Sa constitution devait néanmoins être expresse (1), et, à son défaut, tous les biens de la femme étaient paraphernaux; elle pouvait d'ailleurs comprendre l'universalité des biens de celle-ci; nous en avons même des exemples dans le *Digeste* (2). On consacrait ainsi la séparation des patrimoines et les principes du mariage libre.

La distinction entre la dot profectice et l'adventice subsiste toujours, le père conservant la puissance sur sa fille malgré le mariage, étant même obligé par la loi de la doter de ses propres biens. Toutefois Ulpien nous dit : *Non jus potestatis sed parentis nomen dotem profectitiam facit.* Il est bon d'observer cependant que, dans le plus grand nombre d'exemples qui nous restent, la dot profectice est unie à la qualité de *filiafamilias* de la part de la femme (3).

(1) L. 6. § 2. *De jure dotium.* L. 1. *Cod. De dotis promissione.*

(2) V. p. 22, not. 4.

(3) L. 5. § 2. D. *De jure dotium;* Ulpien. LL. 2. 3. 29. D. *Solut. matrim.* 29. 50. D. *De religiosis et sumptibus funerum.* L. 4. Cod.

L'intérêt des seconds mariages et des familles fit aussi que les lois veillèrent à la conservation de la dot avec le même soin qu'à sa constitution. Sa cause fut très-favorable : *Dotium causa semper et ubique præcipua est* (1). Conservation et restitution furent les bases du nouveau système.

Quoiqu'on conservât au mari la plus grande partie de sa puissance sur la dot, et qu'il l'exerçât toujours au même titre, comme chef de la famille, chargé de subvenir à tous ses besoins (2), et comme maître de la dot, n'étant tenu de prêter à sa conservation que les soins ordinaires qu'il donnait à ses propres biens (3), elle fut néanmoins restreinte. Ainsi, la loi *Julia* (*De adulteriis*) (4) interdit l'aliénation du fonds dotal italique sans le consentement de la femme; elle fit plus, car elle annula toute hypothèque, même avec ce consentement. Ces prohibitions tendaient toutes deux au même but; si la dernière fut plus absolue, c'est que l'obligation

Solut. matrim. Dos a patre profecta si in matrimonio decesserit mulier *filiafamilias,* ad patrem rediro dobct.

(1) L. 1. D. *Solut. matrim.*

(2) Ibi dos esse debet, ubi onera matrimonii sunt. L. 56. *De jure dotium.* — LL. 7. 10. D. *ibid.* et 20. *Cod. eod. tit.*

(3) LL. 1. *De jure dotium.* 7. § 3. 17. D. 23. *Cod. eod. tit.* 47. § *ult. De peculio.* 7. § 2. *De fundo dotali. Frag. Vat.* § 101.

(4) Paul. *Sent.* II. 22. 2. Gaius II. 63. Inst. Just., II. 8. Tit. D. *De fundo dotali.* Brisson, *Ad legem Juliam de adulteriis.*

était plus facile, et surtout que la garantie était moindre (1).

Le motif de distinction entre le fonds italique et les autres biens se trouve aussi dans la différence de leur nature. Le premier était une chose *mancipi* dont on pouvait par conséquent transmettre la propriété quiritaire par les modes solennels (2), et le consentement du mari ne suffisait pas, la femme n'ayant pas perdu tous ses droits sur la dot. Quant à l'hypothèque, les motifs sont les mêmes, car elle ne pouvait être constituée que par le propriétaire de la chose. Peut-être même la raison de différence entre l'aliénation et l'hypothèque est-elle dans celle de leurs effets; car celle-ci transmettait un droit réel, tandis que celle-là ne garantissait que la possession paisible.

On fit aussi la distinction de la dot estimée et non estimée; la première était la propriété du mari, et la femme n'avait plus qu'un droit de créance contre lui; la seconde, quoique l'aliénation n'en fût prohibée que dans certains cas, n'était pas toujours d'une manière absolue à la disposition du

(1) *Du régime dotal*, par M. d'Hauthuille.
(2) Ulpien, *Frag.*, XIX. 1. 2 et 3; Gaius, I. 120 et suiv., II. 15. 16. 17 et suiv. — M. Giraud, *Recherches sur le droit de propriété chez les Romains*, pag. 217 et suiv.

mari ; on y mettait quelquefois de sa part la condition de solvabilité (1) ; et l'épouse et le père, qui
avait encore celle-ci sous sa puissance, pouvaient
veiller à sa conservation pendant le mariage (2).
La dot adventice pouvait être constituée, augmentée même pendant le mariage ; mais jamais diminuée par un pacte quelconque (3). Toutefois la
femme n'avait pour sa dot un privilége spécial que
sur les créances personnelles ; à moins qu'elle n'eût
exigé une caution ou une hypothèque ; mais l'une
et l'autre étaient soumises aux règles ordinaires et
n'avaient pas lieu de plein droit (4).

La restitution de la dot ne pouvait avoir lieu,
pendant le mariage, que dans des cas d'exception ;
si le mari la restituait avant, il devait la revendiquer ou il pouvait être obligé de la restituer une
seconde fois (5). D'un autre côté, la femme n'avait

(1) L. 21., D. *De manumissionibus*.
(2) LL. 22. 23. 71. D. *De evictionibus*.
(3) Not. 2, p. 18, *suprà ;* et tit. D. *De pactis dotalibus*.
(4) L. 74. D. *De jure dotium ;* L. 17. D. *De rebus auct. jud. pos-
sid. ;* Leg. unic. Cod. *De privil. dotis ;* L. 16. Cod. *Qui potiores in
pign. hab. ;* Leg. unic. Cod. § 1. *De rei uxoriæ*.
(5) L. 75. D. *De jure dotium*, et 20. D. *Solut. mat. ;* L. 1. § 9. D.
De dote prœleg., et 1. Cod. *De dot const. mat. ;* C. Theod., III. 13.
3. Cette défense se rapporte plutôt, comme l'a observé M. d'Hauthuille, à la conservation de la dot qu'à la prohibition des donations
entre époux.

pas le droit de l'aliéner pendant le mariage, et le mari, qu'il eût ou non aliéné, n'était pas moins obligé à restitution. Il en était néanmoins dispensé dans certains cas pour une partie ou même pour la totalité : ainsi la distinction entre la dot profectice et l'adventice entraînait, à la mort de la femme, la restitution de la première, la rétention de la seconde. L'intérêt de la famille dont le mari était exclusivement chargé donnait lieu à la rétention d'une partie de la dot profectice en faveur des enfants et suivant leur nombre (1). Quoique cette disposition soit tout-à-fait dans l'esprit des lois Pappiennes, elle leur est antérieure. En cas de divorce, le mari retenait, s'il y avait adultère de la part de sa femme, la moitié de la dot, et, pour des fautes moins graves, certaines parts, selon leur gravité (2). Ces dispositions étaient celles de la loi *Julia* dont on connaît la sévérité et l'inefficacité contre les adultères.

Dans le nouveau système, les donations entre époux furent sévèrement prohibées, elles n'étaient valables que pour des causes déterminées. Depuis

(1) Ulpien, **Frag.** VI ; **Frag. Vat.**, §§ 106. 107. 120 ; Julii Paul. **Fragmentum de dotibus.**

(2) **Ubi suprà**, et LL. 59 et 47. D. *Soluto matrim.*; Boëce, *Topic.*, VI.

Caracalla elles le furent, pourvu qu'elles fussent confirmées par la mort du donateur (1). Cependant, comme chacun des époux pouvait avoir un patrimoine séparé, il leur était permis de faire tous les contrats reconnus et approuvés par les lois : contrats de vente, de louage, de société même, pourvu qu'on n'eût pas pour but de faire fraude à la prohibition des donations (2). Pour celles-ci, on ne distinguait pas entre le don mutuel et le don simple; ils étaient également prohibés (3). Les lois 1. 2 et 3. D. *hoc tit.* apportent différentes raisons qui, sans doute, ont eu la plus grande influence pour le maintien de ces prohibitions, mais n'en ont pas été la cause, ainsi que nous l'avons déjà dit. Malgré cette séparation de patrimoines, il y avait une règle établie au sujet des biens acquis pendant le mariage, qui, à défaut de preuve contraire, étaient présumés appartenir au mari; le jurisconsulte donne une raison morale, ne serait-ce pas plutôt un reste de la *manus* (4) ?

____

(1) **Paul.** *Sent.,* **II.** 23; **Ulpion,** *Frag.,* **VII,** et **L. 1. D.** *De donationibus inter virum et uxorem, et Cod. ibid.*

(2) **Paul,** *ubi suprà,* § 4; **LL. 5.** § 5. **31.** § 4. **52. D.** *De donat. inter vir. et ux.;* **L. 16.** §3. *De alimentis et cibariis legatis.*

(3) **L. 7.** § 2. **D.** *hoc tit.*

(4) **L. 51. D.** *De donat. inter vir. et ux.* **Quintus Mucius** ait : cum in controversiam venit, unde ad mulierem quid pervenerit : et ve-

Les lois ne bornaient pas leur protection pour les femmes aux biens dotaux; des édits d'Auguste et de Claude avaient défendu toute intervention ou caution de leur part dans les obligations d'autrui. Le sénatus-consulte Velléien confirma et étendit ces dispositions : *multò magis adimendum eis fuit id officium, in quo non sola opera nudumque ministerium earum versaretur, sed etiam periculum rei familiaris*. Toutefois, l'obligation directe et la donation même n'étaient pas comprises dans la prohibition du sénatus-consulte qui n'offrit bientôt plus qu'une faible garantie, par les nombreuses exceptions qui y furent faites (1). Il s'appliquait aux biens paraphernaux de la femme mariée dont elle avait toujours l'administration et la libre disposition comme à tous ceux de la femme non mariée; et il n'eut probablement d'autre cause que la faveur des mariages.

Tels étaient les principes du régime dotal, d'après les écrits des anciens jurisconsultes qui sont parvenus jusqu'à nous; ils ne reçurent que peu de

rius et honestius est, quod non demonstratur undè habeat, existimari a viro, aut qui in potestate ejus esset ad eam pervenisse. Evitandi autem turpis gratia, circa uxorem hoc videtur Quintus Mucius probasse.

(1) **LL. 1. 2. 4. 5. D.** *Ad senatuscon. Velleianum*, et *Cod.* hoc tit.

modifications jusqu'à Justinien ; seulement, les formalités pour la constitution de la dot furent abrogées (1), et les cautions données par le mari pour garantie de sa conservation, prohibées (2). Nous parlerons plus bas de quelques autres.

Sous les empereurs, paraît une institution nouvelle, toute favorable aux femmes (3). Elle est intimement liée aux principes du mariage libre ; l'épouse n'avait, en effet, dans celui-ci, d'autres droits aux biens de son mari, depuis la dissolution du mariage, que ceux qui lui étaient conférés par donation ou testament ; mais outre les donations entre époux, il en existait d'autres qui n'étaient pas prohibées ; c'étaient les donations entre fiancés faites avant le mariage. Elles sont indiquées dans le Digeste, mais n'ont aucun caractère particulier (4) ; elles n'étaient même soumises au retour envers le donateur, si le mariage ne s'ensuivait pas, qu'autant que cette condition avait été expressément stipulée (5).

(1) L. 6. *Cod. De dotis promissione.*
(2) L. 1. 2. *Cod. Ne fidejuss. aut mand. dot.*
(3) Glück, tom. XXV. § 1242. *De la donation propter nuptias,* par M. d'Hauthuille, tom. VIII de la *Revue de législation,* p. 444 et suiv.
(4) LL. 5. 27. D. *De donationibus inter vir. et uxor.*
(5) LL. 10. 11. 14. *Cod. De donationibus ante nuptias.*

7

Cette donation (*sponsalitia*) ne subit pas de grandes modifications jusqu'à Constantin ; seulement il paraît, d'après les constitutions rapportées dans le Code, que celles faites à la fiancée étaient fréquentes, et que celle-ci joignait alors ce qui lui était donné à ses propres biens, et donnait le tout au mari comme dot ; et dans ce cas, elles avaient les mêmes règles de conservation et de restitution que cette dernière (1). Ce système est remarquable en ce que le survivant des deux époux gagnait le tout, lorsque la dot était adventice.

Constantin ajouta à la donation, comme à la dot, la condition tacite du mariage (2) ; mais elle dut toujours être faite avant, et c'était un point très-important pour sa validité de savoir à quelle époque elle avait eu lieu (3). Du reste, cette donation n'était pas particulière aux femmes, elle pouvait aussi être faite au mari, *quod rarò accidit,* dit pourtant l'empereur (4). Gratien et Valérien ajoutèrent à ces dispositions que la femme qui se remariait perdait la propriété de la donation, qui était, dès-lors,

----

(1) LL. 1. 14. *Cod. eod. tit.; L. 5. De secundis nuptiis :* « Hæc observari præcipimus licet res ante nuptias donatæ ut adsolet fieri, in dotem redigantur. » V. aussi Novelles de Théodose, VII.

(2) L. 15. *Cod. ibid.*

(3) L. 6. *Cod. ibid.*

(4) L. 16, *eod. tit.*

dévolue aux enfants nés du mariage, et qu'elle n'en conservait que l'usufruit pendant sa vie, sans aucun droit de l'aliéner (1). Théodose et Valentinien appliquèrent les mêmes règles au mari qui avait gagné quelque chose des biens de sa femme. C'est à partir de ces empereurs que la donation *sponsalitia* paraît avoir pris le nom de *donatio ante nuptias*, qui désigne alors spécialement la donation faite à la femme (2). Valentinien, par sa novelle, changea complétement l'ancien système; ainsi, il n'attribua plus au mari, après la mort de la femme, que la moitié de la dot adventice, lorsque le père et la mère de celle-ci lui survivaient; mais, à son tour, la femme dut se contenter, dans le même cas, de la moitié de la donation *ante nuptias* (3). Il y eut donc égalité dans les gains des deux époux, même dans le cas de divorce; car celui des deux par la faute duquel il avait lieu, perdait tous ses droits, c'est-à-dire la dot et la donation, et l'autre les gagnait. Toutefois, le mari, s'il y avait faute de la part de la femme, retenait la donation entière, et non par parties comme pour la dot; la propriété

______

(1) L. 3. *Cod. De secundis nuptiis.*

(2) L. 5. 6. *Cod. ubi suprà;* Novelle 7 de Théodose; L. 8. *Cod. De repudiis et div.;* 22. *Cod. De nuptiis; Instit.,* II. 7. 5.

(3) Novelles de Valentinien, tit. xii.

étant réservée aux enfants nés du mariage (1).

Majorien, qui dans ses novelles exigea la constitution de dot pour la validité du mariage, voulut que cette dot ne fût pas moindre que la donation *sponsalitia* (2). Ces innovations, et surtout cette égalité, furent consacrées d'une manière encore plus expresse par Léon et Anthémius, qui établirent l'égalité proportionnelle dans les gains des deux époux, de l'un sur la dot, de l'autre sur la donation. D'où, si la dot était attribuée tout entière au mari, la donation l'était également à la femme (3). L'assimilation fut poussée encore plus loin, car il existait une grande différence entre la dot et la donation; celle-là pouvant être constituée ou augmentée pendant le mariage, celle-ci, au contraire, devant l'être toujours avant. Cette différence fut enlevée, et Justin permit de constituer et d'augmenter la donation dans la même proportion et de la même manière que la dot (4). D'un autre côté, cette donation fut nécessaire comme la dot elle-même, et, soit en vertu de quelque constitution qui n'est pas parvenue jusqu'à nous, soit par l'usage seul, elle

(1) Théodose et Valentinien. **L. 8. Cod. De repudiis et div.;** Novelles de Théodose, tit. vii.

(2) Novelles de Majorien, tit. viii.

(3) **L. 9. Cod. De pactis conventis.**

(4) **L. 19. Cod. De donationibus ante nuptias.**

dut être faite comme celle-ci, non-seulement par l'époux, mais encore par son père ou tout autre ascendant paternel; et dans ce cas, il y eut lieu au retour légal et au rapport (1). C'est alors que Justinien l'appela *donatio propter nuptias* (2), en même temps qu'il introduisait de grandes innovations dans les lois qui réglaient les droits respectifs des époux sur leurs biens pendant et après le mariage. Comme ces réformations sont liées entre elles, nous les exposerons simultanément dans le chapitre suivant.

CHAPITRE IV.

Réformes de Justinien dans le régime dotal. — Origine de la donation PROPTER NUPTIAS.

La religion chrétienne, par ses doctrines et son influence morale, avait rendu nécessaire une réforme dans la législation, surtout depuis qu'elle avait été reconnue comme religion de l'empire. Ce fut Justinien qui l'opéra d'une manière complète. Avant lui, les empereurs chrétiens avaient bien changé ou modifié quelques points isolés, mais les

(1) L. 7. *Cod. De dotis promissione;* L. 2. *Cod. De bonis quæ liberis;* L. 29. *Cod. De inofficiosis donat.*

(2) L. 20. *Cod. De donationibus ante nuptias; Instit.,* lib. II. 7. 5.

principes des lois anciennes étaient encore presque tous en vigueur dans les écrits des jurisconsultes du beau siècle de la jurisprudence romaine. Justinien changea même les anciens principes; il fit reposer la constitution de la famille romaine sur une base toute nouvelle; il substitua dans les successions le lien du sang à celui de la puissance (1); ses innovations ne furent pas moins importantes dans le mariage et les droits des époux. Ainsi tomba sous sa main ce vieil édifice des lois romaines, dont il ne resta plus que les pierres antiques au milieu de l'édifice nouveau.

Aux solennités de la *confarréation* et de la *mancipation*, qui formaient le lien civil de la *manus* entre les époux, avait été substituée la célébration du mariage chrétien, en présence de l'église et par la bénédiction du prêtre (2); elle formait ainsi le lien

(1) C'est surtout dans les Novelles de Justinien qu'il faut chercher les modifications les plus importantes qu'il fit subir à l'ancienne législation; dans les Instidutes et même dans le Code, il n'avait pas encore mis la dernière main à son œuvre de rénovation. Pour les successions, les Novelles 118 et 127 renferment le système complet des lois nouvelles.

(2) Concile de Carthage, IV, can. 13 de l'an 389; lettre du pape Sirice à Himerius de Tarragone, de 385; Bingham, *Orig. Antiquit. eccles.*, lib. XXII, cap. iv, § 1. Toutefois, une loi de Théodose et Valentinien prouve que cette bénédiction n'était pas nécessaire pour la validité du mariage, L. 22. *Cod. De nuptiis;* elle est

religieux. La dot subsista toujours comme élément nécessaire du mariage, et servit à distinguer encore l'épouse de la concubine (1); la nécessité en fut reconnue par les Pères et les conciles. Cependant Justinien, dont la réforme fut toute favorable aux femmes, déclare, dans plusieurs de ses constitutions, que la dot n'est pas nécessaire pour la validité et la légitimité du mariage (2); il ne la rend obligatoire que pour les personnes de haut rang dont l'union exige plus de solennité et pour la légitimation (3). Ses innovations dans le régime d'association conjugale des époux portèrent sur cinq points principaux : 1° sur la constitution de la dot; 2° sa conservation et le pouvoir du mari pendant et après le mariage; 3° sa restitution et ses priviléges; 4° la donation *propter nuptias*; 5° et le droit de succession des époux pauvres.

de l'an 428 : V. aussi la loi 11. *Cod. De repudiis;* Glück, t. **XXIV.** § 1220.

(1) Voir *suprà,* chap. II, p. 17, not. 1. Saint Jérôme, dans une de ses lettres, disait : « Uxori tabulis et jure dotali opus est quibus concubinæ sunt destitutæ. » Saint Augustin, *Sur la Genèse,* llv. **XII,** chap. XLI; Concile d'Arles : *Capitularia* regum Franc., lib. **VI,** cap. 133, 327, 408; VII. 389. 463. Glück applique ces Capitulaires à la dot romaine; ne s'appliquent-ils pas plutôt à la dot germanique ? V. *infrà*, 2ᵐᵉ partie, livre Iᵉʳ; et pour la légitimation, not. 3.

(2) L. 20. *Cod. De donationibus ante nuptias;* L. 11. *De repudiis et div.;* Nov. 22. 18; Nov. 74. 4; Nov. 117. 4.

(3) LL. 10. 11. *Cod. De naturalibus liberis;* et Nov. 78, cap. IV.

I. — La constitution d'une dot fut toujours obligatoire pour le père, et sur ses propres biens ; cette obligation fut étendue à la mère dans certains cas (1), ce qui n'avait jamais lieu auparavant ; et une hypothèque fut accordée pour sa garantie sur les biens du constituant (2). Le principe de cette obligation était resté le même, malgré ses modifications, car la puissance paternelle subsistait encore.

II. — Justinien conserva l'ancienne différence entre les biens dotaux estimés et non estimés ; l'estimation des premiers fut toujours considérée comme une vente ; mais, pour le fonds dotal non estimé, non-seulement il y eut défense de l'aliéner sans le consentement de la femme, mais même avec son consentement. Il en fut de même de l'hypothèque, et cette prohibition s'étendit à tous les immeubles, italiques ou provinciaux, sans distinction (3). Le pouvoir du mari sur les biens dotaux perdit tout ce qui lui restait de son origine, de la

----

(1) L. 14. *Cod. De jure dotium :* «Neque mater pro filia, dotem dare cogitur, nisi ex magna et probabili causa, vel lege specialiter expressa ; » et L. 19. *Cod. De hæreticis et manich.*

(2) L. 7. *Cod. De dotis promissione ;* L. unic. § 1. *Cod. De rei uxoriæ actione.*

(3) L. unic. *Cod. De nudo jure Quiritium tollendo.* La loi unic. *Cod.* § 15. *De rei uxoriæ,* est une conséquence de l'abolition de la distinction des domaines.

manus; il n'eut plus le *dominium dotis,* qui résida désormais sur la tête de la femme (1), le mari n'en étant plus que l'administrateur. La femme put revendiquer les biens dotaux, quels qu'ils fussent, à la dissolution du mariage, pourvu qu'ils se trouvassent alors entre les mains du mari, et cela de préférence à tous les créanciers de celui-ci; elle ne pouvait même renoncer à ce privilége sur les biens non-estimés.

III. — Les modes de restitution, *annuâ, bimâ, trimâ die,* furent changés (2). La dot qui consistait en biens meubles ou objets incorporels dut être rendue dans l'année; celle en immeubles, au moment même de la dissolution du mariage. Cette restitution pouvait être exigée, non-seulement lorsqu'il était dissous, mais encore pendant sa durée, s'il y avait péril pour la dot. Après la mort de la femme, la dot était dévolue tout entière à ses héritiers, le mari ne pouvait en rien retenir que pour les impenses. La distinction entre la

(1) **LL. 29** et **30.** *Cod. De jure dotium :* « Cum eædem res et ab initio uxoris fuerint, et naturaliter in ejus permanserint dominio. Non enim *quod subtilitate legum* transitus earum in patrimonium mariti videatur fieri, ideò rei veritas deleta vel confusa est. »

(2) Les modes de restitution sont réglés par la loi *unic. Cod. De rei uxoriæ actione;* L. 29. *Cod. De jure dotium;* L. 11. *De repudiis.*

dot profectice et l'adventice n'exista plus ; et c'est alors que la dot fut véritablement dans l'intérêt de la famille. Si le mari mourait le premier, la dot retournait de plein droit à la femme. S'il y avait divorce, on suivait les anciennes règles. A défaut de dot, la faute du mari entraînait pour lui, comme peine, l'obligation d'abandonner à sa femme le quart de ses biens ; la même peine fut prononcée contre l'épouse coupable. Justinien avait accordé à la femme, pour sa dot et pour ses biens paraphernaux dont elle avait laissé l'administration au mari, une hypothèque tacite. Mais le privilége de la dot devint exorbitant lorsqu'elle eut la préférence, même sur les créanciers antérieurs au mariage (1).

IV.—La donation *propter nuptias* fut encore plus assimilée à la dot par les nouvelles constitutions (2). Ce fut Justinien qui le premier constata, s'il n'établit, l'obligation pour les parents de faire en faveur de leur fils cette donation, et voulut que, dans le cas d'imbécillité ou de fureur du père, le curateur

---

(1) Leg. *unic. Cod. De rei uxoriæ*, § 1 ; L. 11. *Cod. De pactis conventis* ; L. *assiduis*, 12. *Cod. Qui potiores in pign.*

(2) LL. 7. 29. *Cod. De jure dotium* ; L. 9. *Cod. De pactis conventis* ; L. 20. *Cod. De donation. ante nuptias* ; Novell. 2. 5 ; 22. 20 ; 93. 2 ; 97. 1 ; 119. 1 ; 127. 2 ; Novell. 20 de Léon.

la constituât (1). L'égalité pour les droits des époux, telle que l'avaient réglée Léon et Anthémius, fut consacrée de nouveau; bientôt après, ce ne fut plus seulement une égalité proportionnelle, mais bien une égalité numérique. Toutefois, le mari ne gagnant plus la dot, la donation ne pût être un gain pour la femme qu'autant et de la même manière que celle-là, par un pacte exprès, était attribuée au mari. Dans ce cas même, les droits de l'un ou de l'autre ne furent des droits de propriété que pour une portion fixée suivant le nombre des enfants; ils ne possédaient le reste qu'à titre d'usufruit, la propriété en étant réservée aux enfants alors même qu'ils n'acceptaient pas la succession de leur père ou de leur mère (2); ils ne la prenaient donc pas à titre d'héritiers.

Justinien exigea encore l'insinuation de cette donation avant ou pendant le mariage, et plus tard la dispensa, comme la dot, de cette formalité. S'il ne lui accorda pas le privilége de l'hypothèque tacite et de la préférence sur toutes les autres créances, ce fut parce que, cette donation étant une libéralité, il ne pouvait en faire profiter l'épouse au

---

(1) L. 28. *Cod. De hæret. et manich.*; L. 25. *Cod. De nuptiis.*
(2) Novell. 127. 3; L. 8. § 3. *Cod. De secundis nuptiis.*

préjudice des créanciers (1). Cependant il déclare, dans une autre novelle (119. 1), que la donation *propter nuptias* n'est pas une donation proprement dite: «*Ut donatio propter nuptias specialis contractus sit, et judicetur, nec reliquis donationibus annumeretur, hâc lege sancimus, quoniam pro eâ æqualis dos datur.* » Mais si la donation consistait en immeubles, le mari ne put les aliéner ou les hypothéquer, de même que s'ils étaient dotaux; le droit de revendication fut même donné à l'épouse dans le cas de déconfiture du mari.

Les constitutions de Justinien furent à leur tour modifiées par les empereurs d'Orient; l'égalité entre les époux ne fut plus observée, et la femme prit non-seulement la dot et la donation *propter nuptias*, mais encore un quart des autres biens du mari. Celui-ci, au contraire, ne gagnait qu'une somme égale au quart de la dot et de la donation réunies.

Léon, qui nous donne ces détails (*Nov.* 20), réduisit les droits des époux au gain de la donation pour la femme, à la rétention de cette même donation de la part du mari.

V. — Quoique la dot et la donation *propter nuptias* fussent très-favorables, elles n'étaient pas né-

____

(1) L. 12. § 2. *Cod. Qui potiores in pign.*

cessaires pour la validité du mariage. Une épouse ou un époux pauvre pouvait ne pas avoir de quoi constituer l'une ou l'autre. Justinien, dans un but d'humanité et de justice, vint au secours de leur détresse, et rétablit, en quelque sorte, les anciens droits de succession en accordant à l'époux survivant un quart, et plus tard une portion virile en usufruit sur les biens du prédécédé (1).

En retraçant les phases diverses et les modifications de la *donation propter nuptias*, il nous a paru qu'il serait beaucoup plus facile de reconnaître son origine et son véritable caractère ; car la principale difficulté et la divergence des auteurs sur ce point viennent de ce qu'on a confondu entre elles les constitutions des divers empereurs, sans tenir compte de l'époque où elles ont été promulguées, et, par conséquent aussi, des progrès et des variations de cette institution (2).

On sait combien les opinions sont diverses à ce sujet (3) : les uns ne voulant reconnaître à

(1) Nov. 53. cap. vi. 117. cap. v. *Authentique prætereà. Cod. Unde vir et uxor.*

(2) C'est ce qu'ont fait à peu près tous les anciens commentateurs du Code, ou de toute autre partie du *Corpus juris* qui ont écrit sur cette question. Voir, par exemple, Cujas, sur le titre *De donat. ante nuptias* du Code, et Vinnius, sur les *Institutes*, lib. II, tit. vii.

(3) Voir Glück, tom. **XXV**, § 1242, et M. d'Hauthuille, *De la donation propter nuptias.*

cette donation que le caractère d'une garantie ajoutée à la dot; ce qui ne peut s'accorder avec le gain de la donation de la part de la femme, en même temps qu'elle retire sa dot, et avec les constitutions, tant anciennes que plus récentes, qui la représentent toujours comme une libéralité; les autres, au contraire, ne la regardant que comme une donation volontaire faite en faveur de la femme. Mais, si ce n'est pas une simple garantie, il est vrai de dire aussi que depuis Valentinien, et surtout depuis Léon et Anthémius, elle semble reposer sur les mêmes principes que la dot, en suivre toutes les règles et toutes les variations. Serait-ce que, comme celle-ci et avec celle-ci, elle aurait changé de nature, que de simple donation faite à la femme, comme la dot au mari, elle aurait été destinée aussi à subvenir aux besoins de la famille, et aurait ainsi formé la mise du mari dans la masse commune, dont il conservait l'administration?

Pour la première période, nous ne trouvons que fort peu de renseignements dans les écrits des anciens jurisconsultes, et encore moins dans ceux des auteurs classiques. Cependant, nous savons par le peu qui nous reste, que la donation *sponsalitia,* de la part du fiancé, était en usage à Rome. A part les deux fragments du Digeste déjà cités, c'est Isidore qui nous l'apprend dans ses *Origines,* en ces termes (1) : « *Præcedente enim in nuptiis donatione dos sequitur ; nam antiquus nuptiarum erat ritus quod se maritus et uxor invicem coemebant, ne videretur ancilla uxor, sicut habemus in jure. Inde est quod præcedente donatione viri, sequitur dos uxoris.*» C'est là évidemment la donation faite à la fiancée, en usage avant Constantin, que la femme recevait avant de donner la dot et qu'elle pouvait ainsi joindre à celle-ci. C'est même cette constitution de la part de la femme, qui amena cette assimilation, de plus en plus complète, de la donation *sponsalitia* à la dot. Cette conclusion nous paraît résulter des diverses constitutions que nous avons rapportées, et peut seule expliquer l'existence simultanée de la dot et de la donation *propter nuptias,* sans aucun gain entre les époux, ou même avec un gain partiel ; et en même temps, tous les points de ressemblance et de différence de l'une et de l'autre. D'un côté, elle explique sa constitution et sa revendication en cas de malversation ou de mort du mari ; de l'autre, le défaut d'hypothèque légale et l'inégalité de sa valeur avec celle de la dot. Ce qui

____

(1) Isidori *Origines,* V. 24.

prouve que, comme la dot, cette donation a une double nature, et que si elle fut d'abord une donation pour la femme, elle est, sous Justinien, une mise de fonds pour la famille. Il nous a paru qu'on pouvait concilier ainsi des dispositions qui paraissent contraires, en ayant soin de distinguer la donation *sponsalitia* de la donation *ante nuptias*, et celle-ci de la donation *propter nuptias*. Car elles désignent toutes, sinon des institutions différentes dans leur origine, du moins tellement distinctes dans leurs règles, qu'on ne saurait les confondre. En suivant ces trois termes, on verra croître tous les jours l'importance, non-seulement de la femme, mais encore celle de la famille, surtout dans la législation de Justinien. La preuve s'en trouve aussi dans le régime dotal et dans celui des successions qui ont toujours marché parallèlement, dans le droit romain. Ils nous montrent la condition de la femme s'améliorant chaque jour dans la famille sous l'influence du principe chrétien; et sans être soumise au pouvoir despotique, à la *manus* du mari, elle participe, par l'effet seul du mariage, à sa fortune, par le droit de succession et par la donation *propter nuptias*.

Nous n'admettons donc pas l'opinion de quelques auteurs qui veulent que la *donation propter nuptias* soit une importation étrangère. Cependant on remarque une grande analogie avec le régime d'association conjugale des anciens Gaulois, tel que l'a décrit César (1). Mais il est loin d'être parfaitement semblable à la donation faite à la fiancée, surtout à son origine et aux diverses périodes de sa transformation; ce qui confirme d'ailleurs notre opinion en ce point, c'est que, dans les lois romaines en vigueur dans la Gaule, telles du moins qu'il nous est permis de les connaître d'après les monuments qui nous restent, la donation *sponsalitia*, qui seule y est en usage, est beaucoup plus éloignée que la donation *ante* ou *propter nuptias* du droit de survie des anciennes lois gauloises. Quant à la dot germanique, à laquelle on a aussi comparé la donation *propter nuptias*, nous en renvoyons l'examen à la seconde partie de ce mémoire.

Dans l'exposition du régime dotal chez les Romains, nous avons dû laisser de côté bien des détails et des dispositions particulières de la loi romaine; mais les principes seuls rentraient dans le cadre que nous nous étions tracé, car seuls ils peuvent faire partie d'un exposé purement historique.

______

(1) Voir *infrà*, 2ᵐᵉ partie, *chap. préliminaire.*

LIVRE SECOND.

DU RÉGIME DOTAL EN FRANCE.

CHAPITRE I.

Régime dotal dans les Gaules. — Codes. — Formules. — Chartes.

I. — Les lois romaines passèrent dans la Gaule avec la conquête et la civilisation; elles y furent reçues et observées dans le Nord comme dans le Midi, et devaient être les mêmes que celles qui régissaient la métropole. L'organisation municipale des villes était toute romaine (1). Mais, lors des invasions des Barbares et par suite des démembrements de l'empire, les Gaules furent séparées de Rome, ou plutôt de Constantinople, et ne furent plus, dès-lors, soumises aux lois nouvelles promulguées par les empereurs d'Orient. Sous la domination de leurs vainqueurs, les Gallo-Romains ne purent que conserver leurs lois anciennes dans

(1) Savigny, *Histoire du droit romain au moyen âge (traduction française)*, tom. I, chap. v; et Raynouard, *Histoire du droit municipal en France.* Paris, 1829.

les pays où ils s'étaient réfugiés. Nous avons déjà dit les causes de la conservation et de l'autorité générale de ces lois dans les pays du Midi; c'est-à-dire dans le royaume des Wisigoths et des Bourguignons (1). La législation romaine fut alors représentée, au commencement du sixième siècle, par des compilations faites par l'ordre des rois barbares à l'usage des Romains de leur territoire. C'est, d'un côté, le *Breviarium* d'Alaric (506); de l'autre, le *Papien* bourguignon (aussi du commencement du sixième siècle). Or, ces lois ne sont qu'une compilation du Code Théodosien, des Novelles, suite et supplément de ce code et de quelques écrits des juriconsultes Gaius, Paul, Ulpien et Papinien.

Le régime dotal et celui des successions n'étaient donc autres que ceux que nous avons exposés dans le chapitre précédent avant la réforme de Justinien. On nous permettra de rappeler ici les principales règles du premier (2), d'après les codes barbares. D'abord: constitution de la dot de la part du père; nécessité de la dot d'après la novelle de Majorien, ainsi que de la donation *sponsali-*

____

(1) Voy. l'Introduction.

(2) Outre les lois déjà citées dans le premier livre, on les trouve encore dans le Code Théodosien et le *Papien*, ainsi que dans les ouvrages des jurisconsultes et les Novelles qui composent le *Breviarium*. Nous citerons les deux premiers seulement.

tia (1); observation de toutes les règles anciennes pour l'administration et la conservation de la dot de la part du mari, et, par conséquent, de la loi *Julia;* restitution des biens dotaux, dans certains cas; dans d'autres, gain de la part du mari, comme de la *donation sponsalitia* de la part de la femme, avec perte de la propriété de l'une ou de l'autre par le convol à de secondes noces, l'usufruit seul retenu pendant la vie (2); mais, perte entière par le divorce sans cause ou par le mariage dans l'année de deuil (3). Il ne faut pas surtout perdre de vue que cette donation *sponsalitia* n'est pas du tout la donation *propter nuptias* de Justinien, et qu'il n'y a pas encore entre elle et la dot cette égalité proportionnelle consacrée seulement par Léon et Anthémius, dont la constitution ne figure ni dans le *Breviarium*, ni dans le *Papien*, et que, par conséquent, elle conserve encore son caractère de libéralité envers la femme. Mais on y trouve la nécessité de l'écriture et de l'insinuation imposée par

(1) C. Théod., liv. III, tit. v et viii; *Papiani liber responsorum,* tit. xxxvii 1 • Nuptiæ legitime contrahuntur si consensu parentum aut ingenuorum, virorum interveniente *nuptiali donatione,* legitimè celebrantur. Quod si parentes defuerint, honestarum personarum consensus perficit nuptias, si tamen nuptialis donatio solemniter celebretur. •

(2) C. Théod. Brev. III. 8. 1. 2. 5. *Papiani,* tit. xvi. (éd. Ottobon).

(3) C. Théod. Brev. III. 16. 1. 2, et *ubi suprà. Papiani,* tit. xxi.

Constantin (1). Quant aux donations entre époux, les anciennes lois n'avaient reçu aucune modification depuis Caracalla.

La puissance paternelle, quoique n'étant plus le principe unique des successions, et malgré ses limitations, existe encore : les successions sont telles, dans la Gaule, qu'elles existaient dans la législation romaine, avec les modifications apportées par les empereurs, mais avant Justinien (2). Il serait trop long et hors de notre sujet de les exposer ici, elles sont d'ailleurs assez connues pour que nous n'y insistions pas. Nous ferons remarquer seulement que la succession de l'époux ou de l'épouse n'y est admise qu'à défaut de parents du défunt (3).

II.—Pour le régime dotal, nous trouvons la confirmation de ce que nous avons dit, en dehors des codes des lois romaines dans les formules de Sirmond ou *secundum legem romanam*, et dans le Recueil de Mabillon ou Formules d'Angers, qui datent du sixième siècle (4).

(1) C. Théod. Brev. III. 5. *Papiani liber responsorum*, tit. xxii.
(2) C. Théod. V. 1. *Papiani liber responsorum*, tit. x.
(3) Voy. les textes indiqués à la note précédente.
(4) M. de Savigny, chap. ix, § 44 (*trad. française*). — L'époque à laquelle appartient le recueil de Sirmond est inconnue. — M. de Savigny rapporte encore parmi les donations à la fiancée, faites

Les premières contiennent une donation à la fiancée avant le mariage (1). On y reconnaît la nécessité de l'écriture pour ces actes, et de la tradition d'après la loi romaine. Cette donation n'est que de l'usufruit; la propriété en est réservée aux enfants à naître du mariage. Elle est appelée, il est vrai, *libellus dotis*, par réminiscence, sans doute, de la dot germanique; mais le moindre doute ne peut s'élever sur son véritable caractère, lorsqu'on y joint la formule suivante qui la complète et qui lui restitue sa véritable dénomination. Les formu-

d'après la loi romaine, une formule de Marculfe (II. 15), d'après laquelle le père du fiancé fait une donation avant le mariage à sa belle-fille future. Cette donation est intitulée *libellus dotis*. Il y est dit encore qu'elle est faite *in dotis titulum*. Mais on n'y trouve pas la moindre trace de la loi romaine, au moins pour les conditions. En effet, elle confère à la fiancée la pleine propriété de la dot avant même le mariage et sans condition de survie. Les premiers mots de la formule, qui se rapportent à une loi romaine, ne nous ont pas paru suffisants pour la faire reconnaître comme donation *sponsalitia*, d'autant plus que les mêmes termes sont souvent appliqués à d'autres actes de droit germanique.

(1) *Formulæ veteres secundum legem romanam*, dans Bignon. Baluze, tom. II ; Cauciani, tom. III.

Form. 14. *Donatio in sponsa facta.* Lex et consuetudo exposcit ut quicquid inter sponsum et sponsam de futuris nuptiis fuerit definitum vel largitum, aut ex consensu parentum, aut ipsorum, si *sui juris* sint, scripturarum solemnitate firmetur. Idcirco ego in Dei nomine ille, dum multis habetur per cognitum quia ego te illam una cum consensu parentum vel amicorum tua spontanea voluntate sponsavi, mihi complacuit ut aliquid de rebus meis per hunc titulum libelli dotis ante dies nuptiarum conferre deberem : quod ita et feci. Ergo dono tibi donatumque esse volo... hæc omnia superius

les **39** et **53** du Recueil de Mabillon (1) sont en tout semblables aux précédentes, et les unes et les autres sont faites d'après le droit romain, comme l'indiquent ces mots : *Secundum legem Romanam; lex Romana edocet*. Elles ne sont que de l'usufruit s'il

jam dicta per hunc titulum libelli dotis diebus nuptiarum tibi sum impleturus vel traditurus; ita ut dum advixeris, secundum legis ordinem teneas atque possideas, nostrisque qui ex nobis procreati fuerint filiis vel filiabus derelinquas, et hæc donatio meis vel bonorum hominum manibus roborata , cum stipulatione subnexa firma permaneat.

Form. 15. *Traditio.* Dum multis habetur per cognitum qualiter ego ille puellam aliquam nomine illam una cum consensu parentum vel amicorum nostrorum legibus sponsavi, et aliquid de rebus meis ei donare *ante dies nuptiarum* disposui; ideò placuit mihi ut de ipsis rebus, misso ipsius puellæ nomine illo, traditionem vel introductionem locorum , *secundum legem Romanam* facere deberem, quod ità et feci. Hæc omnia superius nominata jam dicta ad vicem sponsæ meæ tibi trado, ita *ut tempore nuptiarum* ad jam dictæ sponsæ deveniat potestatem, ita ut secundum legis ordinem teneat atque possideat. — Il y a là la condition de mariage exigée pour la donation *sponsalitia* par Constantin.

(1) *For.* 39. *Cessio in dotem.* Dum non habetur incognitum sed pluris habetur cognitum , qualiter te *secundum legem romanam* sponsatam visus sum habere, in animis meis plenius tractavi ut tibi aliquid de re paupertiosa mea concedere debeam, hæc omnia superius nominata a die felicissimo nuptiarum, hoc a die præsente habeas concessum dum advixeris, perpetualiter ad usum fructuario ad possidendum... La formule 53 ajoute : *Lex Romana edocet* et consuetudo pagi consentit. Hæc omnia quamdiu advixerimus ambo pariter rem superius nominatam, hoc tenere et possidere debeamus, etsi prolem Deus nobis dederit, cum integritate, ut rem meliorata acceperit, et adfirmare deberimus : quod ita et fecimus , etsi agnatio de nobis procreata non fuerit, hæc omnia rem superius nominata hoc tenere et possidere debeas, et cui volueris derelinquas.

y a des enfants ; s'il n'y en a pas, la pleine propriété appartient à la femme.

Dans les mêmes recueils, on trouve deux formules de donation entre époux (1) ; c'est une espèce de don mutuel entre le mari et la femme, avec condition de survie du donataire : *Quia secundum legem si manente conjugio vir uxori, vel uxor marito aliquid donaverit, si is cui donatum est prior mortuus fuerit, apud donatorem ea quæ donatu fuerant remanebunt. Igitur ego in Dei nomine illæ, dulcissima conjux mea illa, si prius mortuus fuero quam tu, dono tibi per hanc epistolam donationis donatumque in perpetuum esse volo.* Cette donation paraît être à cause de mort ; néanmoins, comme elle est accompagnée de la stipulation *Aquilienne* (2), et que, d'un autre côté, le donateur dit : *Quia malo hoc habere te quam me, plus te quam cæteros hæredes meos,* on doit admettre que c'est une donation entre-vifs soumise à la confirmation par la mort du donateur, et, par suite, d'après la loi de Caracalla (3). Cette donation est faite suivant la loi romaine ; car, indé-

(1) Sirmond. 17. Mabillon. 40. Voy. ces formules à l'*Appen-dix.*

(2) Paul. *Sent.* I. 1. § 3. De Savigny, chap. ix, § 45, tom. II de la traduction française, pag. 79, not. f.

(3) C'est l'opinion de M. de Savigny, *ubi suprà.*

pendamment de la stipulation Aquilienne, nous y trouvons la réserve de la quarte *légitime,* en faveur des héritiers du donateur (1). Ce qui prouve encore que les lois romaines relatives à la légitime étaient observées dans la Gaule, et que ces lois n'étaient pas celles de Justinien. Une autre formule consacre les règles du mariage libre, par rapport aux biens paraphernaux dont le mari n'a l'administration que par la volonté et le mandat de son épouse; elle contient, en effet, un mandat donné au mari en ces termes (2) : *Lex Romana exposcit ut quicumque uxoris suæ negotium fuerit prosecutus, quamvis maritus sit, nihil aliud agat nisi quod ei agendum per mandatum illa commiserit.* Ces mots résument tout le système romain relatif aux biens extradotaux.

Une formule de rappel des petits-fils par la

___

(1) *Quartam vero legitimis hæredibus meis relinquo.* Sirmond. 17. La formule 7 du liv. II de Marculfe ne nous paraît pas assez clairement appartenir au droit romain, car elle ne contient là-dessus aucune indication, pour que nous suivions l'opinion de M. de Savigny qui la cite comme donation entre-vifs. La condition de non-existence d'enfants y paraît exprimée; de plus, cette donation ou testament n'est que de l'usufruit, la propriété en étant réservée aux parents des deux époux; quant à la nécessité de l'écriture, on la trouve aussi exigée dans des actes qui ne sont pas faits selon la loi romaine, et il y est parlé des biens acquis à la femme par collaboration, ce qui indique qu'elle est faite d'après la loi ripuaire (Voy. *Appendix in fine*).

(2) Sirmond. 20.

fille, à la succession de leur aïeul, ferait supposer que ceux-ci n'étaient pas admis à cette succession, comme dans l'ancien droit(1). Il avait été cependant abrogé par la constitution de Théodose et celle de Valentinien, qui admettent les enfants de la fille avec les autres fils ou petits-fils (2), mais pour les deux tiers seulement de la part qu'aurait eue leur mère. Il faut donc penser que la formule(3)n'a rapport qu'à ce tiers accordé aux autres héritiers au préjudice de ceux-ci, et c'est ce que prouvent ses termes mêmes. On ne peut dans aucun cas supposer un emprunt fait aux lois barbares; car il n'y a que les petits-fils d'exclus, la fille ne l'est pas; la formule suppose même qu'elle était admise pour une part égale avec ses frères, *sicut supradicta genetrix vestra si mihi superstes* fuisset, *ita et vos cum avunculis vestris succedere faciatis,* et

(1) Paul. *Sent.*, IV. 8. 10.

(2) C. Théod. Brev. V. 1. *Papien liber responsorum*, 10. Inst. de Just., III. 1. 15.

(3) Sirmond. 22. Quicquid de filiis vel nepotibus de facultate patris cognoscitur ordinasse voluntatem ejus, in omnibus *lex Romana* constringit adimplere. Ideoque ego in Dei nomine. Dulcissimis nepotibus meis illis. Dum peccatis meis facientibus filia mea genetrix vestra tempus naturæ suæ complevit, et ego pensans consanguinitatis causam dum et per *legem* cum filiis meis avunculis vestris in alode meo *ad integrum* minime succedere poteratis. Ideò per hanc epistolam firmitatis volo ut in *omni alode meo* post discessum meum, si mihi superstites fueritis quicquid moriens dereliquero, *sicut supradicta genetrix vestra* si mihi superstes *fuisset,*

l'on sait que c'était un des principes anciens dans le droit romain que les enfants succédaient à leur père sans distinction de sexe. Il existe dans le même recueil de Sirmond une formule d'adoption qui prouve que les réformes de Justinien dans cette institution n'avaient pas encore pénétré dans la Gaule. (*Form.* 23.)

III. — Vers le milieu du onzième siècle , nous trouvons un monument beaucoup plus important du droit romain, les *Exceptiones Petri legum Romanarum* (1), où les lois ne sont pas seulement recueillies, mais mises en ordre et systématisées. Il contient, outre les lois anciennes en vigueur dans la Gaule, plusieurs dispositions empruntées aux nouveaux recueils de droit , et surtout aux novelles de Justinien dans l'Épitome de Julien. Doit-on ne lui donner d'autre valeur que celle d'un ouvrage doctrinal et scientifique ? Ou bien faut-il supposer qu'il est l'expression vraie de la législation romaine en vigueur à cette époque dans le royaume des Bourguignons, où il fut composé, et par suite dans toute la partie méridionale des Gaules ? Il est vrai qu'un

ita et cum avunculis vestris succedere faciatis.... tunc cum filiis meis *matris vestræ recipiatis portionem.*

(1) Voir pour le lieu, la date et le mérite de l'ouvrage, de Savigny, *Histoire du droit romain au moyen âge,* tom. II. §§ 48 à 58.

pareil ouvrage suppose la connaissance sinon de la totalité, du moins d'une partie des lois de Justinien ; et dans un pays attaché de tout temps aux lois romaines , on peut bien légitimement présumer que la pratique n'a pas été loin de la connaissance de la législation nouvelle.

Voici l'exposé du régime dotal d'après les *Exceptiones Petri* (1) : d'abord, la dot, contrairement à la novelle de Majorien, n'est pas nécessaire pour la validité du mariage (2) ; elle est toujours destinée à subvenir aux besoins de la famille. Son aliénation, si elle consiste en immeubles non estimés, est prohibée, non pas seulement d'après les dispositions de la loi *Julia*, mais même avec le consentement de la femme, si elle ne l'a confirmé deux ans après , et avec récompense, dans tous les cas, sur les biens du mari (3). Toute autre aliénation de ces biens peut être révoquée (I. 35) ; il n'en est pas de même

(1) Nous avons suivi le texte donné par M. de Savigny à la suite de son *Histoire du droit romain*, tom. III, pag. 297.

(2) Si ce n'est pour les personnes de qualité. *De nuptiis sine dote,* I. 30 : «Comites, duces, reges, si *sine dote* et *propter nuptias dona-tione* ducant uxores, non erunt nuptiæ, quamvis in personis aliorum qui minoris sunt dignitatis, vel qui nullam habent dignitatem sufficit solus consensus viri et mulieris in contrahendis nuptiis, » et cap. 51.

(3) Voir liv. I, chap. 34, et la **L. unic. Cod.** *De rei uxoriæ actione,* § 15.

des meubles et des immeubles estimés, pour l'aliénation desquels le consentement de la femme n'est pas nécessaire. Le mari gagne la dot, à moins de pacte contraire, sans distinction de la dot profectice et de l'adventice ; mais s'il y a des enfants, il n'en a que l'usufruit sauf la virile; et s'il se remarie, il ne conserve plus que l'usufruit de la totalité (I. 33). Les mêmes règles sont applicables à la donation *propter nuptias*, qui doit être égale même en quantité à la dot (1), cependant celle-ci peut exister sans la première, quoique la réciproque ne soit pas vraie. Les règles de restitution dans le cas de mort ou de faillite du mari sont les mêmes pour l'une et pour l'autre (IV. 54). La femme qui se remarie dans l'année de deuil est déclarée infâme et perd la donation (I. 38); elle ne peut, dans aucun cas, s'obliger pour son mari (IV. 53). Quant à ses priviléges, la dot a une hypothèque tacite, du jour du contrat de mariage, sur tous les biens du mari ; mais elle n'est point préférée aux créanciers an-

---

(1) Dos potest fieri sine donatione propter nuptias, sed donatio propter nuptias non potest fieri sine dote; sed tamen cum dos ab uxore datur et a viro propter nuptias donatio, et in *quantitate* et in pactis debent esse pares. Sed si donatio propter nuptias sit majoris quantitatis quam dos, superfluum infirmatur et doti coæquatur et similiter coæquatur, si major quantitas in dote quam propter nuptias donatione (I. 43).

térieurs, comme par la loi *Assiduis* (1). La part du second époux sur les biens de l'autre, s'il existe des enfants, ne peut excéder celle du moins-prenant. Les peines de l'adultère sont celles fixées par Justinien (2). Pour les paraphernaux, la femme peut les aliéner à sa volonté, sans l'autorisation du mari (I. 32). Les donations entre époux ne sont permises que pour cause de dot ou de *noces* (I. 36). Les principes de la puissance paternelle et des successions sont absolument les mêmes que ceux de Justinien dans son Code ou ses Novelles (I. 20. I. 6. 12. 13. 15).

D'après ce simple exposé, on doit reconnaître que les *Exceptiones Petri* ne contiennent pas toutes les modifications et toutes les règles du droit de Justinien, relativement à la dot, au gain de la part du mari ou à ses priviléges. On ne peut guère supposer que l'auteur n'ait pas connu les dispositions contraires à ce qu'il disait ; il faut donc conclure qu'elles n'étaient pas alors en vigueur dans son pays; ce qui aura la plus grande influence sur la législation et la jurisprudence des pays de droit

(1) « Uxor enim in pignoribus et hypothecis præponitur omnibus mariti creditoribus, præter illos qui prius contraxerunt quam ipsa uxor dotem marito tradiderit » (IV. 54).

(2) I. 57. Voy. *suprà*, chap. IV.

écrit. Il ne faut pas pourtant tirer de là la conséquence que toutes les règles contenues dans cet
ouvrage fussent exactement observées, soit à cette
époque, soit dans les temps postérieurs, surtout
lorsque la preuve du contraire résulte de divers
actes.

IV. — Les chartes doivent être du plus grand
secours pour connaître le droit en vigueur à cette
époque inexplorée de notre ancienne législation ;
elles seules peuvent porter la lumière sur des points
encore inconnus ou incertains de l'histoire du droit ;
elles sont ou du moins doivent être une de ses sources les plus fécondes.

En examinant celles des pays de droit écrit on
se convaincra de plus en plus de la persistance du
droit romain , dans ces contrées, comme loi générale (1). Pour le régime dotal , nous trouvons un

---

(1) **M. de Savigny**, dans son admirable *Histoire du droit romain
au moyen âge*, n'a pas négligé une source de documents aussi importante; il est à regretter qu'il n'ait pas pu travailler sur un plus
grand nombre. En effet, malgré les travaux de Bréquigny et des autres, nous pouvons dire que nous n'avons aucun ouvrage complet
en ce genre, les chartes n'étant pas encore publiées pour la plupart,
d'autres ne l'étant que dans des histoires locales; et encore ne le
sont-elles qu'autant qu'elles se rattachent à des événements importants pour les localités, et sans aucun égard à leur utilité pour l'histoire du droit. Nous avons dû borner, ici, notre travail au régime
dotal, qui fait l'objet de nos recherches. Il est même bien incomplet,
nous ne l'ignorons pas; d'autres, plus heureux et plus habiles,

assez grand nombre de contrats de mariage dans le Languedoc et la Provence, dont les plus anciens datent du onzième siècle. Les uns renferment une constitution de dot de la part des parents de la fiancée, les autres un acte de donation *sponsalitia* du mari à sa fiancée avant le mariage, d'autres enfin renferment en même temps les deux actes.

La constitution de la dot est faite dans les chartes par le père, et même par la mère de la fiancée (1),

---

pourront peut-être le compléter un jour. Outre les contrats de mariage, nous devons signaler trois chartes qui peuvent être utiles pour l'histoire du droit romain, et qui se trouvent dans Papon, *Histoire générale de Provence*. L'une est de 959, et contient une donation faite par Pons-le-Jeune à l'église de Saint-Étienne. (*Preuves*, tom. II, n° 2.) Une autre, de 1048, contient aussi une donation de Raymbaud, archevêque d'Arles, à Volverad et à Rostangson fils. Elles renferment toutes deux cette formule : *Lex præcepit Romana.* — On y trouve aussi un acte d'émancipation du 13 août 1379 (tom. III, *Preuves*, n° 49).

(1) *Histoire de Languedoc; Preuves*, tom. II. Charte de 1069 (n° 244). Contrat de mariage de Guillemette, fille de Raymond Bernard, vicomte de Béziers, avec Pierre, comte de Bruniquel. — Contrat de mariage, de 1120, entre Bernard de Melgueil et Guillemette, de Montpellier (n° 385) : « In tali vero convenientia qua si tu, Bernarde comes, filiam meam Gulielmam supervixeris et infantem ex eâ non habueris, istos VII. M. solidos (*dot*) in vita tua teneas, et post mortem tuam ad me Guilelmum, si vivus fuero, revertantur, vel ad ipsum infantem meum qui tunc Monspessulanum habebit; sed si filia mea te supervixerit, et infantem de te non habuerit, isti VII. M. solidi filiæ meæ in integrum reddantur. — Et ego Bernardus Raymondus comes Melgoriensis bona cum voluntate hos recipio, cum eadem supradicta convenientia, et cum hac causa dono tibi Guilielmo de Mons., et filiæ tuæ Guilielmæ *in pignore Melgoriensem monetam*, ut tamdiu vos vel is qui ad vestrum profinem quæsierint,

à condition que le mari jouira des biens dotaux non-seulement pendant la durée du mariage, mais encore après sa dissolution si elle arrive par la mort de sa femme, à la charge par lui de conserver et de rendre ces biens à sa mort, à ses enfants s'il en existe, ou bien au donateur, ou à ses plus proches parents ; nous avons même, dans une charte de l'an 1121, l'exemple d'un gage donné par le mari pour cette restitution. Dans le cas où la femme survivait, la dot devait lui être restituée intégralement à la dissolution du mariage. Les chartes du onzième et du douzième siècle ne présentent pas de différences à ce sujet.

Pour la donation faite à la fiancée, il faut au contraire distinguer avec soin les époques ; non parce que les conditions qui la régissent varient avec elles, mais à cause du nom donné à cette donation. Ainsi dans les chartes du onzième siècle, depuis 1005, date de la première relative à la Provence, jusqu'à 1095, date d'une autre relative au Languedoc, cette

---

camdem *monetam* teneatis, donec istos VII. **M.** solidos ex eâ tractos habeatis cum prædictis convenientiis. — 1121 (n° 388). **Bernard,** comte de Nîmes, de Béziers et d'Agde, et sa femme, constituent une dot à leur fille.—1139 (n° 445). Contrat de mariage entre **Roger,** vicomte de Carcassonne, et **Bernarde de Comminges. Constitution de** dot de la part du père et de la mère. — 1162 (n° 525). **Voir aussi les** deux contrats où la constitution de dot se trouve réunie à la donation.

9

donation est appelée *sponsalitium,* et ses règles sont celles de la donation *sponsalitia,* d'après le *Breviarium* et le *Papien* (1). La donation, comme dans les formules de Sirmond et de Mabillon, n'est que de l'usufruit, la propriété est réservée aux enfants nés du mariage; mais à leur défaut, la femme peut disposer de la propriété (2). Cette donation est faite non-seulement par le mari lui-même, mais encore par ses parents (3). Les règles sont absolument les mêmes dans les chartes du douzième siècle; mais à partir de l'année 1105, date d'une charte, nous trouvons le nom de *donatio propter nuptias,* non pas exclusivement, mais joint à celui

(1) Charte de 1005. Contrat de mariage passé à Marseille, rapporté par Ruffi, *Histoire de Marseille,* tom. I, pag. 484. On y trouve ces mots : « Juxta *legem meam Romanam.* » Elle est curieuse, aussi nous l'avons rapportée en entier dans l'Appendix.) — 1037. (*Histoire de Languedoc,* tom. II. *Preuves,* n° 200.) — Donation, à la fiancée, de Pons, comte de Toulouse. — 1095 (*ibid.,* n° 511) *sponsalitium,* sicut lex mea *Romana est,* de Bertrand, fils de Raymond, comte de Toulouse. (Elle est rapportée dans l'Appendix.)

(2) La charte précédente lui donne ce droit en ces termes : « Si vero infantes de me non habueris et mihi supervixeris, habeas, teneas, et post obitum tuum habeant illi quibus tu dare aut dimittere volueris, omnique tempore. » Celle de 1039 contient cette clause : « Et si mortua fueris sine legitimo hærede ad propinquos meos revertatur. »

(3) Charte de 1105 (n. 542 . Contrat de mariage entre Metilline, fille de Bernard Aton, et Arnaud de Béziers. Cette charte est la première qui porte le nom de *donation propter nuptias : in sponsalitium* et donationem *propter nuptias.*

de *sponsalitium* comme synonyme (1). Ce qui indique déjà l'influence du droit de Justinien ; c'est d'ailleurs vers cette époque, le milieu du douzième siècle, que Placentin enseignait le droit romain à Montpellier (2). Mais il ne faut pas perdre de vue que cette donation, quoique ayant emprunté le nom de la *donatio propter nuptias,* n'en a pas pris les règles, et qu'elle a au contraire conservé celles du *sponsalitium.* En Provence elle était aussi appelée *osculum* (3).

Le contrat de mariage était ordinairement accompagné d'un serment solennel fait par le mari sur les saints Évangiles, d'observer et de maintenir toutes les conventions stipulées ; à son ser-

(1) V. de Savigny, *Histoire du droit romain au moyen âge*, vol. IV de la trad. franç., p. 54, chap. xxx.— Et une *notice* sur Placentin dans les publications de la *Société archéologique de Montpellier.*

(2) Charte de 1129 (n. 411. *Hist. du L. Preuves*). Contrat de mariage entre Guillaume VI, seigneur de Montpellier, et Sybille. — 1150 (n. 480). Contrat de mariage entre Tiburge d'Omelas ou de Montpellier et Aymar de Murviel. Ce contrat renferme aussi une constitution de dot (il est rapporté à l'*Appendix.*) — 1156 (n. 500). Contrat entre Guillaume VII, seigneur de Montpellier, et Mathilde de Bourgogne.

(3) La charte de 1005, rapportée par Ruffi, dit : *primi osculi per sponsalitium.* Et une autre de 1363, rapportée par Papon, (t. III, *Preuves,* n. 46). — Voy. *Ducange*, in vº *Osculum.*

Contrat de mariage de Guillaume, comte de Beaufort et d'Alès, avec Catherine d'Adhémar (V. *Appendix.*) : *In osculum dictique matrimonii contemplationem.*

ment, se joignait aussi le plus souvent celui de quelques personnes en qualité de cautions (1).

Parmi les anciens monuments qui nous restent de la législation des pays de droit écrit, nous trouvons une ordonnance de Jean I ou II, de 1350, donnée aux habitants de Villeneuve, près d'Avignon, pays de droit écrit (2). Elle règle ainsi les droits respectifs des époux : le mari a le droit, s'il n'a pas d'enfants, de retenir la dot et d'en jouir toute sa vie ; la femme, au contraire, après la mort de celui-ci, retire non-seulement sa dot, si elle a des enfants, mais encore sa donation *propter nuptias*. Cette dernière ne lui est toutefois attribuée qu'en usufruit. Ce qu'il y a de remarquable dans cette ordonnance, c'est que la donation *propter nuptias* y est fixée à la moitié de la dot.

(1) V. *infrà* l'*Appendix*, charte de 1150. « Hoc autem sponsalitium juraverunt super sancta Dei evangelia quod ita teneatur et observetur præfatæ Tiburgetæ. » V. aussi la charte de 1156.

(2) « Si quis aliquem ducat in uxorem et cum eâ mille solidos acceperit pro dote, et ipse det uxori suæ propter nuptias quingentos solidos, et hoc secundum magis et minus ; nisi aliud pactum intervenerit, inter ipsos, et si maritus supervixerit, nec de uxori infantem habeat, tota vita sua tenebit dotem, et post mortem suam parentes uxoris vel hæredis dotem illam recuperabunt, nisi in perpetuum et irrevocabiliter dederit marito. Sed si infantem habeat ipsa mulier et supervixerit marito, ipsa recuperabit dotem et *donationem propter nuptias* ; qua mortua infantes quos a marito habuit *donationem propter nuptias* rehabebunt. *Vel ille quem* maritus in testamento suo duxerit ordinandum. (*Ordonnances des rois de France,* par Delaurière et Secousse, t. IV, p. 21.

Quoique nous ayons plusieurs coutumes ou statuts locaux des pays de droit écrit, qui dérogent en plusieurs matières aux principes du droit romain, et qui doivent être rapportés à la même époque, ou même à une époque antérieure, il nous paraît nécessaire, avant de les exposer, d'examiner si le système féodal n'a pas eu quelque influence sur la législation de ces pays, et si ces modifications n'en sont pas le résultat.

CHAPITRE II.

Influence de la Féodalité sur la loi Romaine. — Régime dotal dans les pays de droit écrit. — Statuts. — Jurisprudence des Parlements.

La loi romaine répugnait presque en tous points à la loi féodale. Elle put se conserver, malgré l'invasion des Barbares, dans la partie méridionale de la Gaule, moins exposée à leurs luttes et à leurs invasions continuelles. Les Romains étaient là en plus grand nombre, et leur pays fut celui des *municipes* et des *francs-alleux* (1). Non pas cependant

(1) De Savigny, *Histoire du droit romain au moyen âge*, chap. v. —Altesserra, *Rerum Aquitaniæ*, lib. III.—Dominici *De prærogativâ allodiorum.* — Furgole, *Du franc-alleu.* — *Du franc alleu de Provence.* — M. Giraud, *Recherches sur le droit de propriété chez les Romains*, p. 302 et suiv., note 1. —M. Edouard Laboulaye, *Histoire de la propriété foncière en Occident*, liv. VI, chap. xvi.—Tenir en alouez, si est tenir terre de Dieu tant seulement et ne doivent cens, rente,

que nous voulions nier tout établissement de la féodalité dans ces provinces, mais il n'y eut pas du moins ce servage des personnes et des terres qui était la loi commune du Nord. Toutefois, l'introduction de la loi féodale dans le Midi, quoiqu'on n'en suivît pas entièrement les principes, apporta quelques modifications au droit existant, malgré la persistance de la loi romaine comme loi générale des pays de droit écrit. Ainsi, on ne fit pas, il est vrai, la distinction des patrimoines et de leur transmission, d'après leur origine ou leur nature ; mais on admit le retrait lignager dans certaines coutumes et provinces (1) ; on permit la renonciation des filles à la succession paternelle, moyennant une dot, sauf la légitime ou son supplément (2) ; et dans plusieurs

ne relief, ne autre redevance à vie ne à mort, mais tiennent franchement de Dieu. Ne tenir que de Dieu, c'est estre affranchi de toute autre submission envers les hommes. Bouteillier, *Somme rurale.* — Voir aussi Raynouard, *Histoire du droit municipal en France.* Paris, 1829.

(1) Coutume de Bordeaux, chap. ii (Coutumier général, tom. IV, p. 885). — *Statuts de Provence.* Julien, t. I, p. 261 : « Quamquam jus repugnare videatur requisitioni (à la demande du retrait), tamen quia ex bono et æquo et in pluribus locis patriæ observato procedit, fiat ut petitur. — Acq. tit. *Du retrait lignager.* — Henrys, tom. I, liv. 2. quest. 19. et tom. IV, p. 310, avec les observations de Bretonnier. — Ferrière, *Dictionaire,* in v° *Retrait.* — Pothier, *Des retraits,* part. 1re, chap. i.

(2) Lebrun, *Des successions,* liv. III, 8. — Ricard, *Des donations,* part. 3e, 8. sect. 5. — Roussilhe *De la dot,* chap. 52, *et de la légitime.* — *Statuts de Provence,* Julien, t. I, p. 433 et suiv. Ces statuts don-

statuts, on l'exclut même par le seul fait du mariage et de la dotation, de toute participation aux biens de la famille (1); principes tout contraires à ceux du droit romain, qui n'admettait ni le retrait lignager ni la renonciation. Ces dérogations, avec quelques autres, se trouvent toutes dans les statuts des villes, c'est-à-dire dans les chartes accordées par le seigneur et rédigées par son autorité. Elles sont donc d'origine féodale, mais elles n'ont jamais formé le droit commun des pays de droit écrit; et la jurisprudence des parlements a toujours cherché à les restreindre plutôt qu'à les étendre. Ce qui a fait dire à quelques auteurs que le retrait lignager n'avait pas lieu dans ces pays, et que l'ordonnance de 1581, qui en fait une loi commune pour toute la France, n'y a jamais été observée. Ces statuts contiennent aussi certaines règles de droit ancien

nent le véritable motif de la renonciation et de l'exclusion. *Per conservation de las maisons, tant noblas que autras ;* aussi étaient-elles admises dans la plupart des pays de droit écrit, quoiqu'on attribue leur introduction à une lettre du pape Boniface VIII.

(1) Consuetudines Tolosæ, 5ª pars, tit. *De dotibus,* 3. Cette règle observée dans l'ancienne jurisprudence du Parlement de Toulouse, est abrogée dans la nouvelle. — Coutume de Bordeaux, art. 67. 69.— Mont-de-Marsan, tit. *Des successions,* I — Marche, 291. — Statuts de la ville de Montpellier de 1204, art. 12. 58.—Auvergne (tit. xii, art. 25). — C'était aussi la jurisprudence du Parlement de Paris pour les pays de droit écrit de son ressort, auxquels il appliquait les principes du droit coutumier.

qu'il ne faut pas négliger, surtout pour le régime dotal. On ne doit pas pourtant y chercher tous les principes du droit en cette matière ; ils se trouvent, en effet, dans la jurisprudence des quatre grands parlements de droit écrit : c'est là que nous les puiserons dans l'analyse que nous allons en donner.

Une autre dérogation au droit romain, et qui s'était introduite par l'usage, était l'institution contractuelle, ou disposition de la succession qui était faite dans les contrats de mariage, dans les pays de droit écrit comme dans ceux de coutume (1); et en ceci, comme pour le retrait et la renonciation des filles, on reconnaît l'influence de la loi féodale, car ces dispositions sont toutes dans son esprit. On trouve même, dans les pays de droit écrit, quelques exemples du douaire, mais entre nobles seulement, car entre eux seuls pouvaient être appliqués les diverses règles et les principes de la féodalité (2). La bourgeoisie resta toujours attachée à la loi romaine, qui était sa législation

(1) Ricard, *Des donations*, 1re part., ch. iv, sect. 2, Dis. 3; Lebrun, *Des successions*, liv. III, chap. ii; Bretonnier, *Questions alphab.*, vo *Donation*.

(2) Charte du 20 mars 1297, rapportée par Papon, *Histoire générale de Provence*, tom. III, *Pièces justificatives*, 29; autre du 14 janvier 1305, no 32. Voir aussi le no 46 (9 novembre 1363) rapporté à l'*Appendix*.

propre, et ne connut pas la plupart des modifications apportées par une loi et en faveur d'une institution qui lui étaient étrangères. C'est la première seulement que nous nous proposons d'étudier dans cette partie.

La constitution de la famille était fondée sur la puissance paternelle, comme chez les Romains, et il en résultait que tous les enfants ou petits-enfants étaient sous la puissance du père, dont ils ne sortaient que par l'émancipation expresse ou par l'habitation séparée pendant dix ans hors du domicile paternel (1). Le mariage n'émancipait pas, nonobstant les statuts de la plupart des villes, qui décidaient le contraire, mais qui n'étaient pas observés, la jurisprudence des parlements leur étant contraire, ou du moins qui ne l'étaient que dans un rayon fort restreint (2). Les enfants non-émancipés étaient donc, personnes et biens, famille même, soumis à l'autorité du père ou de l'aïeul, de même que la fille, quoiqu'elle fût mariée. La puissance du mari sur la femme était fort peu de chose en pays de droit écrit, où l'on suivait les derniers

(1) Catelan (*Arrêts du Parlement de Toulouse*), tom. II, liv. IV, chap. LI, LII, LIII, et ibid. et Vedel, *Observat.*; Argou, *Instit. au droit français*, liv. I, chap. IV; Serres, *Instit.*, liv. I, tit. XII.

(2) *Consuetudines Tolosæ*, tit. *De emancipationibus*. La Marche, 198.

principes du droit romain en cette matière, c'est-à-dire ceux du mariage libre (1); ce qui faisait que la puissance paternelle n'était pas du tout incompatible avec l'autorité maritale, et que celle-ci ne s'exerçait que sur les biens dotaux, la femme conservant l'administration et la libre disposition de ses paraphernaux, sans avoir même besoin de l'autorisation du mari (2); elle était exigée, cependant, dans les pays du ressort du Parlement de Paris.

Il existait entre les auteurs une grande controverse, sur la question de savoir si la femme, ne s'étant constitué aucune dot, tous ses biens étaient dotaux ou paraphernaux (3). Les Coutumes d'Auvergne (tit. xiv, art. 8) et de la Marche (297) les déclaraient dotaux; la jurisprudence penchait, au contraire, vers l'autre opinion (4). Quant aux

(1) Furgole, *Questions sur les donations*, 24, n. 1.

(2) Catelan, liv. V, chap. lxviii; *Boniface (Arrêts du Parlement de Provence)*, VII, tit. iii, chap. iii; Bretonnier, *Quest. alph.*, v° *Paraphernaux*; Roussilhe, *De la dot*, tom. I, p. 181; Auvergne, tit. 14, art. 1 et 8. — La Marche, 217, 304, 305, laisse l'administration des paraphernaux au mari, avec faculté pour la femme de les aliéner à titre onéreux.

(3) Voir sur cette question, Bretonnier, *ubi suprà*; Boucher d'Argis, *Gains nuptiaux*, chap. ii, et réponse à la quatrième observation, et Roussilhe, *De la dot*, I, pag. 165, pensent que tous les biens sont dotaux; mais Argou, Serres et Furgole pensent le contraire.

(4) V. Rousseau de Lacombe, *Dict. de jurisprud.*, v° *Dot.* Bretonnier dit cependant que c'était un usage reçu dans le Lyonnais, le Beaujolais, etc., que la femme se constituât tous ses biens en dot.

auteurs, ils sont divisés en deux camps; mais le plus grand nombre décidaient en faveur de la paraphernalité. Furgole, qui a résumé cette controverse, qu'il serait peu intéressant et peu utile de reproduire dans tous ses détails, a employé, pour décider la question, un argument historique qui l'a conduit à conclure que tous les biens, à défaut de constitution expresse, étaient paraphernaux (1). Sa décision nous paraît être la plus juridique et la plus conforme aux principes du droit romain, quoiqu'elle ne le soit peut-être pas autant à la nature du mariage et aux droits de la famille. Il y avait néanmoins, même dans cette dernière opinion, des exceptions en faveur de la dot tacitement constituée, et la femme pouvait se constituer en dot tous ses biens présents et à venir, nonobstant la singulière ordonnance de Charles IX, qui limitait la dot à une somme certaine, mais qui n'a jamais été exécutée (2); elle suffit à prouver, ainsi que les chartes anciennes, que les dots étaient considérables en pays de droit écrit. Cette constitution

(1) Furgole, *Questions sur les donations*, 25. V. aussi une dissertation de Griffon à ce sujet dans les œuvres d'Henrys, tom. IV, pag. 828.

(2) Cette ordonnance, qui est de 1563, art. 17, fixait la constitution de dot à la somme de dix mille tournois. V. Guénois, *Conférence des ordonnances*, tom. I, p. 637. Despeisses, tom. I, tit. v, sect. 1; Bretonnier, *ubi suprà*.

générale était même très-usitée dans le Lyonnais, le Forez et le Beaujolais.

On définissait la dot : *Quod marito datur ad onera matrimonii sustinenda* (1).

Le père était obligé et pouvait même être contraint de doter sa fille suivant ses facultés, à moins qu'elle ne se fût mariée avant l'âge de vingt-cinq ans, sans son consentement (2). Cette obligation ne cessait pas, alors même que la fille avait des biens suffisants pour se constituer elle-même une dot. Le devoir du père était indépendant de la fortune de sa fille, et ne dépendait que de la sienne propre; mais s'il était dans l'indigence, ou après sa mort, l'obligation passait à l'aïeul paternel, à la mère même; dans ce dernier cas pourtant si la fille n'avait pas elle-même de quoi se doter. Le Parlement de Provence y avait soumis les frères germains (3); Despeisses étend encore cette obligation à des parents plus éloignés. C'est que la cause de la dot était très-favorable, et que ce n'était plus

(1) Voir tous les commentateurs de droit romain, et Delaurière, *Glossaire du droit français*, in v° *Dot.*

(2) Despeisses, *ubi supra;* Bretonnier, *Quest. alph.*, v° *Dot.* Roussilhe, chap. i; Catelan, liv. IV, ch. lxviii, et *ibi* Vedel. Serres, *Inst. du droit français*, II, 8; Furgole, *Questions sur les donations*, 25. Coutume de Bordeaux, chap. iv.

(3) De Bézieux (*Arrêts du Parl. de Provence*), liv. V. 2. § 2.

une application, mais une extension continuelle des principes du droit romain. Les motifs politiques qui avaient donné naissance à cette obligation n'existant plus, on leur en avait substitué d'autres tirés du droit naturel, du devoir du père d'élever et d'établir ses enfants, et de l'utilité de la dot pour la famille. Aussi on imposait au père l'obligation de redoter sa fille lorsque la première dot avait été perdue par l'insolvabilité du premier mari. On distinguait dans certains parlements, si cette insolvabilité était antérieure ou postérieure au mariage. Le père obligé de doter sa fille ne pouvait satisfaire à cette obligation que sur ses propres biens; le pouvait-il également sur les biens maternels? C'était encore une très-grave question entre les auteurs et sur la décision de laquelle la jurisprudence du Parlement de Toulouse avait changé trois fois (1).

La dot étant destinée à subvenir aux besoins de la famille et à soutenir les charges du ménage, la jurisprudence constante et universelle des parlements en avait tiré cette conséquence, contraire au droit romain, que les intérêts de la dot étaient

____

(1) Catelan, liv. IV, chap. lxx, et *ibi* Vedel, *Observ.*, et les auteurs déjà cités; Serres, *Instit.*, II. 7. § 3 *in fine*.

dus par le constituant du jour du mariage (1).

Les droits du mari sur les biens dotaux pendant le mariage étaient les mêmes que dans la législation de Justinien. Il en avait seul l'usufruit et l'administration, la libre disposition même, s'ils étaient fongibles ou estimés (2). Quant à l'aliénation du fonds dotal, tous les parlements de droit écrit avaient reçu et appliquaient la loi *Julia* (3); il n'y avait que quelques cas d'exception, qui existaient d'ailleurs dans l'ancien droit, où il était permis de l'aliéner (4). Dans tous les autres, la nullité résultant de la prohibition absolue, même avec le consentement de la femme, pouvait être invoquée par le mari, la femme et les enfants (5). Cependant une déclaration de Louis XIV, de 1664, avait abrogé la loi *Julia* dans le Lyonnais, le Forez, le Beaujolais et le Mâconnais, provinces de droit écrit ressortissant au Parlement de Paris. Bretonnier (6) prétend que cette déclaration n'a eu d'autre motif

----

(1) Catelan, **IV.** 42; Rousseau de Lacombe, in v° *Dot*, sect. 4, et les auteurs déjà cités.

(2) Catelan, **IV.** 31. 32, et ibi Vedel.

(3) Despeisses, Serres, *Inst.*, II. 8 ; Bretonnier, *Quest. alph.*, v° *Dot* ; Furgole, *Quest. sur les donations*, 24; Roussilhe, *De la dot.*

(4) Catelan, **IV.** 1 et 59, et Vedel.

(5) Catelan, **V**, chap. vii et xlvii, et Vedel; Boniface, liv. **VI**, tit. ii, chap. ii.

(6) *Quest. alph.*, v° *Dot*, et *Observations sur Henrys*, tom. **II**, questions 8 et 141.

que l'intérêt d'un receveur général de Lyon, afin qu'il eût plus de garanties de la part de ses sous-fermiers; elle fut rendue, malgré l'opposition du premier président de Lamoignon. Quoiqu'il en soit du motif, elle a toujours été restreinte aux pays pour lesquels elle avait été faite. Quelques coutumes avaient même consacré l'inaliénabilité de la dot; elle était désormais de l'essence du contrat de mariage, non plus dans l'intérêt des secondes noces, mais de la famille (1).

Il ne faut pas confondre la déclaration de 1664 avec l'édit de 1606 qui abolit le sénatus-consulte Velléien dans tout le royaume, à cause des abus des renonciations qui le rendaient inutile (2) ; car la loi *Julia* réglait les biens dotaux, tandis que le sénatus-consulte ne pouvait recevoir d'application que pour les biens libres ou paraphernaux. En effet, les biens dotaux étaient pendant le mariage sous la puissance du mari, qui ne pouvait les perdre au préjudice de sa femme et qui était dans tous les cas tenu à restitution. La femme n'en avait donc pas la disposition; elle ne pouvait les obliger par les

(1) Ce sont les Coutumes de Bordeaux, de Normandie, d'Auvergne et de la Marche.

(2) Ce premier édit fut confirmé pour les provinces de droit écrit du Parlement de Paris, Lyonnais, Forez, Beaujolais, par celui de 1664.

contrats ou les donner que pour des causes déterminées, comme pour doter ses enfants (1). Plusieurs
arrêts l'avaient ainsi jugé sans faire de distinction
pour ces deux cas entre les biens meubles et les
immeubles (2). Ce qui constitue pour les premiers
un véritable caractère d'inaliénabilité; c'est l'avis
de Despeisses, d'Henrys, et depuis lors de plusieurs
autres (3). Il est bon d'ailleurs de remarquer que
le sénatus-consulte Velléien ne fut guère abrogé
pour les pays de droit écrit, que dans les quatre
provinces où la loi *Julia* l'avait été aussi (4).

Dans le régime dotal, les époux conservaient
toujours leur patrimoine séparé, même pour les
biens acquis avant comme pendant le mariage.
Ainsi tous les acquêts du mari lui appartenaient
comme biens propres; mais ceux de la femme, en
vertu de la loi célèbre *Quintus Mutius*, étaient re-
gardés comme étant la propriété du mari, parce

(1) Catelan, IV. 1 et 4, et Vedel, *Observ.*, tom. II; Furgole,
quest. 24.

(2) V. *suprà*, et Henrys, tom. II, quest. 8, et surtout 141, où il
rapporte deux arrêts, qui ont entraîné sur ce point son opinion, qui
était contraire dans la quest. 8; on peut même tirer argument des
termes de la déclaration de 1664. V. aussi Auvergne, tit. xiv, art. 3.

(3) *Ubi suprà*, et les observ. de Bretonnier; Despeisses, tom. I,
tit. v, sect. 2, pense même que les meubles non estimés ne peuvent
être aliénés; Roussilhe, *De la dot*, chap. xv, sect. ii; Bretonnier, in
v° *Dot*.

(4) Bretonnier, v° *Femme*, et Roussilhe, *ubi suprà*.

qu'ils étaient présumés acquis des biens de celui-ci. La preuve contraire était néanmoins admise ; elle pouvait résulter, soit de ce que la femme les avait acquis de ses biens propres, soit encore de ce qu'ils étaient le produit de son commerce ou de son industrie, et la loi n'était pas alors applicable. Ces acquêts rentraient dans le patrimoine de la femme et étaient dotaux ou paraphernaux suivant que l'épouse s'était ou non constitué tous ses biens en dot (1). Cependant il y avait dans les pays de droit écrit, et surtout dans le Bordelais, en usage entre les époux une société d'acquêts, c'est-à-dire des biens acquis par leur industrie ; elle n'était pas du tout contraire au régime dotal, et pouvait très-bien s'allier avec lui, car la femme n'en conservait pas moins sa dot et ses paraphernaux comme biens propres.

Les biens des époux étant séparés, leurs dettes l'étaient aussi ; le mari ne pouvait obliger ceux de sa femme, paraphernaux ou dotaux, à moins que ceux-ci ne fussent fongibles ou estimés ; mais, dans ce cas, la créance pour leur restitution n'était en rien diminuée. La femme ne pouvait de son

____

(1) Ces principes nous ont paru ressortir des arrêts cités par Catelan, tom. II, IV, 5, et *ibi* Vedel, quoiqu'ils paraissent d'abord contraires.

côté obliger que les siens propres, et encore s'ils étaient paraphernaux.

Quant aux donations entre époux, elles étaient comme dans la loi romaine soumises à la condition de survie du donataire et à la confirmation, ou du moins à la non-révocation de la part du donateur (1). En Auvergne, elles n'étaient permises que de la part du mari en faveur de la femme, jamais de la part de femme en faveur du mari.

Les règles de restitution étaient les mêmes que celles posées par Justinien. La dot immobilière devait être restituée par le mari ou ses héritiers incontinent après la dissolution du mariage. Pour la dot mobilière il y avait un terme d'un an pendant lequel l'épouse avait droit à des aliments et à l'habitation, aux frais de la succession du mari ; mais cette restitution n'avait pas toujours lieu ; le mari pouvait gagner la dot, soit en vertu de stipulations expresses, soit par le bénéfice de certaines coutumes ou de statuts qui nous paraissent avoir conservé en cette partie les restes de l'ancienne législation romaine dans la Gaule.

Les coutumes qui attribuaient la dot au mari

(1) Rousseau de Lacombe, *Dict. de jurisprud.*; v° *Donation*. V. les arrêts et les auteurs qu'il cite.

lorsque la femme mourait pendant le mariage sont celles de Toulouse, de Bordeaux, d'Agen, les coutumes locales d'Auvergne (1), et quelques statuts (2). Dans les autres pays de droit écrit, ce gain n'avait lieu qu'autant qu'il était stipulé (3). Dans tous les cas, la conservation de la dot, et sa restitution, étaient garanties à la femme par des priviléges et hypothèques sur les biens du mari, et même de celui sous la puissance duquel il se trouvait encore au moment du mariage (4). Mais l'hypothèque tacite ne donnait à la dot la préférence que sur les créanciers postérieurs, et non sur ceux qui étaient antérieurs au contrat de mariage. La loi *Assiduis* n'était observée que dans le ressort du Parlement de Toulouse, et encore les créanciers pouvaient éviter ses effets en dénonçant à la future épouse, en personne, leurs créances sur les biens

(1) Consuetudines Tolosæ, tit. *De dotibus*, 2 : « Consuetudo est Tolosæ sive usus quòd si uxor vel alius nomine ejus dedit dotem viro suo, quantacumque sit illa dos, et uxor traducta præmoriatur, dictus maritus lucratur dotem et donationem propter nuptias. » Bordeaux, chap. IV, 42. Agen, 11, il n'y a que gain de l'usufruit. V. aussi les coutumes locales d'Auvergne.

(2) *Statuts de Montpellier*, 118 : « Res immobiles quæ in dotem viro traduntur, si præmoriatur uxor, vir debet sibi retinere in tota vita sua nisi pactum in contrarium reclamaverit. »

(3) Catelan, tom. II, 2, IV, 29, et ibi Vedel.

(4) Argou, *Instit. au droit français*, I, chap. IV, tom. I, p. 33, cd. Boucher d'Argis ; Catelan, IV. 10 et 45 et, Vedel ; Roussilhe, chap. XIII, sect. 2, § 4.

du mari (1). Ces priviléges étaient restreints à la dot; les paraphernaux n'en jouissaient que du jour où leur administration avait été confiée au mari (2). La même garantie existait pour la dot en faveur de celui-ci et de la femme, sur les biens du constituant (3). Nous devons d'ailleurs remarquer que tous les contrats passés devant notaire emportaient alors de plein droit hypothèque, et que celle de la dot datait du contrat, et non du mariage, à moins que le premier n'eût été passé en pays étranger, ou qu'il fût sous seing-privé (4).

L'hypothèque ne pouvait porter que sur les immeubles du mari, car en France, en pays de droit écrit comme en pays coutumier, les *meubles n'ont point de suite par hypothèque*. Aussi avait-on accordé à la femme, pour ses reprises, un privilége sur les meubles du mari existants au moment de sa mort, en vertu duquel elle était préférée à tous les créanciers (5). Elle avait encore le droit d'insistance, c'est-à-dire de retenir en sa possession les

(1) Roussilhe, *ubi suprà*, § 5; Catelan, IV. 33. 34. 35. 56 et 57 et Vedel; Serres, *Instit.*, p. 569.

(2) Bretonnier, *Quest. alph.*, v° *Paraphernaux*; Catelan, IV. 22.

(3) Catelan, IV. 3.

(4) Roussilhe, *De la dot*, chap. xiii, sect. 2, § 1.

(5) Bacquet, *Des droits de justice*, chap. xxi, n. 271; Henrys, tom. II, quest. 58; Boucher d'Argis, *Gains nuptiaux*, chap. xxiii, *in fine*; et Roussilhe, *De la dot*, § 231.

biens du mari jusqu'à ce que la dot lui eût été restituée. Ce paiement se prescrivait par trente ans comme l'obligation du constituant (1). La dot pouvait être constituée ou même augmentée pendant le mariage; mais, dans ce dernier cas, ce surplus ne jouissait du privilége de la dot qu'à dater du jour où il était donné au mari et en l'absence de créanciers antérieurs (2).

CHAPITRE III.

Suite du chapitre précédent. — Augment de dot. — Son origine. — Autres droits de la femme sur les biens du mari.

La dot est sans contredit la base, la partie essentielle du régime dotal; mais aux droits et aux obligations qui en dérivent viennent s'en joindre d'autres, moins essentiels, il est vrai, mais non moins importants. Ce sont ceux qui naissent des avantages respectifs des époux sur leurs propres biens, car la dot n'est en quelque sorte que pour la famille, et il faut voir ce que le régime dotal fait encore pour les époux.

L'institution la plus importante et qui frappe la première nos regards par ses nombreux rapports

---

(1) Catelan, IV. 76, et ibi Vedel; Bretonnier, *Quest. alph.*, in v° *Dot*.

(2) Catelan, IV. 55, et Vedel; Serres, *Instit.*, II. 7. § 5.

avec la dot, est l'*augment de dot*. Quelles sont sa nature et son origine?

L'augment est un gain de survie accordé à la femme sur les biens du mari, à la dissolution du mariage (1); mais il emprunte quelque chose de la dot, en ce qu'il peut comme celle-ci être exigé avant cette dissolution pour fournir aux besoins de la famille; il est garanti par une hypothèque tacite, et n'a lieu qu'autant qu'il y a une dot constituée par la femme. Ce dernier point est incontestable quoiqu'on disputât beaucoup pour savoir si le paiement de la dot est également nécessaire. Mais faut-il, pour qu'il y ait lieu à l'augment, que le mari gagne de son côté la dot? Dans toutes les coutumes qui admettent l'*augment* coutumier ou de plein droit, sans stipulation, comme celles de Bordeaux, de Toulouse et les locales d'Auvergne, le mari gagne toujours la dot, et, d'un autre côté, cet augment est toujours relatif pour sa quotité à celle de la dot. Il est du double (2), de la moitié (3), du

(1) Cujas, *Observ.*, liv. V, chap. iv; Delaurière, *Glossaire*, v° *Augment*; Bretonnier, *Quest. alph.*, v° *Augment*; Argou, *Institut. au droit français*, liv. III, chap. x; Serres, *Institut.*, III. 7. § 3; Despeisses, tit. *Du mariage*, sect. 4; Boucher d'Argis, *Traité des gains nuptiaux*, chap. ii; Roussilhe, *De la dot*, tom. II, pag. 135; Rousseau de Lacombe, *Jurispr. civile*, v° *Augment de dot*.

(2) Dans la *Coutume de Bordeaux*, chap. iv, art. 42, mais seulement en premier mariage.

(3) Dans celle de Toulouse et quelques locales d'Auvergne et

tiers (1) de celle-ci, suivant les personnes et les lieux ; aussi a-t-on appelé *contre-augment* les droits du mari sur la dot après le décès de sa femme. L'un et l'autre ne sont que de l'usufruit lorsqu'il y a des enfants nés du mariage, sauf la virile qui est accordée à la mère ou au père en toute propriété ; celle-ci est perdue néanmoins par le convol à de secondes noces. Ces règles ne sont autres que celles que Justinien avait établies dans ses novelles pour la *donation propter nuptias,* et qui se trouvent reproduites dans les *Exceptiones Petri.* Mais la différence essentielle entre l'augment et cette donation était que celle-ci devait toujours être égale en quantité à la dot, tandis que l'augment était toujours ou plus considérable ou moindre, jamais égal, à moins de stipulation expresse (2).

On tirait de cette différence un argument contre ceux qui voulaient faire remonter l'origine de l'augment de dot à la donation *propter nuptias* (3). L'opinion commune était même contraire (4), et

dans le Forez, Lyonnais, Beaujolais ; dans le Bugey, Gex et Valromey, il n'est dû qu'aux filles.

(1) Pour les veuves, dans la Coutume de Bordeaux, art. 47 ; et aussi dans quelques Coutumes locales d'Auvergne.

(2) Boucher d'Argis, chap. ii ; Bretonnier, *Quest. alph.,* v° *Augment.*

(3) Despeisses, *ubi suprà.*

(4) Voir néanmoins les observations sur le chap. ii de Boucher d'Argis.

la plupart des auteurs allaient chercher l'origine de l'augment dans l'*hypobolon* des Grecs, en supposant que les croisés en avaient apporté l'usage de Constantinople, dans la Gascogne, la Provence et le Languedoc ; il n'était pas nécessaire d'aller aussi loin pour la trouver : c'est toutefois l'opinion de Saumaise (1), de Brodeau, de Boucher d'Argis et de ceux qui les ont suivis (2). La seconde raison qu'on opposait pour prouver que l'augment ne vient pas de cette donation, c'est qu'il ne pouvait être, comme celle-ci, augmenté pendant le mariage ; enfin, qu'il était dû à la femme, nonobstant le défaut de paiement, ce qui est contraire à la novelle 67. Mais ces différences, existassent-elles, ne prouveraient pas que l'augment ne peut pas avoir tiré son origine de la donation *sponsalitia* ou *ante nuptias*, que les chartes nous ont montrée en usage à Toulouse, même à la fin du onzième siècle et les formules long-temps avant, et qui a la plus grande analogie avec notre augment. Comme lui, elle n'a pas de quotité nécessaire (3) ; comme lui,

____

(1) *De modo usurarum*, cap. iv.

(2) Boucher d'Argis, chap. ii ; Roussilhe, tom. II, pag. 135.

(3) *Statuts de Montpellier* (95) : Dotes aut hæreditates, aut propter nuptias donationes vel sponsalitiæ largitates æquis partibus ambulent : sed prolibitu conferentium ex utraque parte, aut ex una valeant.

elle doit être constituée avant le mariage; comme lui, enfin, elle existe nonobstant tout défaut de paiement de la dot. On concevra facilement que, cette donation existant dans les pays de droit écrit, les parlements l'aient modifiée en certains points, en lui appliquant les lois de Justinien, relatives à la donation *propter nuptias*. D'où nous pouvons conclure avec vraisemblance, sinon avec certitude, et sans aller si loin, que l'augment n'est autre chose que la donation *sponsalitia*, et non l'*hypobolon* des Grecs, qui est loin d'offrir autant d'analogie avec lui, et qui, par sa quotité, ne peut s'accorder avec l'augment de la *Coutume de Bordeaux*, car celui-ci est du double de la dot, tandis que celui-là doit être toujours moindre (1). On pourrait supposer aussi que la donation *propter nuptias* avait existé dans les pays de droit écrit, mais avait été modifiée par les coutumes et la jurisprudence comme la dot elle-même (2). Toutefois, nous préférons trouver l'origine de l'augment dans la donation *sponsalitia*, où se trouve aussi celle de la do-tion *propter nuptias*.

L'augment de dot, quoique pouvant être stipulé

(1) Léon, Novelle 20 : « Ne in matrimonii coëmptione ex æquo collationes fiant, sed major donatione propter nuptias dos sit. » Le mari, dans ce système, ne pouvait rien gagner de la dot.

(2) Voir les *Exceptiones Petri. Les Statuts de Montpellier* et la

partout, n'était pas néanmoins en usage dans tous les pays de droit écrit; mais il était alors remplacé par d'autres gains de survie tels que les *bagues et joyaux* (1). C'était une somme ou estimation de ces objets, réglée par le contrat de mariage ou par la coutume, que la femme survivante prenait avec les objets en nature qu'elle avait apportés; ce droit appartenait aussi au mari dans certaines coutumes (2). Il avait lieu, de plein droit, dans le Lyonnais, le Forez, le Beaujolais et la principauté de Dombes; il était fixé au dixième, au vingtième et même, dans ce dernier pays, au cinquième de la dot, suivant la qualité noble ou roturière de la femme. Il était aussi connu dans les Parlements de Bordeaux, de Toulouse, de Grenoble et de Metz, en Auvergne et en Provence. Ses règles, pour la jouissance et la propriété, étaient les mêmes que celles de l'augment, sauf dans certains pays où la libre disposition en était laissée à la femme.

En Provence et dans la Bresse, étaient sur—

Coutume de Toulouse donnent à l'augment le titre de *donatio propter nuptias*. Voir aussi l'observation sur le chap. ii de Boucher d'Argis.

(1) Bretonnier, *Quest. alph.*, v^{is} *Bagues et joyaux ;* Boucher d'Argis, *Gains nuptiaux*, chap. iv.

(2) *Coutume de Bordeaux*, chap. iv. 42; *Auvergne*, tit. XIV, articles 44 et 45 ; et les coutumes locales.

tout en usage les donations de survie (1).

On connaissait encore, dans les pays de droit écrit, les droits d'*habitation*, de *pension viagère* et de *deuil* en faveur de la femme. Les deux premiers devaient toujours, pour avoir lieu, être stipulés dans le contrat de mariage (2).

Mais le droit le plus important, comme le plus juste et le plus conforme à la nature du mariage, est, sans contredit, le droit de succession accordé à l'époux pauvre sur les biens du prédécédé, en concurrence avec les enfants et les autres parents. Ce droit, introduit dans la législation romaine par Justinien, était reçu dans tous les pays de droit écrit, à Toulouse comme en Provence (3). C'est ce qu'on appelait la succession par l'authentique *Prætereà*. La succession entre époux avait toujours lieu aussi à défaut de parents.

Tous ces droits, étant des gains de survie, n'é-

(1) Boniface, tom. I, liv. VI, tit. iv, chap. ii; Revel, *Statuts de Bresse;* Boucher d'Argis, chap. vi; Roussilhe, tom. II, pag. 153, nº 595.

(2) Boucher d'Argis, chap. v, vii, xi; Roussilhe, tom. II, chap. xx, §§ 4, 5, 6.

(3) Despeisses, tit. *Du mariage,* sect. 5; Catelan, IV. 39, *et ibi* Vedel; Bretonnier, *Quest. alph.* in vº *Femme;* Boucher d'Argis, chapitre xiii; Roussilhe, tom. II, pag. 171, nº 627; Julien, *Statuts de Provence,* tom. I, pag. 471 et suiv. Tous ces auteurs disent que cette succession est attribuée au mari comme à la femme, nonobstant la Novelle 117 qui n'est pas reçue en France. Lebrun, *Des successions,* liv. I, chap. vii, nº 41, et Rousseau de Lacombe, *Ju-*

taient accordés à la femme ou au mari qu'à la mort naturelle ou civile de l'un d'eux (1). Toutefois, dans le cas de séparation de biens, on permettait à l'épouse, en retirant sa dot, de prendre en même temps son *augment*, ses *bagues* et *joyaux*, à la charge de donner caution pour le premier. Quant à cette séparation de biens, elle ne put jamais avoir lieu que par autorité de justice et avec certaines formalités prescrites par les ordonnances dans l'intérêt des tiers et du commerce. Nous ne parlons ici que de la séparation pendant le mariage, et non de celle qui avait lieu par le contrat, car la première seule rentre dans le régime dotal.

Quant à la seconde, il suffisait, pour qu'elle eût lieu, que la femme ne se constituât pas de dot, au moins dans les pays où la constitution était nécessaire. C'était alors un système de paraphernalité générale dans lequel la femme jouissait et disposait de tous ses biens, sans l'autorisation de son mari, qui n'était exigée pour les aliénations que dans les pays du ressort du Parlement de Paris (2).

Si le mari jouissait des biens de la femme par la

rispr. civile, v° *Succession*, sect. 4, n° 2, ne l'attribuent, en vertu de la même Novelle, qu'à la femme.

(1) Boucher d'Argis, chap. xxv.

(2) Bretonnier, *Quest. alph.*, v° *Paraphernaux;* Rousseau de Lacombe, même mot.

volonté ou le consentement de celle-ci, il lui en devait compte; on discutait pour savoir s'il le lui devait aussi pour les fruits. Ces règles étaient les mêmes, que les biens fussent tous paraphernaux ou qu'il n'y en eût qu'une partie. Mais il existait une grande différence entre la séparation judiciaire et la contractuelle, en ce que, dans la première, la dot et l'augment conservaient toujours, entre les mains de la femme, leur nature et leur inaliénabilité; tandis que, dans la seconde, la femme pouvait disposer du tout, et n'était tenue que de contribuer suivant ses facultés aux besoins de la famille, en cas d'indigence du mari. Ajoutons que ce dernier régime n'était pas en grand usage, et que si un contrat était nécessaire pour la constitution de dot et les avantages nuptiaux, on ne manquait jamais de le passer.

L'étude et l'enseignement du droit de Justinien eurent la plus grande influence sur la législation et la jurisprudence des pays de droit écrit. Quoique ce droit ne fût pas celui en vigueur dans la Gaule, dans les premiers siècles, il s'y introduisit moins par suite d'une reconnaissance légale de son autorité, que par les doctrines des glossateurs et des jurisconsultes, et la jurisprudence des parlements. C'est ainsi que le nouveau principe des successions fut substitué à l'ancien, et les novelles 118 et 127 eurent pleine autorité dans les pays de droit écrit ; c'est par suite de cette introduction que la quotité de la légitime fut changée. Quant au régime dotal, l'influence des lois nouvelles ressort de la comparaison de l'ancienne législation des Gaules avec celle des pays de droit écrit.

Ce régime embrassait les droits de la famille et ceux des conjoints. Consacrant les réformes de Justinien, la jurisprudence des parlements y apporta encore certaines modifications, mais toujours dans l'intérêt de tous, famille, époux, société. Lié au système des successions romaines, qui, par sa simplicité et son équité, pouvait s'appliquer également à tous les individus et à tous les patrimoines, sans distinction de personnes ou de biens meubles et immeubles, il devait, comme celui-ci, convenir à des citoyens libres et à des pays où florissaient le commerce et l'industrie, et où les dots des filles étaient considérables, parce que leurs droits n'étaient pas sacrifiés à ceux des mâles.

DEUXIÈME PARTIE.

DROIT GERMAIN ET COUTUMIER.

La communauté, ou plutôt le régime d'association conjugale du droit coutumier, n'est qu'une partie d'un système complet de législation dont les principes reposent dans les lois barbares qui, de celles-ci, ont passé dans nos coutumes et sont ainsi parvenus jusqu'à nous. Elle est liée à toutes les autres parties; avec elles, elle s'est développée et a été modifiée; car dans une législation tout se tient; et nous pouvons dire de notre esquisse historique, avec Pasquier : « Ce que je me suis « proposé de déduire en ce lieu est du fond de « notre vieux droit de la France » (1).

L'origine de la communauté est encore fort obscure, comme d'ailleurs celle de la plupart de nos anciennes institutions. Elle n'a pas été l'objet de recherches bien approfondies. Quelques lambeaux

(1) Pasquier, *Lettres*, liv. IX, chap. I.

de lois pris çà et là ont servi de texte à la plupart de nos auteurs, qui se sont contentés de signaler des analogies sans pousser plus avant leurs investigations. Un fragment de César, un autre de Tacite, et même du Digeste, ont été le fondement de tout autant d'opinions diverses. Mais comment ces lois ont-elles passé dans notre droit coutumier? Voilà ce qu'on n'a pas expliqué; là se trouve cependant la question de l'origine de la communauté.

En ceci, on n'a pas fait attention aux règles qui doivent diriger dans toute recherche historique de cette nature. En effet, s'il est vrai que toute loi a des racines dans le passé, il ne l'est pas moins qu'elle n'y a pas toujours été telle qu'on la retrouve plus tard; et ce serait peine inutile que de l'y rechercher avec tous ses détails sans tenir compte des modifications qu'elle a dû subir. Toute institution est le développement d'un principe qui s'est modifié avec le temps et les circonstances, et qui, dans son origine, comme dans ses progrès, a dû toujours être en harmomie avec les autres parties de la législation où il a été en vigueur. Ainsi, on ne doit pas tant s'attacher à l'analogie que peuvent avoir quelques points isolés de lois d'ailleurs étrangères les unes aux autres, que rechercher le principe d'une institution, quelque éloigné qu'il puisse être, dans une législation qui, par ses rapports avec celle des siècles postérieurs, a pu le lui transmettre avec ses conséquences. Par ce principe seul, on peut expliquer une loi dans son origine, la suivre dans ses développements successifs, la comparer avec les autres lois, et en pénétrer le véritable esprit; résultat auquel tend surtout notre travail. Tout autre système de recherches conduit à des rapprochements dangereux entre des législations qui n'ont de communes que quelques conséquences émanées de principes différents, et fausse ainsi l'esprit des unes et des autres.

En voulant trouver dans le fragment de César l'origine de la communauté, on s'est laissé séduire par quelques rapports de ressemblance qui, au fond, n'ont rien de réel, si on décompose le système des lois gauloises (1). Ainsi, c'est la femme qui apporte une dot à son mari, et celui-ci qui, de son côté, met une somme égale pour en former un tout

(1) Cæsaris, *Commentarii de bello Gallico*, lib. VI. 20 : « Viri quantas pecunias ab uxoribus dotis nomine receperunt, tantas ex suis bonis æstimatione facta communicant. Hujus omnis pecuniæ conjunctim ratio habetur fructusque servantur; uter eorum vita supererit ad eum pars utriusque cum fructibus superiorum temporum pervenit. »

qui appartient au survivant. Nous n'hésitons pas à le dire, il n'existe dans la communauté rien de semblable, surtout si l'on ajoute cette singulière disposition qu'on a attribuée à l'inexactitude de l'historien, que les fruits sont cumulés avec le capital. L'opinion qui faisait ainsi remonter aux Gaulois le système des pays coutumiers était cependant la plus commune (1); elle a même servi de fondement à Grosley pour soutenir la persistance de la loi gauloise, malgré la conquête romaine et barbare(2); depuis lors, les uns n'y ont vu que l'origine du douaire, ce qui n'est pas plus vrai; les autres, que celle des gains de survie. Cette loi n'a pu avoir aucune influence sur le droit coutumier qui est tout différent.

Quant au fragment du Digeste (3) dont on veut

(1) Voir Lebrun, chap. i, et tous les autres auteurs qui ont traité de la communauté, même parmi les modernes, et surtout les discours et rapports des orateurs du gouvernement sur ce titre du Code civil.

(2) C'est là un de ses principaux arguments. M. Pardessus, dans le mémoire déjà cité, pense que les Romains ont pu emprunter le principe de la communauté aux Gaulois, et le faire passer ainsi dans le droit coutumier; il croit en trouver la preuve dans les textes cités à la note suivante.

(3) L. 16. § 3. D. *De alimentis vel cibariis legatis* (XXXIV. 1) : « Qui societatem omnium bonorum cum uxore sua per annos amplius quadraginta habuit, testamento eamdem uxorem nepotem ex filio æquis partibus hæredes reliquit et ita cavit: Item libertis meis quos vivus manumisi ea quæ præstabant, quæsitum est an et qui eo tempore quo societas inter eos permansit, manumissi ab utrisque

faire sortir la communauté, il faut un étrange abus de comparaisons pour y découvrir le moindre rapport avec elle; aussi n'y a-t-il que bien peu d'auteurs, il faut l'avouer, qui aient suivi cette opinion (1).

Nous devons mentionner ici, quoique nous renvoyions sa discussion au livre qui traite du droit coutumier, le système d'un de nos auteurs modernes qui pense que la communauté, comme toutes les institutions coutumières, ne tire son origine que de la féodalité (2).

Pour nous, nous pensons qu'il faut chercher, non pas la communauté elle-même, mais les principes sur lesquels elle a toujours reposé, dans nos anciennes lois barbares. C'est là, en effet, que nous les trouverons avec ceux des autres parties de notre droit coutumier qui s'y rapportent. On l'a enfin compris de nos jours, et l'on s'est occupé de fouiller

et communès liberti facti sunt, ea quæ a vivente percipiebant, solidum ex *fideicommisso* petere possint? Respondit : *Non amplius quam quod vir pro sua præstabat deberi.* » On voit que cette société n'est autre que la société ordinaire de tous biens, avec les mêmes effets que lorsqu'elle est contractée avec un étranger. V. aussi la L. 31. § 5. D. *De donationibus inter virum et uxorem.* — Martial, *Epigramm.*, liv. IV, épigr. 75.

(1) On ne peut citer que Bouhier, sur la *Coutume de Bourgogne,* tom. I, pag. 175, qui suit en cela l'opinion de Brisson et d'Hotoman.

(2) M. Laferrière, *Histoire du droit français,* tom. I, pag. 169.

dans ces monuments trop oubliés de nos antiquités juridiques (1). Ce principe découvert, on pourra le suivre depuis les lois germaniques, au moyen des chartes et des formules, jusque dans les plus anciens monuments de notre droit coutumier, en ayant soin de constater l'influence du droit canonique et du droit romain. Nous le verrons surgir de nouveau dans les anciennes coutumes de France et d'Allemagne..

Etudier le développement et les variations du régime germain dans l'un et l'autre pays nous a paru utile ; car ses principes sont partout les mêmes ; ils ont une origine commune ; et leurs conséquences, différentes même, chez les deux peuples, nous feront mieux connaître la nature et l'esprit de cette institution (2). L'ancien droit allemand, à raison

---

(1) Nous avons déjà cité l'excellent ouvrage de **M. Laboulaye**, *Histoire de la propriété foncière en Occident*, où il traite, dans quelques chapitres, du régime d'association conjugale d'après les lois barbares ; mais il ne va pas au-delà de ces lois.

(2) **M. Zœpfl**, professeur de Code civil à Heidelberg, a reconnu l'origine germanique de la communauté ; il a même rapproché ses principes du droit coutumier allemand, en montrant l'élément germanique dans notre Code comme dans les anciennes coutumes d'Allemagne. — (Voir *Revue étrangère et française de législation et de jurisprudence*, de **M. Fœlix**, 1842, mars, n° 3. IX) : « Une « institution purement germanique dans ses principes, et qui n'est « autre chose qu'un excellent développement logique du *mundium* « marital, c'est le système de la communauté tel qu'il a été réglé « par le Code. Si cette section du Code était publiée dans un code « allemand, on aurait peine à se persuader que les règles qu'elle « contient aient été tracées ailleurs qu'en Allemagne, et l'on ne

de son origine, a les rapports les plus intimes avec notre droit coutumier; leur rapprochement doit donc avoir la plus grande utilité, soit en facilitant l'intelligence d'une loi par l'autre, soit même en la complétant. C'est là ce qui nous a engagé, à part l'intérêt et la curiosité qu'inspire une pareille étude, à consacrer une partie de notre travail à l'exposition du régime d'association conjugale dans les anciennes coutumes allemandes et dans le droit plus moderne.

Le droit coutumier de France devra recevoir plus de développements, car c'est de nos vieilles coutumes non écrites qu'il a passé dans les nouvelles lors de leur rédaction officielle. Il subit alors l'influence du droit romain; mais il conserva la plupart de ses anciennes règles. La grande révolution de 89, qui bouleversa le système des successions, y apporta quelques changements. Enfin, les nouveaux législateurs de notre Code le modifièrent à leur tour, et cependant, après et malgré tant d'altérations et de mutilations, nous pouvons dire encore, avec les partisans de la communauté, que ce qui nous reste sous ce nom est de droit fran-

« manquerait pas de proclamer que cette doctrine a été puisée dans
« les entrailles mêmes du droit germanique. »

çais (1). *Ce nous est un droit très-foncier.* Si c'est un avantage qu'on puisse invoquer en faveur de ce système, on ne saurait le lui contester. Nous allons étudier son histoire et ses diverses révolutions, sans l'isoler pourtant des autres parties du droit coutumier, et surtout des successions avec lesquelles elle a dû toujours marcher d'accord. Cette harmonie n'existe plus aujourd'hui entre elles; mais nous donnerons la raison de cette anomalie.

Cette étude devra, nécessairement, se diviser par époques, car nous devons faire marcher les lois avec les mœurs ; et les grandes périodes de notre histoire feront la division de notre travail : l'époque des lois barbares ; celle de la féodalité et des coutumes non écrites et rédigées en Allemagne et en France ; enfin la période qui s'étend de 1789 à nos jours fera le sujet de la troisième partie.

(1) Voir Montesquieu, *Esprit des lois*, liv. VII, chap. xv.

LIVRE PREMIER.

ANCIENNES LOIS DES PEUPLES D'ORIGINE GERMANIQUE.

CHAPITRE I.

De la Famille chez les Germains, et de son Patrimoine.

Les lois des Barbares, comme on les nomme vulgairement, ne sont que les coutumes rédigées de différents peuples (1); aussi elles sont loin de présenter dans leurs dispositions un système complet de législation. Malgré quelques différences, elles ont toutes néanmoins le même esprit comme la même origine. En les comparant entre elles, en les complétant les unes par les autres, on peut donc former un ensemble qui sera la représentation vraie, nous le croyons du moins, du système germanique : séparer ces lois c'est les détruire, les rendre à-la-fois incomplètes et incompréhensibles. Quoique

---

(1) Bignon, sur le liv. II, chap. xii des *Formules de Marculfe :* « Consuetudinem vocat leges Salicus Ripuarias et similes : meritò, cum ante usu receptæ quam in scriptis redactæ sint. » — Pour les lois barbares, nous suivrons l'édition de Canciani, qui est aujourd'hui la plus répandue en France. — *Leges barbarorum,* a Paulo Canciani, 5 vol. in-folio, Venise, 1781 et suiv.

pour bien comprendre cet esprit général des lois barbares, il eût fallu les considérer dans leur ensemble et retracer les mœurs de ces peuples, nous nous contenterons d'en rapporter ce qui se rattachera plus particulièrement à notre sujet, ou qui nous paraîtra nécessaire pour y jeter un plus grand jour.

La famille, chez les Germains, comme d'ailleurs chez tous les peuples non civilisés, était le principal et même le seul lien qui unissait entre eux les individus. Chaque nation était plutôt une agrégation de familles qu'une réunion de citoyens. C'est par familles que les Germains marchaient au combat sous la conduite d'un des leurs (1); chacune avait sa demeure séparée, ses lois propres, et son chef (2). C'est lui qui avait le *mundium*, qui jetait les sorts et armait du bouclier et de la framée le fils digne d'être admis au nombre des guerriers (3). La famille avait encore le soin de venger l'outrage fait à l'un de ses membres; ils étaient solidaires (4); et

(1) Tacite, *De morib. German.*, 7 : Quodque præcipuum fortitudinis incitamentum est, non casus, nec fortuita conglobatio turmam vel cuneum facit, sed familiæ et propinquitates.

(2) *Id.*, 16. 20 : Nullas Germanorum populis urbes habitari satis notum est, ne pati quidem inter se junctas sedes, colunt discreti ac diversi... suam quisque domum spatio circumdat.

(3) *Id.*, 10. 12.

(4) *Id.*, 21 : Suscipere tam inimicitias seu patris seu propinqui quam amicitias necesse est.

les haines passaient de génération en génération aux héritiers, avec la succession dont elles étaient la principale charge. C'était une nécessité de la parenté, et celui qui reculait devant une pareille obligation, devait renoncer à tout ce qui l'attachait à sa famille, et ne plus rien attendre d'elle ; tout lien était rompu. Cette renonciation devait être solennelle (1), comme l'était aussi l'adoption d'un nouveau membre (2).

Régulariser ces vengeances, pour éteindre autant que possible les inimitiés et les guerres privées qui en étaient la suite, tel devait être le premier objet des lois (3). Impuissantes à réprimer les crimes qui ne portaient atteinte qu'à des particuliers, elles se contentaient de punir par des peines sévères et corporelles ceux qui affectaient la nation entière dans sa sûreté ou dans ses mœurs (4). Pour les autres,

(1) *Lex salica,* tit. 55 : « Si quis de parentilla tollere se voluerit in *mallum* aut in *Tunchinium* admalare debet et ibi dicere : quod se de juramento et de hæreditate , et de tota illorum ratione tollat; et sic postea , si aliquis de suis parentibus moriatur aut occidatur, nulla compositio hæreditatis perveniat; simili modo , si ille moriatur, ad suos parentes non pertineat causa nec compositio ejus.... »

(2) *Eadem leg....,* tit. 45. *De affatomie. — Lex Ripuariorum ,* tit. 46 (voir l'*Appendix*).

(3) Montesquieu, *Esprit des lois,* liv. XXX, chap. xix.

(4) Tacite, *De moribus German.,* 12. — *Lex Bajuvariorum,* l. VII. 3 : « Nulla sit culpa tam gravis ut vita non concedatur, I). I. 4. Ut nullus Bajuvarius *alodem* aut *vitam* sine capitali crimine perdat , id est, si in necem ducis consiliatus fuerit aut inimicos in

une simple amende suffisait : et le rachat du crime
fut sa seule expiation, parce qu'il était le seul
moyen de finir des dissensions qui pouvaient com-
promettre la liberté commune (1).

Ces guerres étaient fréquentes et cruelles entre
les familles et semblaient préparer ainsi celles des
temps postérieurs : les historiens les rapportent (2),
et nos rois, dans leurs capitulaires, se plaignent
de cette usurpation de la puissance publique (3).
Aussi, lorsque les lois barbares sont rédigées, on y
trouve fixé, avec une minutieuse exactitude, le prix
de chaque délit, de chaque crime ; à côté de chaque
blessure se trouve écrite, la compensation, le *wergeld*, qui joue un si grand rôle dans cette législation,
et dont les *Formules* nous donnent un grand nom-

provinciam invitaverit; *cætera vero , quousque habet substantiæ,
componat secundum legem.* » — *Lex salica,* tit. 43.—*Lex Burgundionum,* II. 13. et VIII. 1. — *Lex Alamannorum,* tit. 7.

(1) Tacite, *ubi suprà ,* 20. « Luitur etiam homicidium certò ar-
mentorum ac pecorum numero, recipitque satisfactionem universa
domus, utiliter in publicum, quia periculosiores sunt inimicitiæ
circa libertatem. »

(2) Grégoire de Tours , liv. V, cap. v et xxxii. — VI. xvii. — VII.
xlvii.—VIII. xviii.—X. xxvii.

(3) *Capit. regum Francor.,* lib. V, cap. clxxx. « Nescimus qua
pernoxia inventione a nonnullis usurpatum est , ut hi qui nullo
ministerio fulciuntur, propter sua odia et diversissimas voluntates
pessimas, indebitum sibi usurpant in vindicandis proximis et inter-
ficiendis hominibus vindictæ ministerium ; et quod rex saltem in
uno , propter terrorem multorum , impudenter in multis perpetrare
non metuunt propter odium. »

bre d'exemples sous le nom de composition, *securitas pro homicidio* (1).

Les capitulaires en ont même des dispositions, quoiqu'on y voie poindre déjà le pouvoir public; c'est ce qu'il importait le plus de régler. Il suffit, pour s'en convaincre, de jeter les yeux sur les lois barbares : la pénalité et la politique y absorbent tout, le reste est négligé, et on le comprend. On laissait aux mœurs et aux coutumes leur empire dans la famille ; leur rédaction en lois n'était pas nécessaire ; chacun les connaissait et les observait (2), et c'est d'elles surtout, que l'on peut dire avec Tacite : *Sic instituêre majores, posteri imitantur* (3). Aussi cette rédaction n'eut lieu que par parties et à mesure que les circonstances l'exigeaient ; et parmi les dispositions de droit civil, ces lois ont rarement réglé les mêmes points. Cela nous explique les nombreuses lacunes qu'on y trouve, et fait encore mieux sentir la nécessité de les compléter les unes par les autres.

(1) Marculfe, *Formulæ*, II. 18. — *Appendix*, 23. 51. — Sirmond, 39. — Bignon, 7 et 8.

(2) Gundlingius, *De emptione uxorum, dote et morgengabe*, cap. I, § 30 (Halæ, 1722). « Quod enim in lege scripta hujus rei distinctam explicationem non observamus, inde provenit quod tota hæc res, quotidiano usu, omnium oculis subjecta, nec pueris, nec puellis amplius erat obscura. »

(3) Tacite, *De moribus German.*, 32.

Quoique nous devions borner, ici, notre travail au régime des biens pendant le mariage, la difficulté n'en serait pas moins grande en cette partie, si on voulait connaître les principes qui l'ont régi chez nous, d'après ce qui nous reste des lois salique et ripuaire ; il faut réunir les lambeaux épars de tous côtés, pour en former un corps, un système, ainsi que cela eut lieu par la confusion des diverses lois ; il faut avoir soin toutefois d'en élaguer ou d'en signaler ce qui pourrait être dû à l'influence du droit romain et du droit canonique. Suivant l'ordre que nous nous sommes proposé de suivre, nous dirons quelques mots du patrimoine de la famille et du régime des successions (1) ; car ils ont eu toujours la plus grande influence sur le régime des biens des époux pendant le mariage.

Chez un peuple dont la guerre et la chasse faisaient les seuls exercices, et qui se fiait à leurs produits ou à ceux de ses troupeaux, plutôt que de se livrer aux travaux de l'agriculture et d'en attendre les fruits (2), le patrimoine, les richesses, de-

____

(1) Voir, pour ces deux parties, Eichhorn, *Deutsche Staats und Rechtsgeschichte*. — Band I. §§ 18. 19. — 65. 66. 67. — Et Mœser, *Osnabrückische Geschichte*, Theil. I.

(2) Cæsar, *De bello Gallico*, VI. 21 : « Vita omnis in venationibus atque in studiis rei militaris consistit. » 22 : « Agriculturæ non student. »

Tacite, *De moribus German.*, 14. « Nec arare terram aut expec-

vaient consister dans ce qui faisait l'objet de ses besoins : un cheval, des armes, des troupeaux. Il ne
pouvait y avoir de propriété foncière : le terrain sur
lequel le Germain ou le Frank construisait sa demeure ne lui appartenait pas ; son domaine y était
précaire et ne dépassait jamais la durée d'une année. C'était une conséquence, une nécessité de sa
vie nomade (1). Mais lorsque ces mêmes peuples
se furent établis dans une contrée, le territoire
qu'ils occupèrent devint une patrie, et la possession
de chacun, un héritage qu'il put transmettre à ses
héritiers (*terra salica* d'abord, plus tard *allod, bonum paternum, avitum*) (2). Sa conservation devint
alors d'autant plus importante, qu'elle l'avait été
moins. La charge du service militaire y resta toujours attachée ; fruit de la guerre, il conserva ainsi
la marque de son origine. On distingua même le

tare annum tam facile persuaseris quam vocare hostes et vulnera
mereri, » et 26.

(1) Cæsar, *ibid.*, VI. 22... « Ejus rei multas afferunt causas ; ne
assidua consuetudine capti, studium belli gerendi agricultura com-
mutent. » — Tacite, *De moribus German.*, 26 : « Arva per annos
mutant, et superest ager.»

(2) On remarque cette transformation dans la différence des noms
employés par les lois barbares ; dans la loi salique, plus voisine de
la conquête, c'est *terra salica ;* dans celle des Burgundes, *sors ;*
dans celle des Ripuaires, qui fut rédigée beaucoup plus tard, et
aussi dans celle des Thuringes et des Saxons, c'est *hæreditas aviatica ;*
et dans les formules du septième siècle, *allo 1, bonum paternum,
avitum.*

bien de la famille qui venait des ancêtres (*allod*), de ce qui avait été acquis : *Bonum conquestum ex conquestu.* Cette division est fort ancienne, et indépendamment des chartes, nous la trouvons reproduite à chaque page dans les formules et même dans quelques lois (1).

Avec de pareilles mœurs, on comprend que la position des deux sexes dans la famille ne dut pas être égale. Celui qui succédait devait satisfaire à toutes les nécessités des parentés et du service public : voilà les deux principes qui réglaient la succession chez les Germains, et depuis, dans les lois des Barbares (2). L'héritier était ainsi désigné nécessairement; il fut toujours de la famille ; les testaments n'étaient pas en usage (3); ce fut une importation romaine (4), et à défaut d'enfants ou

(1) Voir les *Formules* de Marculfe, liv. I, chap. xii. — Liv. II. iv. — 6. 9. 7 : *Tam de alode aut comparato vel de quolibet adtractu.* — 12. *Tam de alode paterna quam de comparato.* — Sirmond. 47. 49. — Lindenbrog, 16. 30. 48. 51. 62. 67. — V. *infrà*, les lois rapportées dans ce livre. — Ducange, in v° *Allod.* — Bignon, *Sur la formule 12, liv. I, de Marculfe.* — V. aussi Galland, *Du franc-alleu,* pag. 21 et suiv.

(2) *Lex Angliorum* et *Werinorum*, tit. 6. *De alodibus*, 5 : « Ad quemcumque hæreditas terræ pervenerit, ad illum vestis bellica, id est lorica et solutio leudis debet pertinere. »

(3) Tacite, *De moribus German.*, 20 : « Hæredes tamen successoresque sui liberi et nullum testamentum. Si liberi non sunt, proximus gradus in possessione *fratres, patrimi* avunculi. »

(4) En effet, les premiers testaments qui nous restent, sont faits

de parents, l'adoption *in mallum* remplaçait la paternité naturelle (1).

Les femmes furent exclues; elles ne pouvaient, en effet, hériter du wergeld, qui était le prix de la vengeance (2); et la loi lombarde qui les admet à la succession en concurrence avec les mâles, a soin de faire cette exception : *Quia filiæ ejus, eo quod fœmineo sexu esse probantur, non possunt ipsam faidam levare* (3). Quant à la possession qui devint plus tard propriété, elles ne pouvaient en remplir les charges, car à elle était attachée, outre le service public, la protection de la famille; aussi toutes les lois prononcent-elles leur exclusion, ou du moins, ne les admettent-elles qu'après les enfants mâles et à leur défaut (4). S'il fallait chercher d'autres

par des ecclésiastiques; on en trouve aussi des exemples dans les formules. Ces testaments étaient soumis à la formalité de l'insinuation. (Voir l'*appendix in fine.*)

(1) *Lex Ripuariorum*, tit. 48.—Marculfe, *Form.*, II. 15.

(2) Tacite, *De moribus German.*, 12. 20. *Lex salica reformata*, tit. 65 : « Si alicujus pater occisus fuerit, medietatem compositionis *filii* colligant et aliam medietatem parentes qui proximiores fuerunt tam de paterna quam de materna generatione. »

(3) *Leges Liutprandi*, lib. II, cap. II. L. VII.

(4) *Lex salica*, tit. 52. *De alodib.;* 5 : *De terra vero salica*, nulla portio hæreditatis mulieri veniat, sed ad virilem sexum tota terræ hæreditas pertineat. — *Lex Ripuariorum*, tit. 56. *De alodibus*, 4 : Sed dum virilis sexus extiterit, fœmina in *hæreditatem aviaticam* non succedat.—*Lex Burgundionum*, tit. 14.—*Lex Saxonum*, tit. 7. Pater aut mater defuncti filio non filiæ hæreditatem relinquit. — *Lex Angliorum et Werinorum*, tit. 6. Hæreditatem defuncti filius

motifs, nous les trouverions dans cette inégalité de sexe, qui devait nécessairement avoir quelque influence dans les coutumes d'un peuple nomade et guerrier. La loi des Wisigoths et celle des Lombards dérogent, il est vrai, à ces principes; mais on ne doit imputer cette anomalie, cette contradiction à l'esprit germanique, qu'à l'influence du droit romain avec lequel elles étaient plus en contact.

Les armes suivaient le *wergeld* : il ne restait donc aux femmes que les autres objets mobiliers, les troupeaux et les biens acquis, et encore quel-

non filia suscipiat; si filium non habeat qui defunctus est, ad filiam *pecunia et moncipia*, terra vero ad proximum paternæ generationis pertineat.—VIII. Usque ad quintam generationem paterna generatio succedat; post quintam autem filia ex toto sive de patris, sive de matris parte in hæreditatem succedat et tunc demum hæreditas ad fusum a lancea transeat. — *Lex Bajuvariorum,* tit. 14, cap. viii, § 1. — *Lex Alamann.,* tit. 57 et 88. — *Chilperici regis edictum,* 560 à 584 (Pœrtz, *Monumenta Germaniæ historica,* tom. IV, *Legum* vol. II, pag. 10, Hanoveræ, 1837) : « Simili modo placuit atque convenit ut si quiscumque vicinos habens aut filios, aut filias, post obitum superstitutus fuerit, quamdiu filii advixerint, terram habeant sicut et lex salica habet. Et si subito filii defuncti fuerint, filia simili modo terras ipsas habeat, sicut et filii si vivi fuissent aut habuissent. Et si moritur frater, alter superstiturus fuerit frater, terras accipiat, non vicini. Et subito frater moriens, frater (*rem*) non dereliquerit superstitem, tunc soror ad terra (*m*) ipsa (*m*) accedat possidenda (*m*). Det illi vero et convenit singula de terras istas, qui si adveniunt ut Leodis qui patri nostro fuerunt consuetudinem qua habuerunt de hac re intra se debeant. » — Voir Galland, *Du franc-alleu,* pag. 21 et suiv. — Heineccius, *Elementa juris Germanici,* lib. II, tit. 8.

ques lois les en privent en faveur des mâles, ne leur laissant que les ornements de leur sexe, qui constituaient alors, pour elles, un patrimoine propre dont les mâles étaient exclus à leur tour (1). D'ailleurs, il n'y avait de succession qu'autant qu'elles étaient encore dans la famille. On pouvait néanmoins, par testament, réparer l'injustice de leur exclusion et les faire participer à tous les biens, même à l'alleu, en concurrence avec leurs frères, à condition, toutefois, de rapporter ce qu'elles avaient déjà reçu ; car la loi ripuaire ne permettait pas au père d'avantager un de ses enfants au-delà de 12 solides (2).

(1) *Lex Burgundionum*, tit. 51. III. « Ornamenta quoque et vestimenta muliebria ad filias, absque ullo fratris fratrumque consortio pertinebunt. » — *Lex Angl. et Werin.*, tit. 6. VI. « Mater moriens filio terram, mancipia, pecuniam dimittat, filiæ vero spolia colli vel quidquid ornamenti proprii videbatur habuisse. » — *Lex familiæ* Burchardi (dans M. E. Laboulaye).

(2) Marculfe, *Form.*, II. 12 : « Dulcissimæ filiæ meæ illi, ille. Diuturna sed impia inter nos consuetudo tenetur) (Il est bon d'observer que c'est un moine vivant sous la loi romaine qui écrit, car ce n'étaient pas là certainement les idées des Germains.) ut de *terra paterna* sorores cum fratribus portionem non habeant sed ego perpendens hanc impietatem sicut mihi a Deo æqualiter donati estis filii, ita a me sitis æqualiter diligendi ; et de rebus meis post discessum æqualiter gratulemini ; ideoque per hanc epistolam, te dulcissima filia mea, contra germanos tuos filios meos illos, in omni hæreditate mea æqualem et legitimam esse constituo hæredem, ut tam *de alode paterna* quam *de comparato* vel mancipiis aut præsidio, vel quodcumque morientes reliquerimus æqua lance cum filiis meis germanis tuis dividere, vel exæquare debeas, et in nullo penitus portionem minorem quam ipsi non accipias sed omnia inter vos dividere vel exæquare æqualiter debeatis. » *Id.*, lib. II. 10. —

Nous n'avons pas à nous occuper ici des autres principes des successions chez les Barbares ; nous dirons seulement qu'on trouve, dans quelques-unes de leurs lois, la trace des *propres* et du droit de *Prémesse* (1).

CHAPITRE II.

MUNDIUM. — SPONSALIA. — Mariage. — Dot germanique.

La femme était, en Germanie, sous la puissance de l'homme : telle était la loi commune de tous les peuples de l'antiquité, comme pour réaliser cette parole de la Genèse : *Eris sub potestate viri, et ipse dominabitur tibi* (2). Nous sommes loin de prétendre, cependant, en faisant une comparaison toujours dangereuse entre des peuples d'origine et de mœurs différentes, que la femme germaine fût soumise à cette dure et humiliante condition qui la réduisait, chez quelques nations, au rang de l'es-

Ce rappel est dû à l'influence du droit romain. *Lex Ripuariorum,* tit. 59. « Filiis autem aut filiabus super duodecim solidos uni plus quam alteri condonare, vel conscribere non permittimus ; quod si quis fecerit irritum habeatur. »

(1) *Lex Saxonum,* tit. 18.—*Leges in Anglia conditæ Alfredi* (huitième sixième), tit. 38.—Voir aussi Bluntschli, *Staats und Rechtsgeschichte der Stadt und Landschaft Zürich,* B. I. § 20, tom. I, pag. 91 (Zurich, 1858).— Eichhorn, *Rechtsg.,* § 557, et *Neugart.,* n. 96. 111. 199.—V. aussi, pour tout ce chapitre, l'*Histoire de la propriété foncière en Occident,* de M. E. Laboulaye.

(2) *Genèse,* chap. iii, verset 16.

clave. Que le christianisme ait adouci leur position, relevé leur dignité, c'est encore un fait qu'on ne saurait nier; mais ce serait aussi une étrange erreur de croire qu'elles eussent alors une liberté et des droits comparables à ceux dont elles jouissent de nos jours.

Toute femme germaine était sous une tutelle perpétuelle (1) : fille, épouse, mère, dans aucune de ces trois positions elle n'en était dispensée; cette tutelle était le *mundium*, du vieux mot saxon *mund* (tutelle, protection); son nom indique son origine germanique. Quoique toutes les lois ne le reconnaissent ni ne le règlent d'une manière expresse, nous n'hésitons pas à croire que c'était une institution générale : parce qu'il était en harmonie avec les mœurs de tous les peuples germains; parce que dans les lois qui ne le nomment pas, plusieurs dispositions s'y rapportent, le supposent même; parce que d'autres monuments historiques suppléent au silence des lois; et enfin, parce qu'il est nécessaire, comme nous l'avons dit, de remplir

______

(1) Ducange, *Glossarium*, in v° *Mundium*.—Wachter, *Glossarium germanicum*, ibid. — Eichhorn, *Deutsche Staats und Rechtsgeschichte* (3 Ausg.). B. I. §§ 54. 55. 63. 64.—Mittermaier, *Grundsœtze des gemeinen Deutschen Privatrechts*, 2ᵉ partie, § 384 (1838, 5ᵉ édition). — Bluntschli, *Staats und Rechtsgeschichte der Stadt und Landschaft Zürich*, liv. I. §§ 23 à 27.

les lacunes d'une loi par l'application d'une autre.

La loi lombarde est celle qui contient avec le plus de détail les règles du *mundium*, parce qu'elle est rédigée avec plus de soin, les Lombards, lors de sa rédaction, étant déjà établis et formant un empire. Quoiqu'on remarque dans cette loi l'influence du droit romain, dont nous ferons justice, on ne peut douter que tout ce qui est relatif au *mundium* ne soit d'origine germaine, parce qu'il n'a pu être emprunté au droit romain (1), la *manus* n'existant plus à l'époque où les Barbares purent être en communication avec les Romains, et le *mundium* étant surtout en vigueur chez les peuples qui ont été le moins en contact avec eux (2). D'ailleurs, si l'origine n'est pas la même, les effets ne le sont pas davantage.

La loi des Lombards dit : *Nulli mulieri liberæ sub regni nostri ditione, lege Longobardorum viventi, liceat in suæ potestatis arbitrio, id est sine mundio vivere* (3). Le *mundium* de la fille appartenait au père, à son défaut au frère ou à tout autre parent du côté

(1) Delaurière, dans le *Glossaire du droit français*, au mot *Communauté de biens*, suppose que les Français ont emprunté le *mundium* à la *manus*. C'est à cause de l'autorité de ce nom que nous avons dû réfuter cette opinion. Voir, d'ailleurs, ce qu'en dit Heineccius, *Elementa juris germanici*, 1re partie, §§ 568 et 572.

(2) *Lex Saxonum*, tit 7. II. — Voir *infrà*.

(3) *L. Rotharis*, 205. 181. Dans Canciani, *Leges Barbarorum*, tom. 1.

paternel, ou enfin, à leur défaut, au prince (*curti regiæ*). Celui de l'épouse appartenait au mari et celui de la veuve aux héritiers de celui-ci, même à son fils, jusqu'à ce que ses parents ou un nouvel époux l'eussent rachetée (1).

Si la loi salique ne contient pas de règles sur le *mundium* de l'épouse, elle a un titre destiné à régler le rachat de celui de la veuve (2), et comme il est impossible que l'un existe sans l'autre, nous prouvons ainsi, dans cette loi, son existence pendant le mariage. Voici, d'ailleurs, des preuves plus directes. Nous les tirons d'une charte rapportée par Muratori (3) et qui nous paraît trop importante pour

(1) *L. Rotharis*, 182. 183. — *Lex Saxonum*, tit. 7. II. « Qui mortuus viduam reliquerit tutelam ejus filius quem ex alia uxore habuit suscipiat ; si is forte defuerit, frater idem defuncti ; si frater non fuerit, proximus paternæ gentis consanguineus ;—III. Qui viduam ducere velit, offerat tutori pretium emptionis ejus, consentientibus ad hoc propinquis ejus. » —V. un Capitulaire de Clovis, *infrà*. — Ducange, *Glossari*, in vº *Mundualdus* : « Ego Helegrina filia quondam Caroli, consensu et voluntate de filio meo Aliperto, in cujus mundium ego permaneo. » — V. les auteurs cités note 1, p. 178, et liv. II, chap. ii, *infrà*.

(2) *Lex salica*, tit. 46 (voir l'*Appendix*). La loi salique et les formules parlent aussi du *mundium* du prince.

(3) Muratori, *Antiquitates medii ævi*, *Dissertatio* 22, tom. II, pag. 271. — La formule rapportée par Canciani, II. 476, prouve aussi évidemment que le *mundium* avait lieu sous la loi salique. Elle est intitulée, *Qualiter vidua salica spondetur*, et contient ces mots : « Quo facto tunc Seneca det Fabio vadimonium quod dederit Semproniam ad legitimum matrimonium et mittat eam *sub mundio* » (voir l'*Appendix*).

n'être pas transcrite en entier ; elle a rapport à la loi salique dont nous avons à nous occuper plus spécialement, parce qu'elle a été, plus que toute autre, la loi de notre pays. Elle est de l'année 1034 et contient un échange de biens appartenant à la femme : « *Placuit itaque bona cum voluntate inter* « *nos Rodulphus et Adelbertus comes et Sophia juga-* « *libus quæ profitebatur ex natione sua lege vivere* « *Longobardorum, sed nunc per eumdem* viro suo (*pro* « *virum suum*) legem (*pro lege*) vivere videtur salica, « ipso namque jugali et mundualdo suo, consen- « tiente et saltem confirmante, *et ex justa capitalitii* « *et domni imperatoris, in quâ inter cætera continere* « *videtur ; ut sic mulier cum viro et marito suo, po-* « *testatem res suas venumdandum et donandum com-* « *mutare valeat ; idemque ipsa Sophia una cum* « *notitia domni* Widonis, *item hujus comitatus Plum-* « *biense, in cujus præsentia verò testium certat, se* « *nullam pati violentiam, nec ab ipso* jugali et mun- « dualdo suo, *verò sua bona ac spontanea voluntate,* « *ut in Dei nomine debeas dare sicut a præsenti dede-* « *runt ac tradiderunt vicissim.* » Muratori rapporte cette charte avec plusieurs autres, pour prouver que dans la famille la femme suivait la loi de son mari ; mais elle prouve aussi autre chose ; pour ce qui est du *mundium* du mari, d'après la loi salique, elle est trop précise pour que nous y insistions. Le *mundium* de la veuve est reconnu dans toutes les lois barbares, si l'on en excepte la loi des Wisigoths qui est presque toute romaine, et la loi des Burgundes qui, par suite de la même influence, donne à la mère veuve la tutelle de ses enfants mineurs(1), disposition incompatible avec le *mundium*, quoiqu'elle reconnaisse la nécessité du rachat.

Le *mundium* passait du père, du frère, ou de tout autre *mundwald* au mari, par le mariage ou plutôt par l'*achat* qu'il en faisait (2). Il y avait un prix que les lois ont appelé de différents noms (3) : *Uxorem ducturus,* dit la loi saxonne, ccc *solidos det parentibus ejus. Si vir virginem mercetur, pretio empta*

(1) *Lex Burgundionum,* tit. 85. « Si mater tutelam suscipere voluerit nulla ei parentela præferatur. »

(2) Aussi on trouve souvent dans les chartes allemandes le mot *kaufen* (acheter) comme synonyme de *heyrathen* (épouser). Voir Kopps, *Proben der Deutschen Lehnrechts,* pag. 190. — Le consentement du *mundwald* était si nécessaire, que sans lui le mariage était nul.—Burchardi, *Decret.,* lib. XXIX. « Rapuisti uxorem tuam et vi sine voluntate mulieris vel parentum in quorum *mundeburdo* tenebatur. » Bignon, *ad Form. Marculfi,* 1. 14. — Grégoire de Tours, *Hist.,* lib. IX, cap. xxxiii (Duchesne, tom. I, pag. 429) : « Quia sine consilio parentum uxorem conjugio sociasti non erit uxor tua, » et *infrà.* —Voir aussi la formule de mariage d'une veuve, d'après la loi salique, à l'*Appendix.*

(3) Tous les auteurs reconnaissent cet achat et la nécessité du prix. V. Eichhorn, B. I. § 54. — Bluntschli, liv. I. § 23. — Mittermaier, 2e partie, § 374, tom. II, pag. 849. Ce prix est appelé dans les chartes *mund.*

sit, dit une autre loi (1). La loi salique ne parle que du prix de la veuve, *reipus;* les jeunes filles étaient mariées *solido et denario* (2). La loi burgunde l'appelle *nuptiale pretium* (3) ; la lombarde lui donne un autre nom ; il se retrouve même dans la loi des Wisigoths. Enfin, parmi ces lois, celles qui n'en parlent pas ne manquent pas de régler le *wergeld* que doit payer celui qui épouse une fille ou une femme sans le consentement de ses parents, et de lui imposer la nécessité du rachat (4). *Cette coemption,* en usage chez les Barbares, constituait ce qu'on a appelé depuis, dans toutes leurs lois, *sponsalia.* C'est par elle que le fiancé acquérait le *mun-*

(1) *Lex Saxonum,* tit. 6.—*Leges Æthelberti,* 76 (dans les *Leges in Anglia conditæ*).

(2) Formule 5 de Bignon : « Ego enim in Dei nomine ille dulcissimæ conjugi meæ illi : dum ego te *per solidum et denarium secundum legem salicam visus fui sponsare.*» —V. aussi la formule 75 de Lindenbrog, *infrà.*—Frédégaire, chap. 18 : « Legati offerentes *solidum et denarium, ut mos erat Francorum,* eam partibus Chlodovæi *desponsant,* placitum ad præsens petentes ut ipsam ad *conjugium traderet* Chlodovæo. Nulla stante morâ , Cabillono *nuptiæ* præparantur.» —V. loi salique et formule à l'*Appendix.*

(3) *Lex Burgund.,* tit. 12, tit. 14. III. « Sexies puellæ *pretium* raptor exsolvat. » — «Si vero sponte sua expetierit virum, *nuptiale pretium* in triplum solvat.»

(4) *L. Rotharis,* 186. 187. 188.— *Lex Alamannorum,* tit. 54. Voy. *infrà.* — *Lex Frisonum,* tit. 9, XI et XII.—*Lex Saxonum,* tit. 6. II. « Si autem sine voluntate parentum puella tamen consentiente, ducta fuerit bis ccc. solidos (*le double du prix*) parentibus ejus componat. »

dium; elle devait précéder le mariage dont elle se distinguait, car celui-ci ne s'accomplissait que par la tradition solennelle dans l'assemblée du canton, *in mallum* (1), et plus tard, par la célébration canonique. La fiancée, après cette tradition, devenait épouse (*Gemalh*) (2). Cela nous explique l'importance et les effets qu'on attachait dans cette législation aux *sponsalia.* Aussi celui qui épouse la fiancée d'un autre doit la lui rendre ou lui payer le *wergeld,* que les lois ont fixé diversement (3); quel-

(1) *L. Rotharis,* 216. « Si quis puellam liberam aut viduam *sponsatam habuerit,* et contigerit casus, ut ipsa ante moriatur quam a patre aut a fratre, aut ab eo qui *mundium ejus in potestate habet tradita fuerit;* tunc *meta* quæ data est ab *ipso sponso* reddatur, aut *sponsus* recipiat tantum quantum in ipsa *meta* dederit. Nam alias res ipsius sint, qui *mundium* ejus in potestate videtur habere eo *quod ante traditionem* mortua est. »—*Idem,* 183 : « Nam aliter *sine traditione* nullarum rerum dicimus subsistere firmitatem. » — V. le texte de Frédégaire, rapporté *suprà,* note 2, p. 184, où les fiançailles sont nettement distinguées du mariage lui-même. — V. aussi *Formulæ antiquæ in usum regni Italiæ, ad Leg.* 183 (Canciani, tom. II, pag. 467, et la formule).—Tradition de la veuve, d'après la loi salique (Canciani, II. 476 à l'*Appendix*). Cette distinction des *sponsalia* et du mariage est faite par tous les auteurs allemands.—Heineccius, *Elementa juris germanici,* 1re partie, § 198. — Eichhorn. —Mittermaier.—Bluntschli, aux endroits cités.

(2) C'est à M. Jacob Grimm qu'est due cette ingénieuse observation, *Deutsche Rechts-Alterthum,* pag. 423.

(3) *L. Rotharis,* 191. 192. *Lex Alamannorum,* tit. 52. *Lex Saxonum,* tit. 10. *Burgundionum,* tit. 52. *Lex Alamannorum,* tit. 54. *De eo qui filiam alienam non desponsatam acceperit* I : « Si quis filiam alterius non desponsatam sibi acceperit uxorem, si pater ejus eam requirit, reddat eam et cum 40 sol. eam componat. II.—Si au-

ques-unes même n'admettent pas cette composition (1), et la loi des Wisigoths, qui conserve en ceci quelques traces de son origine, assimile en tout les fiancés aux époux (2). Il ne faudrait pas pourtant conclure de là, que le fiancé eût le *mundium* plein et entier de la femme avant le mariage ; jusqu'à sa célébration, cette puissance n'était que conditionnelle. Les fiancés n'étaient dispensés de leur obligation réciproque, que lorsqu'il y avait des motifs très-graves que la loi énumère avec soin (3). On comprend, dès-lors, la nécessité du prix pour la validité du mariage, ou, pour parler comme la loi lombarde, de la *meta* ou du *methium*.

On ne saurait révoquer en doute l'identité de la *meta* et du prix du *mundium* (4). En effet, c'est le double de la *meta* que celui qui a épousé la fiancé d'un autre doit lui payer. C'est la moitié que le

---

tem ipsa fæmina sub illo viro mortua fuerit antequam illi *mundium* apud patrem adquirat, solvat eam patri ejus quadrigentis solidis. — III. Etsi filios aut filias genuerit ante mundium, et omnes mortui fuerint, unumquemque cum veregildo suo componat patri fœminæ. »

(1) *Lex Bajuvariorum*, tit. 7, cap. xvi. « Si quis sponsam alicujus rapuerit vel per suasionem sibi eam duxerit uxorem, reddat eam et componat bis octoginta solidos. »

(2) *Leg. Wisigoth.*, tit. iii. 5. iv. 3 et 4.

(3) *Lex Salica*, tit. 70. — *L. Rotharis*, 178. 179.

(4) MM. Eichhorn, Bluntschli, Mittermaier, reconnaissent cette identité, ainsi que M. Grimm, pag. 422.

second mari doit donner aux parents du premier pour racheter la veuve (1). Il suffit d'ailleurs de jeter les yeux sur le texte de ces lois pour se convaincre que la *meta* est confondue avec le prix, et que sans elle il y a ni *mundium*, ni mariage. La seule différence entre eux, c'est que la *meta* n'était pas donnée aux parents de la femme comme le prix du *mundium* dans la loi saxonne, mais bien à la femme elle-même (2). Pour les seconds mariages, la *meta* était toujours due aux parents du premier mari.

Comment expliquer cette transformation? Dans le principe, le mariage était une affaire traitée entre les parents de la fille et le mari; la femme passait entre les mains et sous le *mundium* de son époux sans que son consentement fût même demandé. Les deux lois déjà rapportées le disent clairement; Liutprand dit aussi : *Si quis filiam suam aut sororem alii sponsare voluerit, habeat potestatem dandi cui*

----

(1) *L. Rotharis*, 190. 191. 192, et 182 : « Secundus autem maritus qui eam tollere disponit, de suis propriis rebus *medium pretii, quantum fuerit dictum quando eam primus maritus sponsavit, pro ipsa meta* dare debet ei qui hæres proximus prioris mariti esse invenitur, — 183. Tunc heres prioris mariti accipiat *medium de meta,* sicut prius constitutum est. »

(2) *L. Rotharis*, 178 : « Et meta quæ exacta fuerit sit in potestate puellæ, — 199. Habeat sibi *methium et morgengab.* »

voluerit, libero tamen homini (1). Le prix de cette coemption était alors donné en entier aux parents ; la femme pouvait recevoir, néanmoins, une donation particulière, mais qui ne devait pas être confondue avec ce prix. Plus tard, la femme obtint plus de liberté ; son consentement fut demandé, celui des parents ne suffisait plus ; elle fut partie dans le mariage, et elle eut part à la composition du rapt et au prix du *mundium*. Ce fut d'abord le tiers du *wittemon* qui, dans la loi burgunde, sert de transition entre le prix de la loi saxonne et la *meta* lombarde (2). Les femmes obtinrent bientôt la totalité de ce prix, et les parents se contentèrent de la tradition qu'ils faisaient de leur fille, comme symbole de leur autorité. Leur consentement était toujours nécessaire pour le mariage, et s'il n'était pas demandé, ils reprenaient, vis-à-vis du ravisseur, tous leurs anciens droits. Il n'en fut pas de même des parents du mari, entre les mains desquels on dut toujours payer le prix du rachat. C'est ainsi que le *mundium*, sans perdre aucun des droits qui lui étaient attachés, au lieu de puissance abso-

---

(1) *L. Liutprandi*, lib. VI, cap. 1 ; L. 66, et *Rotharis*, 181. 199.

(2) *Lex Burgundionum*, tit. 66 : « Puella quæ marito traditur.... de *wittemon* tertiam partem accipiat. » Et tit. 86. III, tit. 69. II : «Si vero tertium maritum accipere deliberat, *wittemon* quod *maritus* dederit, mulieri proficiat. »

lue qu'il était d'abord, prit le caractère d'une tutelle que nous lui retrouvons dans toutes les lois des Barbares.

Ce ne sont là, il est vrai, que des conjectures, mais qui s'appuient sur l'esprit et les dispositions de ces lois, et qui deviendront encore plus probables si l'on observe qu'on retrouve dans presque toutes une institution semblable à la *meta*, et qu'on y reconnaît les traces de cette transformation. Ainsi la loi des Wisigoths attribue aux parents de la fille le droit de recevoir et de conserver la *dot* qui lui est donnée par son fiancé ; elle pouvait être du dixième de ses biens (1).

Cette dot, *dos legitima*, d'après la loi des Allemands, est nécessairement, ou la *meta*, le prix du *mundium* transformé, ou une donation volontaire, n'ayant d'autre caractère que celui d'une libéralité faite à l'épouse, telle que le *morgengabe*. Or, la loi ripuaire règle et distingue la *dot* du *morgen-*

---

(1) *Lex Wisigothorum*, lib. III, tit. II. 8 : « Si puella ingenua ad quemlibet ingenuum, venerit ea conditione, ut eum sibi maritum acquirat, prius cum puellæ parentibus colloquatur, et si obtinuerit ut eam uxorem habere possit, *pretium dotis*, parentibus ejus, ut justum est impleatur. — III, tit. 1. 6. *Dotem* puellæ traditam pater exigendi vel conservandi ipsi puellæ habeat potestatem ; quod si pater aut mater defuerint, tunc fratres vel proximi parentes, dotem quam susceperint ipsi consorori suæ restituant. »

gabe (1). Un passage de Grégoire de Tours contient la même distinction (2), que les autres lois des Barbares font aussi, mais en confondant quelquefois les noms de ces deux institutions. Cette confusion est d'autant plus facile à concevoir, que la dot n'a probablement pas, comme le *wittemon* et le *morgengabe*, conservé sa dénomination originaire (3). Quoi qu'il en soit du nom primitif, qui ne peut être ici d'aucun secours, nous devons étudier cette institution par ses règles et ses effets dans les diverses lois.

La *dot* devait être constituée avant le mariage; c'est une donation *sponsalitia*, comme le prouve

(1) *Lex Ripuariorum*, tit. xxxvii. I. « Si quis mulierem desponsaverit, quidquid ei per tabularum seu chartarum instrumenta conscripserit, perpetualiter inconvulsum permaneat. — II. Si autem per seriem scripturarum nihil ei contulerit, si virum supervixerit, quinquaginta solidos *in dotem* recipiat, et tertiam partem de omni re quam collaboraverint, vel quidquid ei in *morgengabe* traditum fuerit, similiter faciat. »

(2) Lib. IX, cap. xx : « De civitatibus quas Galesuindam germanam domnæ Brunehildis, *tam in dote quam in morgengabe*, hoc est *matutinali dono*, in Franciam venientem certum est acquisiisse. »

(3) M. Eichhorn, *Deutsche Staats und Rechtsgeschichte*, § 48, pense que le nom primitif de la dot est *wittum* ou *leibzucht*. Mais ce nom ne se rencontre nulle part dans les lois des barbares, et l'institution qu'il désigne dans les coutumes du moyen âge, pas davantage; elle n'a pas, d'ailleurs, le moindre rapport avec la dot. Il faut donc supposer que la dot avait un nom différent de tous ceux qui nous sont connus (si toutefois elle en avait un avant la rédaction des lois barbares en latin); ou bien que ce nom n'était autre que *Wittemon* ou *Meta*.....

Muratori par une charte de 850 (1). Nous pouvons d'ailleurs confirmer son opinion par toutes les formules anciennes qui nous restent, et qui règlent la dot d'après la loi salique ou ripuaire. *Quod ante diem nuptiarum si te desponsatam habuissem constituere debueram*, dit l'une d'elles (2). On y trouve aussi la preuve que la propriété de la dot était transmise à la femme du jour des *sponsalia* ou de sa constitution, pourvu, toutefois, que le mariage s'accomplît. *Omnia jam superius nominata, cum dies felicissimus nuptiarum advenerit, dulcissima sponsa mea illa, a die præsente, habeas, teneas atque possideas, vel quidquid exinde facere volueris liberam et firmissimam* in omnibus *habeas potestatem faciendi, præsens libellus dotis firmus permaneat* (3). La dot était transférée à la femme *per*

_____

(1) Muratori. *Antiquit. medii œvi*, tom. **II**, *dissert.* 20 : « *De actibus mulierum*, » et *infrà*.

(2) Marculfe, *Form.*, II. 16, et la note suivante.

(3) Marculfe, *Form.*, II. 15.—Lindenbrog, *Form.* 75 : « Dulcissima atque amantissima sponsa mea nomine illa. Ego in Dei nomine igitur dum taliter parentibus nostris utriusque complacuit atque convenit, ut ego te *solido et denario secundum legem salicam, sponsare* deberem, quod ita et feci. Idcirco per hanc chartulam libelli dotis, sive per *Festucam et Andelangum*, dono tibi et donatum in perpetuum esse volo; in ea vero ratione, *quandoquidem, dies nuptiarum advenerit et nos Deus conjunxerit*, tu dulcissima sponsa mea nomine illa, *ab ipso die hoc habeas, teneas atque possideas vel quidquid exinde facere volueris liberam ac firmissimam in omnibus habeas potestatem.* » —*Form.* 76, *id.*— Marculfe, *Appendix*, 37.

Festucam et *Andelangum*, modes de transmission de propriété d'après la loi salique, ce qui prouve qu'elle en était mise en possession dès l'instant de sa constitution. Aussi, les textes disent à ce sujet, en parlant du mari *in dotem tradidit*, et de la femme, *accepit*.

La dot ne consistait pas seulement en usufruit, mais en pleine propriété au moins, lorsqu'il n'y avait pas d'enfants nés du mariage. Aussi la femme la conservait-elle quoiqu'elle convolât à de secondes noces (1), sauf une part, appelée *achasius*, et certains meubles tels qu'un lit garni et autres, qu'elle devait abandonner aux parents de son mari (2). A la mort de l'épouse, la dot était trans-

—Bignon, V.—Mabillon, I. 34.—Leibnitz, *Scriptores rerum Brunsvicensium*, tom. I, pag. 325. « Mathildæ, *Sponsæ, ramum arboris ejusdem terræ, involutum cespite accepit,* et cum eodem Pruvillerense prædium et alia proprii juris plura *in dotem* tradidit. »

(1) *Lex Bajuvariorum*, tit. 14, cap. vii : « Quod si mater ad alias nuptias forte transierit, ea die usufructuariam portionem quam de bonis mariti consecuta fuerat filii inter reliquas res paternas qui ex eo nati sunt conjugio vindicabunt ; mater vero si habet proprias res, cum dote sua quam per legem habet egrediatur, et si ibi nec filios nec filias genuerit, post mortem ejus omnia quæ de filiis suis detulit ad alios revertantur. » — *Lex Alamannorum*, tit. 55 : « Si quis liber homo fuerit et reliquit uxorem sine filiis aut filiabus et de illa hæreditate ea voluerit nubere sibi alio coæquali, sequatur eam dotis legitima et quidquid parentes ejus legitime placitaverint, et quidquid de sede paterna secum adtulit, omnia in potestate habeat auferendi quod non manducavit aut non vendidit. »

(2) Chlodovœi, *Capitulum.* (500 à 511), VII. *De muliere vidua qui (quæ) se ad alium maritum donare voluerit :*

mise à ses enfants ou à ses autres héritiers, à l'exclusion de ceux du mari, alors même que cette mort arrivait pendant la durée du mariage (1). S'il existait des enfants, le mari n'avait d'autre

« Si quis mulier vidua post mortem mariti sui ad alterum marito (um) se dare voluerit *reibus* secundum legem donet. Et postea mulier, si de anteriore marito filios habet, parentes infantes (*ium*) suorum conciliare debet et si in dotis (*em*) 25 solidos accepit, 3 solidos *achasium*, parentibus qui proximiores sunt marito defuncto, donet: hoc est, si pater aut mater defuncti desunt, frater (*tri*), aut certe nepos (*oti*) fratris senioris filius (*io*) ipsius *achasius* debetur. Et si isti non fuerint, tunc, in mallo judici, hoc est, comiti aut Grafioni roget de ea ut in verbum regis mittat et *achasium* quem parentibus mariti mortui dare debuerat parti fisci adquirat. Si vero 63 solidos in dotis (*em*) accipiat, sol. 6 in *achasium* dentur, hoc est 5 per decimus sol., singuli, in *achasium* debentur; sic tamen ut dotem quam anterior maritus dedit, filii sui post obitum matris sine ullo consortio sibi vindicent ac defendant. De qua dote mater nec vendere nec donare præsumat.—Certe si mulier de anteriore marito filios non habuerit et cum dote sua ad alias nuptias ambulare voluerit, sicut superius diximus *achasium* donet et sic postea scammo cooperto et lecto cum lectaria ornet et ante novem testes parentibus defuncti mariti invitet ; et dicat : Omnes mihi testes sitis quia et *achasium* dedi ut pacem habeam parentum, et lectum stratum, et lectaria condigna et scammo cooperto et cathedras quas de casa patris mei exhibui dimitto. Et hoc liceat cum duas partes dotis sui alio se dare marito : si vero istud non fecerit, duas partes dotis perdat et insuper fisco solid. 63, culpabilis judicetur. » — (Pertz, *Monumenta Germaniæ historica*, tom. IV, *Legum* II, pag. 3, Hanoveræ, 1837, in-f.—V. aussi *Chilperici edictum*, note 1. p. 194.)

(1) *Lex Alamannorum*, tit. 56 : « Illa pecunia (la dot), post mortem mulieris, retrò nunquam revertatur ; sed ille secundus maritus aut filii ejus usque in sempiternum possideant.» — Marculfe, *Formulæ*, II. 9 : « Dulcissimis filiis meis illis. Omnibus non habetur incognitum qualiter ante hos annos villas aliquas nuncupatas illas, sitas ibi *genetrix vestra antequam meo sociassem conjugio*, per epistolam cessionis aut *libellum dotis* visus sum condonare. Sed **dum** et *ipsa*, peccatis meis facientibus, *ab hac luce discessit et vos*

droit sur la dot que celui de la leur conserver pendant leur minorité; s'il n'en existait pas, un capitulaire de Chlovis lui permettait de prendre au partage des biens le tiers de cette dot et certains meubles; un édit de Chilpéric lui donna le droit d'en revendiquer la moitié, en laissant l'autre moitié aux héritiers de la femme (1). La condition de survie n'était donc pas attachée à la dot qui

omnem alodem ipsius genetricis vestræ illius, juxta quod et ratio præstitit, mecum exinde, in præsentia *bonorum hominum aut Regis, altercatis, per ipsam epistolam, quam in eam fecerimus contrà nos evindicastis, et in vestram potestatem omnem alodem ipsius recepistis.* Sed dum et nostra fuit petitio, et vos ut condecet bonis filiis, voluntati nostræ obtemperantes, *ipsas villas vel res quæ fuerunt genetricis vestræ, quas ego ei dedi vel condonaveram, mihi ad usum beneficii* tenere et excolere absque *ullo vestro præjudicio permisistis.* »

(1) Chlodovæi. *Capitula*, VIII. *De viris qui alias ducunt uxores :*
« I. Si quis uxorem amiserit et aliam habere voluerit, dotem quam primariæ uxori dedit, secundæ ei donare non licet : si tamen adhuc filii parvuli sunt, usque ad perfectam ætatem res uxoris anterioris vel dotis causæ liccat judicare; sic vero ut de his nec vendere, nec donare præsumat. — II. Si vero de anteriore uxore filios non habuerit, parentes qui proximiores sunt uxoris defunctæ duas partes dotis recoligant et duo lectaria dimittant, duo scamma cooperta, duo cathedras. Quod si istud non fecerint tertia sola de dote recoligant, tamen si per adfatimus antea non cromaverint. » — Pertz, *ubi suprà.* — *Chilperici regis edictum* (561 à 584), IV : « Idemque convenit, ut quicumque uxorem acceperit, et infantes inter se non habuerint, vir uxorem suam superstitem mortuus fuerit, tunc illa mulier dimidiam dotem accipiat et dimidiam partis defuncti marito ad se recoligant. Et si mulier sub tali conditione mortua fuerit, media maritus simili modo ad se revocet et medietatem parentibus mulieris ad se recollegant. » — Pertz, *ubi suprà,* pag. 10.

constituait, dès-lors, un patrimoine propre et séparé pour l'épouse, même sous la puissance maritale. Ce n'était donc pas non plus, comme l'ont
cru la plupart des auteurs, un droit de viduité ou
de succession (1).

On ne doit pas s'étonner que la loi des Burgundes et celle des Saxons aient des dispositions
contraires; car, sous le nom de *dot* et de *donatio
nuptialis*, elles règlent une donation volontaire,
qui, de tout temps, dut être faite à la femme indépendamment du prix et du *wittemon* (2). Quant
à la *dot* proprement dite, *dos legitima*, elle ne
pouvait exister dans aucune de ces deux lois :
dans la première, parce qu'elle s'y confond avec
le *wittemon;* dans la seconde, parce que le prix
du *mundium* est attribué en entier aux parents
de la fiancée.

La dot était nécessaire dans le mariage, cependant il était libre au fiancé de donner autant qu'il
voulait; il n'y avait pas de limites comme dans la
loi lombarde pour la *meta* (3). La quotité n'en était

(1) Une loi d'Æthelbert distingue très-bien ces différentes espèces
de droits. — V. *infrà*, chap. III, p. 211, not. 1.

(2) *Lex Burgundionum*, tit. 24. 42. 52, et 54. 66. 69. 86. — *Lex
Saxonum*, tit. 8. V. *infrà*, chap. IV. — Heineccius, *Elementa juris
Germanici*, ad tit. *De dotibus*, § 240.

(3) *L. Liutprandi*, VI. I. 55. Elle ne pouvait être de plus de trois
cents solides.

réglée légalement, à défaut de constitution expresse,
qu'à cause de sa nécessité. Elle était d'ailleurs
constituée par écrit, et ce mode paraît avoir été
fort en usage dès la fin du septième siècle, si nous
en jugeons par le nombre et les termes des formules
et des lois qui s'y rapportent : l'écriture intervint,
dès-lors au moins sous la loi ripuaire, comme offrant plus de garantie que le témoignage oral,
dans les actes de la vie civile et publique des Germains. La loi ripuaire dit (tit. 37) I. : « Si quis mu-
« lierem desponsaverit, quidquid ei per tabularum
« seu chartarum instrumenta conscripserit perpe-
« tualiter inconvulsum permaneat.—II. : Si autem
« per seriem scripturarum nihil ei contulerit, *si vi-*
« *rum supervixerit* quinquaginta solidos *in dotem* re-
« cipiat. » La loi dit : si elle a survécu à son mari,
car en l'absence de toute constitution expresse, la
dot restant confondue dans les biens du mari, ne
pouvait être réglée par la loi que dans le cas de
survie de l'épouse ou dans celui de répudiation ;
mais la condition de survie ne saurait être appliquée
à la dot expressément constituée, comme nous
l'avons déjà dit et comme le prouve d'ailleurs
le § 1ᵉʳ de ce titre de la loi.

Le cas de répudiation a été prévu dans la loi
des Bavarois pour la *dot*, et dans celle des Bur-

gundes, pour le *nuptiale pretium* (1). Dans la loi des Allemands, la dot est fixée à 40 solides, et dans celle des Bavarois, *secundum genealogiam* : la preuve de sa constitution se faisait dans la première de ces deux lois par le serment ou le duel (2).

L'importance de la dot était si grande que sans elle il n'y avait pas de mariage légitime, c'était alors le concubinat, depuis mariage *ad morganalicam*, et que les enfants qui en étaient nés étaient réputés enfants naturels, et ne succédaient à leurs parents que par testament, au moins, lorsque leur mère ne survivait pas à son mari, la loi ne pouvant suppléer après le décès de l'épouse à la constitution expresse (3).

----

(1) *Lex Bajuvariorum*, tit. 7, cap. xiv. I. : « Si quis liber liberam uxorem suam sine aliquo vitio per invidiam dimiserit, quadraginta et octo solidos componat parentibus ejus. — II. Mulieri autem dotem secundum genealogiam suam solvat legitime. »

Lex Burgundionum, tit. 34. II.

Lex Alamannorum, tit. 55, *Cap. add. ad dict. legem.*—Pour la dot chez les Allemands, voir une charte dans Goldast : *Scriptores rerum alemannic.*, tom. II, charte 9, pag. 28.

(2) *Lex Alamannorum*, tit. 50 : « Si autem proximus mariti contradicere ipsam dotem illi mulieri voluerit, quod lex non est, illa sequatur cum sacramento et spata tracta pugna duorum, si potest adquirere per sacramentum aut per pugnam. »

(3) Marculfe, *Form., Appendix*, 52 : « Ideoque ego ille, dum non est incognitum ut fœminam aliquam bene ingenuam ad conjugium sociavi ; sed talis causa vel tempora me oppresserunt, ut chartulam libelli dotis ad eam, *sicut lex declarat* minime concessit facere, unde

Si les règles de la dot sont les mêmes que celles de la *meta* lombarde, c'est qu'elles ont l'une et l'autre une origine commune. La dot n'est autre chose que le prix de la coemption en usage dans la loi salique (1); elle fut donnée à la femme au lieu de l'être à ses parents, qui ne reçurent plus que le *solidum* et *denarium* ou le prix fictif, et après la

ipsi filii mei *secundum legem Salicam naturales* appellantur. » — *Fragmenta historiæ Francorum*, apud Duchesne, tom. II, pag. 404. « Item Karolus (Calvus) certo nuntio comperto obiisse Ermentrudem uxorem suam, sororem Bosonis nomine Richildem mox sibi adduci fecit et in concubinam accepit; *qua de re*, eidem Bosoni abbatiam sancti Mauricii cum aliis honoribus dedit. Item in die festivitatis prædictam concubinam suam, *desponsatam* atque *dotatam* in conjugem accepit. »

(1) MM. Eichhorn, Mittermaier et Bluntschli, qui reconnaissent dans la *meta* le prix transformé du *mundium*, ne veulent pas reconnaître la dot comme telle. Ils la confondent, ou avec le *wittum*, ou avec le *leibgeding*. Cependant, une simple comparaison de la *meta* et des règles de la dot aurait dû, ce nous semble, les convaincre que ce qui était arrivé pour la *meta* chez les Lombards, avait eu lieu pour la dot chez les autres peuples barbares. Mais il est vrai de dire qu'aucun d'eux n'a exposé les règles de la dot dans son principe, d'après les lois barbares et les formules avant les chartes, en séparant ces deux époques —voir le chap. III,—Muratori, *Antiquit. medii ævi, dissert.* 20, pense que la dot est la même chose que la *meta*; il s'exprime ainsi : «Franci vero, ut supra e Gregorio Turonensi innuimus, præter *morgincap* dotem futuris uxoribus constituebant quæ Methii Longobardici vices implesse videtur. »

M. Edouard Laboulaye, *Histoire de la propriété foncière en Occident*, pag. 403, 404, dit à ce sujet : « Cette dot, qui fut peut-être « l'origine du douaire, est-ce le prix du *mundium*, donné d'abord « aux parents de la fille, et depuis devenu propre à celle-ci, comme « le fut la *meta* lombarde? C'est ce que je ne puis définir, quoique « je penche pour la première opinion. » C'est l'opinion que nous avons embrassée,

mort de l'épouse , une partie de la dot. C'est ce qui nous explique le silence de la loi des Saxons, qui mieux que tous les autres peuples germains, avaient conservé leurs anciennes mœurs, et au contraire la confusion de la dot avec le *prix* du *mundium* dans les autres lois : l'une et l'autre n'existent jamais simultanément. La dot dut être constituée au moment de l'achat, des *sponsalia ;* elle n'était pas tant une donation de la part du mari que le prix d'une acquisition ; aussi restait-elle toujours propre à la femme, même sous la puissance du mari ; et si ce prix, si cette coemption n'avait pas lieu, le mariage légitime n'existait pas non plus. Chez ces peuples la puissance maritale était inséparable du mariage (1), et la civilisation ou plutôt la corruption des mœurs n'avait pas fait trouver comme chez les Romains le mariage libre.

Tacite, dans le peu de mots qu'il nous dit de la dot chez les Germains, confirme cette opinion sur son caractère et ses principales règles : *Dotem non uxor marito, sed uxori maritus offert… In hœc munera uxor accipitur… accipere se quœ liberis inviolata ac digna reddat ; quœ nurus accipiant , rursusque ad nepotes referant* (2). Il suffit de rapprocher ces passages

(1) Bluntschli, *ubi suprà*, liv. I. § 23, tom. I, pag. 102 et 103.
(2) Tacite, *De morib. Germ.*, XVIII.

pour y reconnaître la *dos legitima*, donnée à la femme par le mari, prix du *mundium*, propriété des enfants ; nous avouons cependant que ce dernier caractère appartient plutôt à la donation saxonne ; il est d'ailleurs assez difficile de concevoir la dot existante à cette époque, sans prix donné aux parents.

La dot ainsi considérée dut exister chez tous les peuples où le mariage par coemption était en usage. Nous la trouvons chez les Hébreux à-peu-près avec les mêmes règles, comme nécessaire pour la validité du mariage ; sa constitution avait lieu dans les *sponsalia*, et sa quotité variait de vingt-cinq à cinquante sicles (1). Selden (*uxor Hebræa*) donne une formule de constitution en hébreu et en latin. Mais cette dot n'était dévolue, après la mort de la femme, qu'aux enfants mâles nés de celui qui l'avait donnée (2).

Les autres peuples de l'Orient, tant anciens (3)

(1) Si quis minus ducentis suzis (50 siçlis) virgini, aut viduæ minus mina, dotis nomine dederit, concubitus ejus stuprum est... Quoniam illicitum est hominem manere cum uxore ullo temporis momento sine dote (Selden, *Uxor Hebræa*, chap. ix et x, tom. II de ses OEuvres, pag. 618 ; et *De successionibus ad leges Hebræorum*, chap. iii).

(2) *Idem*, *De successionibus ad leges Hebræorum*, chap. ii.

(3) Chez les Indiens, le prix des épouses était une paire de bœufs (Strabon, liv. XV) ; chez les Thessaliens, un cheval harnaché. — La coemption est toujours en usage chez les Indiens. Voir le *Code*

que modernes, ont toujours pratiqué la coemption :
aussi le Coran fait un devoir au mari de doter sa
femme, il ajoute : «Les hommes sont supérieurs
« aux femmes, parce que Dieu leur a donné la
« prééminence et qu'ils les dotent de leurs pro-
« pres biens » (1).

Nous avons insisté sur les caractères et l'origine
de la dot, parce qu'elle est une des parties essentielles du régime germain, et aussi parce qu'il est
important de ne pas la confondre avec une autre
institution dont nous allons nous occuper.

CHAPITRE III.

MORGENGABE. — DOARIUM. — Influence du Droit canonique.

De tous temps et en tous les lieux ont été en
usage les dons à la fiancée ou à l'épouse. Chez les
Sauvages et les Barbares, comme chez les nations
les plus policées, nous retrouvons cette coutume
générale, mais avec un caractère particulier, emprunté au génie et aux mœurs de chaque peuple.
Qu'on considère cette donation comme une sim-

Manou, VIII. 41. 46. 227. 204. IX. 72. 82. 174. 182. Nous trouvons
dans Strabon un exemple assez singulier de constitution de dot :
« Apud Cantabros, _dit-il_, vir mulieri dotem affert ; filiæ hæredes
instituuntur, et ab ehis fratres in matrimonium elocantur. »

(1) _Le Coran_, chap. iv, _Des femmes_ (traduction de Savary), tom. I,
pag. 80. 83. 84. 85.

ple libéralité ou qu'on y rattache quelque idée plus symbolique chez les différents peuples , il nous suffira de constater ici son universalité, en nous occupant seulement de ce qu'elle fut dans le droit germanique.

Chez les Germains, ce don fait à l'épouse était connu sous le nom de *morgengabe*, présent du matin ou du lendemain, *matutinale donum pro bono mane,* qu'on a appelé depuis d'une manière bien moins poétique, mais plus expressive peut-être : *pretium pulchritudinis* ou ... *virginitatis* (1). Aussi il ne pouvait être donné qu'à la jeune fille ; celui de la veuve était appelé, en Suisse, *abentgab,* présent du soir, ou *Lippeding* (2).

Bien différent dans sa cause et dans son origine du prix du *mundium,* de la *meta* et de la *dot,* le *morgengabe* n'en différait pas moins par les dispositions qui le régissaient (3) ; il pouvait exister

(1) Galland , *Du franc-alleu,* pag. 323 et suiv.—Ducange et Delaurière, *Gloss.;* et Wachter, in v° *Morgengabe.*—Voir aussi Muratori, *Antiquitates medii œvi,* tom. II , dissert. 20 *in principio.* — Eichhorn, §§ 41. 48.—Bluntschli, I. § 23, *ubi suprà,* et M. Edouard Laboulaye, pag. 406.

(2) « Der Gelich soll einer Witwen ir *Abentgab* volgen und beliben als vorstatt, » *Droit municipal de Zurich,* dans Bluntschli , tom. I, pag. 109.—Scherzii, *Glossar. german.,* in v° *Leibzucht.* — M. Laboulaye, *ubi suprà.*

(3) Tous les auteurs cités à la note 1 distinguent le *morgengabe* de la *meta* et de la *dot.* Toutefois, M. Eichhorn pense que dans la

simultanément avec l'un ou l'autre; et on le retrouve dans la loi saxonne comme dans les lois lombarde et ripuaire (1). C'était, dans le principe, une donation volontaire de la part du mari qui se faisait le lendemain du mariage, *aliâ die*, dit une loi; *post noctem nuptialem*, ajoute une charte; il n'était donc pas nécessaire pour acquérir le *mundium*, et par conséquent, pour la validité du mariage (2). Les lois qui en ont des dispositions supposent toutes qu'il a été constitué par le mari, mais ne suppléent pas au défaut de constitution comme pour la dot (3).

Le *morgengabe* n'était dû à la femme qu'à condition de survie, c'est le seul cas que les lois ont

---

loi lombarde, il tient la place du *wittum*. Or, le *morgengabe* n'est pas autre dans la loi lombarde que dans les autres lois, et il ne peut tenir la place du *wittum*, puisque celui-ci n'existe dans aucune. D'ailleurs, dans ce système, si on fait du *wittum* la *dot*, il est difficile de concevoir son existence simultanée avec le *morgengabe*, ce qui a lieu dans presque toutes les lois.

(1) Voir les diverses lois rapportées dans le chapitre précédent.

(2) *L. Liutprandi*, lib. II, I. 1 : « Si quis Longobardus *morgengab*, conjugi suæ dare voluerit, *quando eam sibi in conjugio sociaverit*, ita decernimus ut *alia die* ante parentes et amicos suos ostendat per scriptum a testibus roboratum et dicat : Ecce quod conjugi meæ *morgengab* dedi, ut in futurum pro hac causa perjurium non incurrat, » et une charte rapportée par Galland. — Voir *infrà*.

(3) *LL. Ripuariorum*, tit. 37. II.—*Liutprandi*, *suprà*.— *Burgundionum*, tit. 24 et 62. — *Alamannorum*, tit. 56. II. — *Saxonum*, tit. 8. — Heineccius, *Elementa juris germanici*, 1re partie , §§ 238 et 247.

réglé; dans celui de répudiation, la femme n'y avait aucun droit (1). Le cas de mort de l'épouse pendant le mariage est cependant prévu par la loi lombarde (2). Cette loi veut que si la femme est tuée injustement par le mari, les enfants reçoivent le *morgengabe* de leur mère; mais c'est ici une disposition exceptionnelle qu'on ne doit pas considérer comme un principe général; elle est une peine infligée au mari. Ce qui prouve encore que la condition de survie y était attachée, c'est que le *morgengabe,* du moins d'après la loi lombarde, était constitué en une certaine quotité de biens présents et à venir du mari, c'est-à-dire de ceux qu'il laisserait à son décès (3). Liutprand le fixa

(1) *L. Burgundionum,* tit. 34. II. — *L. Grimoaldi,* VI.

(2) *L. Rotharis,* 200. 201 : « Si maritus uxorem suam occiderit immerentem per quamlibet occasionem, quæ per legem non sit merita mori, componat solidos mille ducentos, medietatem illis parentibus qui eam ad maritum dederint et medietatem regi, ita ut per curtem regis distringatur et pœnas suprascriptas componat. Et si filios de ipsa muliere habuerit legitimos, habeant filii *morgengab* et faderfium matris suæ; et si filios de ipsa non habuerit, revertatur ipsa facultas ad parentes qui eam ad maritum *tradiderunt;* et si parentes non habuerit, tunc ipsa compositio et prædicta facultas ad curtem regis perveniat. »

(3) *L. Liutprandi,* II, cap. ι. 1 : « Tamen ipsum *morgengabe* volumus ut non sit amplius nisi quarta pars de ejus substantia qui morgengabe dedit. »—*Formulæ antiq. in usum regni Italiæ. Ad leg.* 183. *Rotharis* (Canciani, tom. II, pag. 407). « Da vadium quod facies ei quartam portionem *de quanto tu habes, aut inantea acquirere poteris,* tam de re mobili quam immobili seu de familiis. » — *Eadem* ad *L.* 196 *Rotharis* (Canciani, tom. II, pag. 474).

au quart de ces biens, à la différence de la *dot* qui était toujours constituée en biens présents, et de la *meta* qui fut limitée à une somme certaine (ccc *solidis*).

Chez les Lombards, la femme qui avait reçu le *morgengabe* n'avait plus aucun autre droit aux biens que laissait son mari ; le droit de succession se confondait avec lui (1). Il en était de même dans la loi des Saxons qui distingue ainsi entre les divers peuples (2). Chez les Otsalaï et les Angrarii, il y a une *dot* (pour *morgengabe*), mais il n'y a pas de succession. Chez les Westsalaï, la

(1) *L. Liutprandi*, V. 49 : « Nulli sit licentia conjugi suæ de rebus suis dare amplius per qualecumque ingenium nisi quod in die votorum, in *Methio* et Morgengabe dederit secundum anterius edictum et quod super dederit, non sit stabile. »

(2) *Lex Saxonum*, tit. 8, *De dotibus* : « I. Dotis ratio duplex est : Otsalaï et Angrarii volunt : si fœmina *filios genuerit*, habeat dotem quam in *nuptiis accepit* quamdiu vivat, filiisque dimittat. — II. Si vero filii, matre superstite, moriuntur, ipsa quæ post obierit dotem proximi ejus in hereditatem accipiant.—III. Si autem filios non habuerit dos ad dantem si vivit revertatur ; si defunctus est ad proximos hæredes ejus. IV. —Apud Westsalaos postquam mulier filios genuerit, dotem amittat ; si autem non genuerit ad dies suos dotem possideat ; post decessum ejus dos ad dantem, vel si deest, ad proximos hæredes ejus revertatur. » — Tit. 9, *De acquisitis* : « De eo quod vir et mulier simul conquisierint, mulier mediam partem accipiat, hoc apud Westsalaos ; apud Otsalaos et Angrarios nihil accipiat, sed contenta sit de sua dote. »

La dot dont il est ici question, est, comme on le voit, toute différente de la véritable *dos legitima ;* ce mot est employé improprement par les rédacteurs de la loi qui, probablement, n'en connaissaient pas d'autre en latin pour exprimer cette donation nuptiale.....

femme a une *dot,* si elle n'a pas d'enfant; si elle
en a, elle perd sa *dot,* mais elle a droit à la moitié
des acquêts. La loi ripuaire peut aussi s'interpréter
en ce sens, que la femme prend la troisième partie des biens acquis ou le *morgengabe*, la dot étant
toujours en sus de l'une ou de l'autre. Dans la
loi des Allemands, qui parle du premier droit, il
n'est pas question du second; dans les lois des
Bavarois, c'est la réciproque qui est admise. Toutefois, les deux existent simultanément dans la
loi burgunde (1).

La femme ne possédait le *morgengabe* qu'à titre
d'usufruit, la propriété étant réservée à ses enfants ou aux autres héritiers du mari; elle ne le
perdait pas par son convol à de secondes noces (2).
La constitution du *morgengabe* en cas de contes-
tation, se prouvait par le serment de la femme,
per pectus, d'après la loi des Allemands : c'est ainsi
que juraient les femmes et les clercs (3).

(1) *Lex Burgundionum,* tit. 62. C'est en vertu des principes de la
loi romaine que ces deux droits existent simultanément. — Voir *infrà,* ch. IV.

(2) *Lex Burgundionum,* tit. 24. 42 et 62 : «Nam si ad alias nuptias
transierit omnia perdat; *dote* (pour *morgengabe*) tamen sua retenta
quam a marito suo acceperat quamdiu vixerit utatur, filio proprietate servata. »

(3) *Lex Alamannorum,* tit. 56. 11 : «Tunc liceat illi mulieri jurare
per pectus suum, et dicat : quod maritus meus mihi dedit in potestate et ego possidere debeo. Hoc dicunt Alamanni Nastahit.»—Dex-

On voit par cet exposé des règles et des effets du *morgengabe*, sa différence, ou plutôt son opposition constante avec la dot ; elle n'avait pas été encore suffisamment signalée, et cependant, sans cela, il est impossible de comprendre le système des lois barbares. Mais cette différence si évidente dans le principe entre les deux institutions subsista-t-elle toujours aussi nettement tranchée? Nous ne le pensons pas. Les éléments de chacune d'elles furent mêlés et confondus, sans aucun égard à leur origine, et il en sortit une institution nouvelle différente de l'une et de l'autre. Aussi ne faut-il pas s'étonner et conclure contre ce que nous avons déjà dit, si l'on trouve dans les siècles postérieurs des chartes qui donnent le nom et les effets de la *dot* au *morgengabe*, et réciproquement. Cette transformation fut due à l'influence du droit canonique dans le mariage et, peut-être aussi, du droit romain que suivit toujours l'Église. En ne la reconnaissant pas et en confondant les époques, les auteurs en sont venus à admettre dans le droit germanique, outre la *dot* et le *morgengabe*, une troisième espèce de don fait à la femme, le *Wittum*,

tra pectori sinistro imposita jurant et fœminæ et clerici (Heineccius, *Elementa juris germanici*, 3ᵉ partie, §§ 227. 233. 234. — *Sachsens-Spiegel*, I. 21. 2. — Et Grimm, *Rechts-Alterthum*, pag. 906.)

le *douaire* (1), dont il n'est nullement question dans les lois barbares et dans les formules, et que nous ne voyons apparaître que plus tard, soit en France, soit en Allemagne, dans les chartes du neuvième siècle.

Le *morgengabe* qui était dans le principe une simple donation, existait distinctement et indépendamment du prix du *mundium*, lorsque ce prix était exclusivement donné aux parents de la fiancée; il en fut de même lorsque, sans changer de nature, ce prix, sous le nom de *meta* ou de *dot*, fut donné à la femme elle-même. Cette dot était liée à la coemption; et celle-ci tombait tous les jours en désuétude (2). Le christianisme exerçait alors une grande influence sur les lois; son action, quoique silencieuse et proportionnée aux mœurs qu'il pénétrait peu-à-peu, ne s'y fait pas moins sentir et surtout dans le mariage (3);

(1) C'est l'opinion d'Albrecht, § 220, et de M. Eichhorn, § 48. Le premier s'appuie sur une charte de 895, dans laquelle on lit ces mots : *Dotavi ei talem hæreditatem*, ce qui est loin de prouver que ce fût la *dot* ancienne et en même temps le *wittum*. —V. Bluntschli, 1. § 23.

(2) *Leges in Anglia conditæ seu Anglo-Saxonum.*—*L. Cnuti regis*, 72 : « Et non cogatur neque uxor, neque puella ad cum qui ipsi displicet; neque *pretio ea* vendatur, nisi ille aliquid ex propria voluntate dare velit. »

(3) Tous les auteurs allemands reconnaissent cette influence du christianisme et du droit canonique dans le mariage germain. —

il y apporta sa morale. Les conciles, et depuis lors les capitulaires, avaient déclaré que le ravisseur ne pourrait jamais épouser celle qu'il avait ravie (**1**), le rachat fut ainsi aboli, et avaient en même temps proclamé la publicité des mariages (**2**). Ce furent les premiers coups portés à la coemption. Elle paraissait, en effet, contraire à la dignité du mariage devenu sacrement, qui tomba alors dans le domaine du droit canonique, et fut célébré par la bénédiction ecclésiatique (**3**).

La *dot* et la *meta* reçurent de graves atteintes de ce changement; prix de la coemption, elles ne purent subsister comme tel sans elle. On conserva toutefois quelques caractères de la dot, quoique le principe fût détruit, parce qu'il fallait mettre à sa place quelque chose; car elle était, en même temps que prix, une donation nécessaire pour la femme. Le *morgengabe* existait bien, mais il était à la discrétion du mari. On emprunta donc à la dot le

Eichhorn, II. § 351.— Mittermaier, § 375.—Bluntschli, § 25, tom. I, pag. 101.

(1) *Capitularia regum Francoorum*, lib. I, cap. 97. 98. 99.— V. 223. 224. 225.

(2) Nullum sine dote fiat conjugium, nec sine publicis nuptiis quisquam nubere præsumat.

(3) *Lex Wisigoth.*, XII. 3. — *Longobard.*, I. 30. — *Capitularia regum Francorum*, VII. 179. 363.—VI. 135. 327. 408.—V. la note suiv.

principe de sa nécessité : *Nullum sine dote fiat conjugium*, disent le Concile d'Arles, et depuis les *Capitulaires* (1). Cette dot ne fut plus, comme le *morgengabe*, donnée le lendemain du mariage, mais le jour même des *sponsalia* qui furent conservées dans le droit canonique et célébrées par la bénédiction du prêtre (2). Elle fut constituée à la porte de l'église; ce fut la dot canonique (*dos ad ostium ecclesiæ*), et, comme on l'appela depuis, *doarium*, *leibgeding* (3). On emprunta au *morgengabe* quelques-unes de ses dispositions en ce que le *doarium* fut constitué en une certaine quotité de biens, et qu'il ne fut ac-

(1) Tunc per concilium et benedictionem sacerdotis et consultu aliorum bonorum hominum *eam sponsare* et legitime *dotore* debet. —Namque de legitimo matrimonio dicit Augustinus : Talis esse debet quæ uxor habenda est : secundum legem sit casta in virginitate et dotata legitime, et a parentibus tradita sponso et a paranymphis accipienda. — (Décret du Concile d'Arles, en 525, dans Gratien; *Capitul.*, lib. VII, cap. cv.) — Parmi les auteurs, les uns appliquent ce Capitulaire à la dot romaine (Glück), les autres à la dot germanique. Les termes de la première phrase s'appliquent plutôt à cette dernière; mais la suite, tirée de saint Augustin, convient mieux à la dot romaine.

(2) Lettre du pape Syrice, art. 4 : « De conjugalium violatione requisisti, si *desponsatam* alii *puellam* alter in matrimonium possit accipere? Hoc ne fiat modis omnibus inhibemus, quia illa *benedictio* quam *nupturæ* sacerdos imponit apud fideles, sacrilegii instar est, si ulla transgressione violetur » (tom. II *des Conciles* du P. Labbe).

(3) Ducange, *Glossarium*, in v^is *Dos, Doarium.* — M. Mittermaier reconnaît, dans le *leibgeding*, l'ancien prix de l'achat, le *Kaufpretium*; c'était donc aussi l'ancienne dot. B. II. § 394.

cordé à la femme qu'à titre d'usufruit. On peut suivre cette transformation et en reconnaître la cause dans les lois anglaises (1). Elles confirment nos conjectures, et on sait le rapport qu'elles avaient à cette époque avec les autres lois des Barbares (2).

En Italie, le *morgengabe* conserva toujours son nom, malgré ces modifications que Muratori a signalées. Il est appelé *justitia;* la pleine et libre propriété en est transférée à la femme du jour de sa constitution qui eut toujours lieu avant le mariage (3); il fut même assuré à la fiancée au moyen

(1) *Leges in Anglia conditæ.—L. Æthelberti* (de 561 à 616), 72 : « Si vir virginem mercetur, pretio empta sit. » — *L. Ædmondi regis* (940 à 946), tit. 9 : « Si quis virginem vel uxorem in matrimonium ducere velit, et hoc illi ac amicis placeat, tunc justum est ut sponsus *juxta jus Dei et instituta* mundi prius promissum et fidem det viro qui eorum prolocutor est, quod ille hoc modo eam cupiat, ut *juxta jus Dei* eam servare velit, sicut vir fœminam suam debet et hoc spondeant amici illius. — III. Postmodum significet *sponsus* quid ei destinet *pro eo quod illa voluntatem ipsius elegerit* (la dot), et quod ei destinet, *si illa supervixerit eum* (le *morgengabe*, ou le droit de succession). » — *L. Cnuti regis* (de 1017 à 1035), 72. Voir *suprà*, note 2. p. 208. On voit dans ces lois les trois termes : du prix, de la dot, de la dot canonique ; il est impossible de méconnaître, dans la seconde, l'influence du droit canonique. Voir ces lois dans Canciani et dans Houard, *Lois anglo-normandes*, tom. I.

(2) V. Houard, *ubi suprà, Introduction, et Anciennes lois des Français, Introd.*

(3) Muratori, *Antiquit. medii ævi*, tom. II. D. 20, pense que ce fut une précaution de la part des femmes pour se faire assurer ce *morgengabe* qui était bien promis, mais qui, le mariage consommé, n'était pas toujours accordé. Il rapporte la charte suivante, qui con-

d'une caution qu'on exigea du mari ; et après la mort de la femme, la propriété en passa à ses héritiers.

Il y a bien loin, comme on le voit, de cette insti-

tient la preuve de ce que nous avons dit : « In nomine Domini nostri Jesu Christi, anno a nativitate ejusdem 1185, quintodecimo calendas decembris, indictionis. Dilecta valde atque amabilis mihi semper Nomencale filia Guasconi de Montisclarulo, honesta *fœmina sponsa mea*. Ego quidem, in Dei nomine, Guidetus filius quondam vilani de prædicto loco, qui professus sum ex natione mea lege Longobardorum vivere, sponsus et dator tuus, præsens præsentibus dixi : Manifesta causa est quoniam die illo quando te *sponsavi*, promiseram tibi dare *justitiam tuam* secundum meam legem in *morgincap*; id est *quartam portionem* omnium rerum mobilium aut immobilium quas nunc habeo aut inantea habuero. Nunc autem si Christo auxiliante, *te in conjugio sociavero* suprà scriptam *quartam portionem* omnium rerum mobilium et immobilium, ut suprà legitur, tuæ dilectioni, do, cedo, confero et per præsentem chartam *morgincap* in te habendum confirmo, ut facias exinde a *præsenti die tu et hæredes tui, aut cui vos dederitis quicquid voluerit* ex plenissima mea largitate... Actum Montisclaruli feliciter, ego Ainricus notarius sacri palatii, rogatus interfui et scripsi. »

Autre charte de 1043, rapportée par Galland, p. 422, et Ducange, in v° *Morgengabe*. Cette charte marque la transformation en conservant quelques traces de la loi ancienne. « In Dei nomine, scriptum *morgincap* qualiter ego Joannes filius quondam Dominici, dono, trado atque confirmo, tibi Miczæ filiæ quondam Joannis *dilectæ conjugi meæ*, quartam portionem de omnibus rebus proprietatis meæ, quas modo habeo vel inantea, Deo adjuvante, conquirere potero de omnibus rebus mobilibus et immobilibus ut *alia die post noctem nuptialem*, qui est dies votorum nostrorum ante parentes et amicos dedi; quod sic ab hodierno die, firmum et stabile tibi Miczæ, vel tuis hæredibus permaneat. Quod vero scripsi ego notarius et judex ab incarnat. D. N. J. C. anno **MXLIII**. Mense Octobris, in die 15, actum in Pinnensi feliciter; Bernardus Joannes, Ardoinus testes. »

Une autre charte de 1048, conçue de la même manière, se trouve dans Dachery, *Spicilegium*, tom. XII, n° 36, pag. 155,

tution au *morgengabe* primitif; sa nature n'est plus la même. La preuve de cette double transformation de la dot et du *morgengabe* résulte de la comparaison des lois des Barbares avec les chartes que nous ont conservées Galland, Ducange, Muratori et Neugart.

Nous ne croyons pas cependant que toute différence disparut entre la *dot* et le *morgengabe* par leur fusion dans une institution nouvelle; ce dernier put même exister simultanément avec le douaire, comme en Allemagne, la dot seule ayant été transformée sous le nom de *wittum*, *leibzucht* ou *leibgeding*. En France il ne fut plus question de *morgengabe;* mais la double nature du *doarium* se fait reconnaître, par quelques variétés, dans la législation des siècles postérieurs. Cette transformation ne dut s'opérer d'ailleurs que vers la fin du huitième et dans le neuvième siècle.

CHAPITRE IV.

Du MUNDIUM et de ses effets. — Condition de la femme chez les Germains. — Droits réciproques des époux sur leurs biens. — FADERFIUM. — Acquêts. — Droit de participation et de succession de la femme.

L'achat de la femme et cette tutelle qui en était la conséquence sont la preuve la plus incontestable de son infériorité dans la famille germaine.

Telle avait été la fille, telle était l'épouse, telle fut la veuve; à tout âge, dans toutes les conditions, elle était dans un état d'incapacité personnelle. Soumise à l'autorité de son *mundwald*, père, époux, fils même, elle était néanmoins protégée par la loi contre les abus de cette puissance.

Le mari qui tend des embûches à sa femme, qui l'accuse injustement d'adultère, ou qui lui fait de graves injures, perd son autorité, le *mundium* (1). Celui qui la tue injustement est privé de tous ses droits sur ses biens, et est condamné à une amende (2). Sous les *Capitulaires*, il fut condamné à déposer les armes et à faire pénitence publique (3). Voilà toute la protection que pouvait accorder la loi, car elle se mêlait peu alors de l'intérieur des familles, et le mari pouvait dans certains cas se faire justice en tuant son épouse, sans avoir rien à craindre de la vengeance des lois, pourvu qu'il le fît *rationabiliter* (4).

Toutefois, il faut bien le reconnaître, la position de

(1) *L. Rotharis,* 195. 196. 197.

(2) *Ibid.* L. 200. 201, rapportée plus haut.

(3) *Capitul. Ludovici Pii*, lib. V, cap. ccc. « Quicumque propria uxore derelicta vel *sine causa interfecta,* aliam *duxerit uxorem armis depositis, publicam agat pœnitentiam* » (Baluze, tom. I, p. 670, § 2, édit. Chiniac).

(4) «Quia non licet eam interficere immerentem, *sed rationabiliter.*» (*Formulæ antiq.* in usum regni Italiæ, *ad L.* 200. 201. *Rotharis*).

la femme en Germanie était plus douce que chez la plupart des peuples de l'antiquité, au moins, d'après les lois barbares (1). Mais le tableau que nous trace Tacite des vertus des femmes germaines et de leur valeur, en les élevant à l'égal de l'homme, en les associant à tous ses combats, à tous ses travaux, convient plutôt au censeur des mœurs romaines et au panégyriste de la Germanie, qu'à son historien (2). Que la femme suivît, d'ailleurs, la fortune de son mari (*laborum periculorumque socia*), c'était une conséquence de leur vie nomade. Quant à ses travaux, Tacite lui-même nous représente la femme partageant les soins domestiques avec les enfants et les vieillards (3). C'est là en effet la position qui convenait à son sexe, celle qui lui fut assignée chez tous les peuples.

La supériorité de l'homme se montre partout dans le droit germain. Si la femme s'est rendue coupable de quelque crime contre son mari (4),

(1) Tous les auteurs supposent, et non sans raison, que les Germains avaient, comme les Gaulois anciennement, droit de vie et de mort sur leur femme, ce qui ne serait pas absolument contradictoire avec ce que dit Tacite. *De morib. Germ.* 8.

(2) Tacite, *De morib. Germ.* 7. 8. 18. 19.

(3) *Id. De morib. Germ.* 15. « Fortissimus quisque ac bellicosissimus nihil agens, delegata domus ac penatium et agrorum cura fœminis senibusque et infirmissimo cuique ex familia, ipsi habent. »

(4) Tacite, *De morib. Germ.* 19.—*L. Rotharis.* 203. 204.—*L. Bur-*

elle est abandonnée à sa discrétion ; ou la mort, la peine la plus sévère, celle qui est réservée aux crimes qui compromettent la sûreté de l'Etat est prononcée contre elle : car, en méconnaissant l'autorité de son mari, elle a insulté aux mœurs publiques. Témoigne-t-elle en justice, la voix de l'homme doit l'emporter sur la sienne : *In veritate viri consistat quia caput est mulieris* (1). Et c'est dans les *Capitulaires* qu'on trouve cette maxime légale ! Dans un synode (2) on agita la question de savoir si la femme pouvait être appelée *homo*, c'est-à-dire être considérée comme étant de la même nature que l'homme ; elle fut néanmoins résolue en sa faveur, d'après les textes de l'Ecriture.

Nous devons remarquer aussi, que, dans

gundionum. tit. xxxiv.—Gœrtner, *Sur la loi des Frisons,* in proæm., note 1.

(1) *Capitulare compendiense* anni 757. « Si quis accepit mulierem et habuit ipsam aliquo tempore, et ipsa fœmina dicit quod non mansisset cum ea, et ille dicit quod sic fuit : in veritate viri consistat, quia caput est mulieris » (Baluze, t. I. p. 183. XIII. éd. Chiniac).

(2) Grégoire de Tours, *Hist. Franc.,* lib. VIII. cap. xx. « Extitit in hac synodo (*Maticensi*) quidam ex episcopis qui dicebat *mulierem hominem non posse vocitari,* sed tamen ab episcopis ratione accepta quievit, *eo quod sacer veteris Testamenti liber edoceat quod in principio Deo Hominem creante ait : « Masculum et fœminam creavit eos, vocavitque nomen eorum Adam, quod est homo terrenus. » Sic utique vocans mulierem ceu virum, utrumque hominem dixit.* Sed et Dominus Jesus obvocitatur *filius hominis quod sit filius virginis......* Multis et aliis testimoniis hæc causa convicta quievit. »

toutes les formules et les chartes, la femme donne toujours à son mari le nom de *dominus* ou *jugalis*, tandis que celui-ci l'appelle *ancilla* (1). Ces noms nous représentent assez bien la position de chacun des époux dans la famille.

Quant au *wergeld* de la femme, qui était toujours dû au *mundwald*, il était dans les lois ripuaires, saxonnes, allemandes, et dans celles des Frisons, tantôt égal, tantôt supérieur à celui de l'homme (2). Ainsi étaient associées dans les lois les idées d'infériorité de la femme, et de la protection plus spéciale, ou du respect dû à leur faiblesse et à leur sexe. « *Inesse qui etiam sanctum aliquid, et « providum putant, nec aut consilia earum aspernan- « tur, aut responsa negligunt,* » disait Tacite (c. 8).

L'incapacité de la femme lui interdisait toute disposition de ses biens meubles ou immeubles, sans l'intervention de son *mundwald* (3). *Nec ali-*

(1) Marculfi *Formulæ*. I. 12. II. 7. 8. 17.—Ducange, *Glossarium*, in v^is *Maritus, Dominus.*

(2) *Lex Ripuariorum*, tit. xi et xii. — *Lex Alamannorum*, tit. L. — *Lex Saxonum*, tit. ii. § 2. « Quicquid de superioribus factis in fœminam committitur, si virgo fuerit, dupliciter componatur; si jam enixa, simpliciter componatur. »— *Lex Frisonum Add. sapien- tum*, tit. vi. « Si quis mulierem occiderit solvat eam juxta conditio- nem suam similiter sicut et masculum ejusdem gentis. »

(3) Voir pour les effets du *mundium* relativement à la femme et au mari, Eichhorn, B. I. §§ 48, 55 et 63.—Mittermaier les a très-bien

*quid de rebus mobilibus aut immobilibus sine volun-
tate ipsius in cujus mundio fuerit habeat potestatem
donandi aut alienandi* (1). Pour le mari, le *mundium*
entraînait comme conséquence un droit sur les
biens de sa femme, et comme le dit la loi burgunde :
*Quæcumque mulier Burgundia vel Romana voluntate sua
ad maritum ambulaverit, jubemus ut maritus ipse ,
facultate ipsius mulieris, sicut in eam habet potestatem, ita et de rebus suis habeat* (2). Ces biens de la
femme étaient ceux qu'elle avait apportés lors de
son mariage ou qui lui étaient advenus depuis.

Les premiers étaient appelés *faderfium* (*Vaders
fels*) qui signifie troupeaux du père, *pecunia* dans
son sens le plus large (3). Le nom seul nous indique

résumés, **B. II. § 381. p. 866.**—Bluntschli, **I. § 23. p. 102. 103.**—
Dans les chartes on trouve souvent ces mots , *cum manu mariti
mei , cum manu advocati mei ,* qui expriment assez bien , par cet
emprunt fait à la loi romaine, les effets de cette puissance.

(1) *L. Rotharis.* 205.

(2) *Additamen ad L. Burgund,* tit. xiii. — *Qualiter vidua salica
spondetur* (Canciani , II. 476, *à l'appendix) «* Det Fabio vadimonium, quod dederit Semproniam ad legitimum matrimonium et
mittat eam sub *mundio,* cum omnibus rebus mobilibus aut immobilibus quæ ei legibus pertinent.... O Seneca, mitte sub *mundio*
hanc cum omnibus mobilibus et immobilibus quæ ei legibus pertinent..... »

(3) Sibrandus à Sicama, *sur la loi des Frisons,* avec les notes de
Gœrtner, tit. xiii.—Heineccius, *Elementa juris Germanici,* tit. *De
dotibus,* § 224. Dans le § 241, il fait dériver ce mot de *Vader-Fie,*
parce que le *faderfium* consistait le plus souvent en troupeaux, et
que la fille n'avait plus aucun droit à la succession du père. Le mot
de *Faferdium* est aussi remplacé dans quelques lois par celui de

quelle était la nature de cet apport; des troupeaux , des armes, ce qui faisait la seule richesse des Germains encore nomades ; *atque ipsa armorum aliquid viro affert.* C'était un usage en Germanie que le père ou le frère, en mariant sa fille ou sa sœur, lui donnât quelques objets mobiliers qui représentaient pour elle tous ses droits au patrimoine de la famille; car elle ne pouvait plus rien en réclamer (1).

Le mari recevait le *faderfium* avec la tutelle de la femme, et pendant le mariage il en avait l'administration et la libre disposition, comme de ses propres biens ; si le mariage était dissous par la mort de la femme, il avait, en vertu du *mundium*, un droit de succession sur cet apport.

Fadergum, qui signifie, argent du père, *Vader Geld*, et dans plusieurs chartes postérieures par celui de *Maritagium*. V. Ducange sur ces divers mots; et Muratori, *Antichit. Estensi*, tom. I. cap. 39. p. 381.

(1) Marculfe, *Formulæ*, II. 10 : « *Dum ipsi filiæ meæ genetrici vestræ quando eam nuptam tradidi, in aliquid de rebus meis mobilibus, drappis fabricaturis, vel aliqua mancipia in solidos tantos dedi.* » Nous n'avons pas été assez heureux pour trouver dans le tit. XLVI de la loi salique cité par M. Laferrière, la défense de donner de l'argent en dot aux filles. (V. à *l'Appendix*.)

Leg. Longobardorum, *Rotharis*, 181. « Si pater filiam suam aut frater sororem suam legitimam alii ad maritum dederit : in hoc sibi sit contenta de patris aut fratris substantia, quantum pater in die nuptiarum dederit et amplius non requirat. » — Voir aussi la *formule* de Marculfe, II. 12.

La loi lombarde dit : *Si autem contigerit illam mori quæ jam nuptui tradita est, tunc ille ei succedat qui eam per mundium suam fecit* (1). Le mari qui n'avait pas le mundium ne succédait pas ; *et ideo perdat maritus res mulieris, quod mundium de ea facere neglexerit* (2). Mais si le mari tuait injustement sa femme, il était alors tenu de rendre aux enfants le *faderfium* de leur mère (3). C'était, comme nous l'avons déjà observé pour le *morgengabe*, une disposition pénale de la loi contre le mari ; et parce qu'on n'avait considéré que la dernière partie de cette loi, on est tombé dans une grande erreur à ce sujet, en faisant du *faderfium* de la mère la propriété exclusive des enfants ; car ce qui est dit en faveur des enfants dans cette loi, l'est également en faveur des autres parents de la femme et du prince, et les uns et les autres sont formellement

---

(1) *L. Liutprandi*, lib. II, cap. 1, lib. VIII. — *Quæstiones ac monita veterum juris peritorum :* « *Si homo mundiaverit suam mundualdam* et si evenerit ipsa moriens; justum est ita *maritus succedat in totum quod ei pertinet* » (Canciani, tom. I, p. 224). — V. les notes suivantes.

(2) *L. Rotharis*, 188; et la *formule.*

(3) *L. Rotharis*, 200. 201 (V. suprà, chap. iii); et *Formulæ antiqvæ in usum regni Ital. add. L. :* « Petre, te appellat Martine quod tu tenes sibi terram in tali loco.—*Mea est per successionem Aldæ meæ uxoris.* — Non debes eam succedere quod interfecisti eam immerentem. — Non. — Nunc jurabunt. — Quia non licet eam interficere immerentem, sed *rationabiliter*. »

exclus de la succession par le mari. On ne peut donc tirer aucun argument de cette disposition exceptionnelle pour les autres cas.

Mais le mari succédait-il seul à l'exclusion des enfants, ou seulement à leur défaut? Ou bien partageait-il avec eux les biens de leur mère? En l'absence de texte et de disposition précise, nous n'osons affirmer l'un ou l'autre, car si la première opinion peut paraître plus probable, soit parce que le mari avait seul le *wergeld* de sa femme et que c'était là un principe de succession; soit parce qu'on peut l'appuyer sur les autres principes du *mundium*, d'un autre côté la seconde a en sa faveur, une loi, mais bien postérieure il est vrai (de Henry Ier), qui n'accorde au mari la totalité des biens de sa femme qu'autant qu'il n'existe pas d'enfants (1). Quoi qu'il en soit de l'une ou de l'autre hypothèse, le mari succédait toujours lorsqu'il n'y avait pas d'enfants. Mais dans les deux, les bijoux de la mère et autres objets à l'usage des femmes étaient attribués aux filles et constituaient pour elles un patrimoine propre. Les lois, même

____

(1) *Leges Henryci, I. Augusti,* cap. I. L. I. (*Leges Long.,* II. 14. 29, de Lindenbrog.) « Quicumque ex quacumque natione legitimam uxorem acceperit, si eam mori contigerit sine filiis amborum eorum, vir uxori suæ succedat, et omnia bona sua percipiat. »

les plus favorables au privilége de masculinité , font une exception à l'égard de ces biens (1).

Toutefois nous ne trouvons pas ce droit de succession dans les lois salique ou ripuaire ; les *Formules* de Marculfe semblent même l'exclure, en ce qu'elles contiennent des donations de la femme au mari, après sa mort, même lorsqu'il n'y a pas d'enfants ; donations inutiles s'il y avait pour lui un droit de succession. On peut les concilier néanmoins avec ce droit en n'appliquant ce dernier qu'au *faderfium* et non aux autres biens de la femme , dont elle pourrait disposer alors en faveur du mari.

Si le mari répudiait injustement sa femme, il perdait le *mundium* et était condamné à lui restituer ce qu'elle avait apporté, son *faderfium*. C'était encore là une peine (2).

Les droits du mari sur les biens de la femme

______

(1) *Leg. Angl. et Werin.*, tit. vi, vii et viii. *Suprà*, chap. i.

(2) *L. Grimoaldi,* **VI** : « Si quis uxorem suam postposuerit et aliam in domum super eam duxerit, componet solidos » medium regi et medium parentibus mulieris quam postposuerit ; mundium vero mulieris ejusdem quam postposuerit amittat, et si voluerit ad maritum reverti, revertatur ad parentes suos cum rebus suis et mundio. » — *Lex Bajuvariorum,* tit. vii, cap. xiv : « Si quis liber liberam uxorem suam sine aliquo vitio per invidiam dimiserit cūm quadraginta et octo solidis componat parentibus.—II. Et *quicqui illa de rebus parentum ibi adduxit omnia reddantur mulieri illi.* » — *Lex Wisigot.,* liv. III, tit. vi, § 2 ; et *Capit. add. ad legem Alaman.,* 50.

pendant le mariage existèrent ainsi, tant que le *faderfium* fut constitué en meubles ; mais il n'en fut pas de même des fonds de terre. Le principe de leur conservation dans les familles commençait à poindre dans la législation ; aussi les lois avaient prescrit certaines mesures protectrices pour leur aliénation , soit que ces biens formassent l'apport de la femme, ce qui devait être fort rare , soit qu'ils lui fussent acquis de toute autre manière. Leurs vente , échange ou donation , n'étaient permis au mari qu'avec le consentement de sa femme , et c econsentement devait être donné en présence de deux ou trois de ses parents. Ces dispositions étaient en vigueur sous la loi salique comme sous la loi lombarde (1). Ce qui prouve que pour ces biens les droits du mari se réduisaient pendant le mariage à une simple administration , leur pro-priété résidant sur la tête de la femme ; mais il y avait, comme sur les meubles, d'après la loi lom-barde seulement, un droit de succession (2). La

____

(1) *L. Liutprandi*, lib. IV. 4 ; et les chartes rapportées par Mu-ratori, *Dissert.*, 20 et 22. Voir celle rapportée *suprà*, chap. II ; et dans Neugart, n. 12, une de l'an 744.

(2) *Formulæ antiquæ ad leg.* 182. *Rotharis :* « Petre, te appellat Martine quod tu tenes sibi malo ordine terram in tali loco.—Ipsa terra mea est propria de parte Dariæ meæ mulieris. — Non debes tu eam succedere quoniam mea mundualda fuit , et non tibi eam dedi ad uxorem. — Aut ostendat notitiam aut probet quomodo sua fuit

oi allemande exigeait, dans ce cas, la naissance d'un enfant (1).

Quant aux biens acquis par le mari ou la femme pendant le mariage, les lois ne règlent les droits de l'épouse que dans le cas de survie ; d'où l'on pourrait conclure que ces biens étaient considérés comme étant la propriété exclusive du mari pendant le mariage et même après sa dissolution, si elle arrivait par la mort de la femme. Mais les *Formules* de Marculfe supposent que la propriété en était acquise à la femme pendant la durée du mariage ; elles en règlent, en effet, la donation de la part de la femme au mari, dans le cas de survie de ce-

mulier, aut perdat terram » (V. *suprà*, p. 220, n.3). Mais la loi lombarde ne distinguait pas, comme les autres lois, dans les successions, les propres des acquêts et des meubles, ce qui était dû à l'influence romaine. Pour les premiers, voir *suprà*, chap. i, la formule II. 9. de Marculfe déjà rapportée, où il est dit que les enfants succèdent *in omnem alodem ipsius genetricis*. Le mari n'était donc qu'héritier mobilier.

(1) *Lex Alamannorum*, tit. xcii : « Si quæ mulier quæ *hæreditatem paternam* habet, post nuptum prægnans peperit puerum et in ipsa hora mortua fuerit et infans vivus remanserit aliquanto spatio vel unius horæ ut possit aperire oculos et videre culmen domus et quatuor parietes, et postea defunctus fuerit, hæreditas materna ad patrem ejus pertineat, si tamen testes habet pater ejus quod vidissent illum infantem oculos aperire et potuisse culmen domus videre et quatuor parietes. Tunc pater ejus habeat licentiam cum lege ipsa res defendere ; sin autem aliter, cujus est proprietas ipse conquirat. » La naissance de l'enfant détruisait les droits des autres héritiers et les transmettait au père.

lui-ci (1). Ce qui exclut formellement le droit absolu de propriété du mari; mais, pour bien connaître la nature des droits des deux époux dans ce système, il faut étudier surtout ceux de la femme.

Si le mariage était dissous par la mort du mari, la femme, outre la *dot* ou la *meta*, dont elle avait toujours conservé la possession, retirait son *Faderfium* qui, malgré les droits du mari, n'avait jamais cessé de lui appartenir, à moins que les époux n'en eussent disposé l'un ou l'autre pour leurs besoins ou par aliénation : *Quod non manducavit aut non vendidit* (2).

La femme prenait encore part aux biens de son mari à divers titres : d'abord à titre de donation, par le *Morgengabe* qui a fait l'objet du chapitre précédent, et, à défaut de donation, à titre de

______

(1) Marculfi *Formulæ*, II. 17, et 7. — On peut y joindre un passage de Frodoard, où il est dit : « Cæterum præter *uxoris partem*, quicquid sibi thesaurorum supererat per monumenta Franciæ Burgundiæque dixerit; ubi per uxoris partem intelligit, tertiam partem *collaborationis* quam uxores defunctorum post obitum maritorum accipiebant ex lege Ludovici Pii... » Voy. *infrà*.

(2) *L. Rotharis*, 199. — *L. Bajuvariorum*, tit. xiv, cap. vii.2 : « Mater vero si habet proprias res cum dote sua quam per legem habet egrediatur. » — *Lex Alamannorum*, tit. lv : « Si quis liber mortuus fuerit et reliquit uxorem sine filiis aut filiabus;... quicquid parentes ejus legitimi placitaverint, et quicquid de sede paterna secum adtulit, omnia in potestate habeat auferendi quod non manducavit aut non vendidit. »

succession ou de participation. Mais, quelle est l'origine et la nature de ce droit? Au milieu des textes incomplets, contradictoires, inconciliables même des lois barbares, et des autres monuments du droit germanique qui nous restent, on ne peut rien affirmer, et l'on est réduit pour cette institution comme pour les autres à des conjectures qui approchent plus ou moins de la vérité.

Nous avons déjà remarqué que le *Morgen-gabe* et le droit de succession ou de participation n'existent pas simultanément en faveur de la femme, dans la plupart des lois barbares. Ainsi, dans celle des Saxons (1) la femme a droit à la moitié des acquêts faits pendant le mariage, s'il y a des enfants; s'il n'y en a pas, elle n'a droit qu'au *Morgengabe*, s'il lui en a été constitué un, et l'on doit entendre la loi ripuaire en ce sens, que la femme prend, outre sa dot, le tiers des acquêts, ou le *Morgengabe* (2). La loi lombarde n'admet que le don volontaire du mari, et non le droit de succession accordé par la loi. D'où l'on peut conclure avec assez de vraisemblance, que ce dernier n'existait qu'à défaut du premier, et que ce qui n'était d'abord qu'une libéralité laissée

(1) Voir *suprà*, chap. III.
(2) *Lex Ripuariorum*, tit. XXXVII. 2. *suprà*.

à la disposition du mari, comme dans la loi des Lombards et dans la loi salique (1), fut plus tard, dans quelques lois, un droit assuré à la femme indépendamment de toute constitution ; ce droit, qui, dans la loi des Saxons et des Franks ripuaires, et dans les *Formules* de Marculfe, est limité aux acquêts, a pour principe la collaboration commune des époux (2), ou plutôt l'union conjugale et la consommation du mariage, qui sont aussi le principe du *Morgengabe*. Ce qui prouve que l'un tire son origine de l'autre.

Quant à leurs différences, soit par rapport à la nature des biens qui font l'objet de chacun d'eux, soit pour les conditions auxquelles ils sont soumis, elles s'expliquent par cette considération, que le

(1) Voy. la formule *Qualiter vidua salica spondetur*, à l'*Appendix*, où le mari assure à sa femme des droits sur ses biens propres. — *Leges in Anglia conditæ*, *Eadmundi regis*, tit. IX. IV. « *Si hoc ita pacto conventum est*, tunc justum est ut ea dimidiam bonorum partem habeat, et omnia si prolem invicem habeant, nisi illa deinde alium maritum eligit. »

(2) Frodoard, *ubi suprà*. — Fredegarii, *Chronicon*, cap. LXXXIV. LXXXV (Duchesne, tom. I, p. 764). — *Gesta Dagoberti*, cap. XLVII (Duchesne, I, p. 587) : « Igitur post obitum Chariberti regis..... Chunibertus itaque pontifex urbis Coloniæ et Pippinus major domus, cum aliquibus primatibus Austriæ a Sigeberto directis, villam Compendium usque perveniunt, ibique thesauri divæ memoriæ Dagoberti regis, jubente Nanthilde et Hludovico rege, Eganio majori domus præsentantur et æqua lance dividuntur; *tertiam partem de omnibus quæ Dagobertus rex acquisierat postquam Nanthildis regina regnare cœperat eidem reservant.* »

Morgengabe étant une libéralité, le mari pouvait le faire porter sur tels biens, et y apposer telles conditions qu'il lui plaisait. Mais, à défaut de donation expresse, la loi dut se montrer plus rigoureusement attachée aux principes de ce droit, soit en le bornant aux acquêts, soit en exigeant, comme dans la loi saxonne, la naissance d'enfants.

Toutefois, on trouve comme existant simultanément, dans la loi des Burgundes, le *Morgengabe* et le droit de succession; et même ce droit est accordé à la femme, dans cette loi et dans celle des Bavarois, non pas seulement sur les acquêts, mais sur tous les biens du mari. Il n'a donc pas pour fondement dans ces deux lois la collaboration commune des époux, et ne tire pas son origine du *Morgengabe* (1).

En présence de dispositions aussi contraires, il faut admettre l'existence de deux systèmes : celui de la loi des Saxons et des Ripuaires, et des Formules de Marculfe, qui est une conséquence, quoiqu'un progrès, des principes du droit germain :

(1) *L. Burgundionum,* tit. LXI : « Filius unicus defuncto patre tertiam partem facultatis matri utendam relinquat ; si tamen alium maritum non acceperit. » Et tit. LXXIV.—*L. Bajuvariorum,* tit. XIV, cap. VI : « Viduæ si post mortem mariti in viduitate permaneant æqualem inter filios suos, id est qualem unus ex filiis, usufructuariam habeant portionem, atque ad tempus vitæ usufructuario jure possideant. »

celui de la loi des Burgundes et des Bavarois, où l'on doit reconnaître, avec M. de Savigny (1), le droit de succession en faveur de la femme, introduit dans la législation romaine par les Novelles de Justinien. Ce que prouvent et la part attribuée à la femme, et la nature des biens qui sont soumis à ce droit; il est facile d'expliquer alors son existence simultanée dans ces deux lois avec le *morgengabe*, puisqu'ils reposent l'un et l'autre sur des principes différents. Bien plus, nous trouvons les deux systèmes de succession associés dans un capitulaire de Louis-le-Pieux, qui consacre à la fois et le droit de participation ou de collaboration de la loi ripuaire, et le droit de succession de la loi romaine, à l'égard de la femme. Ce qui nous montre l'influence du droit romain sur le droit germain, et en même temps l'importance, et les droits toujours croissants de l'épouse dans la famille germaine (2).

Ce capitulaire règle ainsi ces droits: pour les biens

---

(1) *Histoire du droit romain au moyen âge*, chap. IX, § 30; t. I, p. 55.

(2) *Capitul. regum Franc.*, lib. IV, cap. IX : «Volumus ut uxores *defunctorum*, post *obitum maritorum*, tertiam *partem collaborationis* quam simul in *beneficio collaboraverunt* accipiant : et de his rebus is qui illud *beneficium* habuit, aliunde adduxit vel comparavit, vel ei ab amicis suis collatum est, hoc volumus tam ad orphanos quam ad uxores eorum *pertinere*.»—Heineccius, *Elementa juris germanici*, I, tit. XI, § 271.

acquis par la collaboration commune, la femme a un tiers; pour les autres biens du mari, elle les partage avec ses enfants. Nous retrouverons plus tard, dans les coutumes de la France, cette participation de la femme à tous les biens du mari, les propres seuls exceptés. En Allemagne, le droit de succession et le *Morgengabe* existent simultanément; mais, dans le droit coutumier français, c'est le principe germanique qui domine, en ce que la femme est appelée au partage des biens communs à titre de participation, tandis que dans le droit coutumier allemand c'est toujours à titre de succession.

Deux formules de Marculfe (1) nous représentent la femme faisant donation à son mari de sa part d'acquêts, d'où il faut conclure que la condition de survie n'était pas exigée. Mais la loi ripuaire et le capitulaire de Louis-le-Pieux ne règlent ce droit qu'à la mort du mari, la première dit même : *Si supervixerit virum...* faut-il ne les entendre que comme réglant le seul cas de survie, plutôt qu'en faisant une condition?... On ne peut, quoi qu'il en soit, ne pas tenir compte des deux formules de Marculfe, alors même qu'on les considè-

____

(1) **Voir à l'***Appendix.*

rerait comme une dérogation à la loi ripuaire,
et ne pas y reconnaître le développement naturel du principe sur lequel reposaient les droits
de la femme aux acquêts, la consommation
du mariage et la collaboration commune des
époux, qui sont aussi le fondement du régime
en vigueur dans nos coutumes.

Le mariage pouvait encore être dissous par le divorce ou par la répudiation. Le premier était fort
rare en Germanie, si nous en croyons Tacite (1).
Depuis lors, il put être fait par le consentement
mutuel des époux; nous en avons plusieurs formules (2); mais les capitulaires, suivant les règles du
droit canonique, le proscrivirent bientôt, en dé-
fendant aux époux divorcés de se marier à d'autres avant la mort de l'un d'eux (3); ils restreignirent aussi à certains cas le droit de répudiation.

(1) Tacite, *De morib. Germ.*, 19.

(2) Marculfi *Formulæ*, II : «Dum et inter illum et conjugem suam
non caritas secundum Deum sed discordia regnat ; et ob hoc pariter
conversare minime possunt, placuit utriusque voluntate ut de eo
consortio separare deberent ; quod ita et fecerunt. Propterea has
epistolas inter se uno tenore conscriptas fieri, et adfirmare decreve-
runt ut unusquisque ex ipsis sive ad servitium Dei in monasterio,
aut copula matrimonii sociare se voluerit licentiam habeat et nullam requisitionem ex hoc de parte proximi sui habere, non debeat.»
— Form. Sirmond, 19; Mabillon, 59.

(3) Concile de Reims, cap. iii. — D'Afrique, lxxxii. — *Capitul.
regum Franc.*, lib. VI, 87. — VII. 73. 189. 326.

La plupart des lois barbares ont réglé ce dernier, qui n'était accordé au mari que pour certains crimes de sa femme (1); quant à celle-ci, elle ne pouvait jamais l'exercer ou se séparer de son mari, même pour entrer en religion (2).

Malgré la communauté d'une partie de leurs biens pendant le mariage et leurs droits réciproques à sa dissolution, le mari et la femme pouvaient avoir un patrimoine propre et séparé; aussi la loi ripuaire leur permettait un don mutuel, lorsqu'ils n'avaient pas d'enfants, et à titre d'usufruit seulement (3). C'est le don mutuel de nos coutumes, comme l'a observé Bignon. Marculfe en a donné

---

(1) *L. Grimoaldi*, **VI.**—*Burgundionum*, tit. xxxiv.—*Alamannorum*, tit. xiv et xv.—*Bajuvariorum*, tit. vii.— *Wisigoth.*, iii, 6, § 2. — *Capit. Lothar.*, 92. 93.—*Pippini*, **IX.** 5. — *Regum Franc.*, **VI.** 191.

(2) *L. Burgundionum*, tit. xxxiv : « Si quæ mulier virum dimiserit *neutur in leceto :* — Concile de Nice, Grégoire de Tours, lib. **IX**, cap. lxxxiii. « Quia si quæ reliquerit virum, et thorum in quo bene vixit spreverit, dicens quia non sit ei portio in illa cœlestis regni gloria qui fuerit conjugio copulatus; anathema sit. »

(3) *Lex Ripuariorum*, tit. **XLVIII** : « Si quis procreationem filiorum vel filiarum non habuerit omnem facultatem suam in præsentia regis, sive vir mulieri, seu cuicumque libet de proximis vel extraneis adoptare in hæreditatem vel adfatimi per scripturarum seriem seu per traditionem et testibus adhibitis licentiam habeat, » tit. xlix. « Quod si adfatimus fuerit inter virum et mulierem post discessum amborum ad legitimos hæredes revertatur; nisi tantum qui parem suum supervixerit in eleemosyna vel in sua necessitate expenderit... » L'application de cette loi se trouve dans les formules suivantes de Marculfe, I. 12. — II. 7 et 8.

deux formules : l'une est dans le premier livre qui contient les actes passés en présence du roi ; l'autre dans le second, destiné aux actes faits dans l'assemblée du canton. Cette libéralité put aussi avoir lieu, mais postérieurement, par testament commun (1).

La famille, chez les Germains, était, comme on le voit, constituée sur des principes bien différents de ceux des lois romaines (2). Ce n'était pas, en effet, la puissance d'un seul, mais les parentés et les alliances qui la formaient. Unis par les liens du sang, ses membres l'étaient encore par ceux d'une protection et d'une sûreté commune : nul n'était exclu, et les cognats, comme les agnats, étaient tous également appelés à la succession. *Quanto plus propinquorum, quo major affinium numerus, tanto gratiosior senectus* (3). Leur nombre faisait la puissance des familles. La faiblesse physique était la seule raison d'incapacité ; aussi l'une et l'autre disparaissaient en même temps pour les

(1) *Id.*, II. 17 : La manière dont cette formule est conçue est la preuve la plus évidente que le testament est d'origine romaine et a été introduit du droit romain dans les lois des Barbares (voir l'*Appendix*).

(2) Voy. le Mémoire de M. Mignet : *Comment l'ancienne Germanie est entrée dans la civilisation de l'Europe moderne.* Paris, 1841. L'auteur nous paraît avoir très-bien saisi et résumé les principes des lois barbares relativement à la constitution de la famille.

(3) Tacite, *De morib. Germ.*, 20.

mâles, aussitôt qu'ils pouvaient contribuer à la défense commune et marcher au combat(1). La même raison mettait les femmes sous une tutelle perpétuelle. A Rome, au contraire, l'incapacité venait de la nécessité de concentrer la puissance entre les mains d'un seul ; de là, cette différence de la puissance paternelle chez les Romains et chez les Barbares, des pays de droit écrit et des pays coutumiers. De là aussi, cette différence dans la sujétion des femmes ; elle disparut à Rome avec le principe politique ; elle subsista toujours, quoique avec des modifications, dans les lois barbares et dans les coutumes, et fut la base du système germain. Les premières nous ont conduit jusqu'aux plus anciens monuments qui nous restent des secondes, soit en Allemagne, soit en France, où nous allons successivement étudier leurs principes et leur développement.

(1) Tacite, *De morib. Germ.* 13... : « Ante hoc domus pars videntur mox reipublicæ. » L'émancipation était fixée dans le droit germain à 21 ans. Eichhorn, I, § 50, ou bien au mariage (pour le fils, seulement). Bluntschli, I. § 24.

LIVRE DEUXIÈME.

COUTUMES ALLEMANDES.

Jusqu'au partage de l'empire de Charlemagne, le droit germanique des lois barbares, malgré quelques différences, régissait tout-à-la-fois l'Allemagne et la Gaule; nous en avons exposé les principes, sans séparer ces lois. Mais, lorsque chacun de ces pays forma une nation et un empire indépendants, et par suite de la féodalité, le droit allemand et le droit français se constituèrent et se développèrent indépendamment l'un de l'autre. Quoique leur comparaison et leur rapprochement soient utiles, indispensables même, à raison de leurs nombreux rapports, pour l'histoire des deux législations, leur étude et leur exposition nous ont paru devoir être séparées.

Nées sur le sol de la Germanie, les lois des Barbares y conservèrent plus long-temps leurs principes à l'abri de toute législation étrangère; car le droit romain ne pénétra en Allemagne que vers le quatorzième siècle (1). Nous ne nions pas cependant qu'avant cette époque il n'ait pu y avoir une certaine influence sur les lois barbares (2); mais on ne retrouve plus sa trace dans les coutumes des siècles postérieurs.

L'Allemagne, comme toutes les autres parties de l'Europe, fut soumise au régime féodal; comme les autres aussi, dans ces temps de trouble et de désorganisation sociale, elle eut des coutumes qui remplacèrent les anciennes lois. Chaque province, chaque ville libre en établit (3). Malgré la variété des usages locaux qu'elles consacrent, on retrouve néanmoins dans toutes, et surtout dans les plus anciennes, cet esprit germain, ce génie de race de tous les peuples venus du Nord qui couvrirent l'Europe.

Parmi les monuments du droit coutumier allemand, les plus anciens qui nous restent sont : le Miroir de Saxe (*Sachsens-Spiegel*), recueil qu'on

(1) Eichhorn, *Deutsche Staats und Rechtsgeschichte* (*dritte Ausg.* 1822). B. III. § 440.

(2) De Savigny, *Histoire du droit romain au moyen âge*, chap. III (*traduction française*).

(3) De là la division du droit allemand, en *jus feudale, provinciale et municipale.* Heineccius, *Elementa juris germanici*, préf. 18. *proœmium*, § 3. tom. VI de ses OEuvres. Voir pour les statuts des villes libres (*Stadrecht*), et le droit des provinces (*Landrecht*), Eichhorn, B. II. §§ 278, 284 et 353.

peut considérer comme renfermant le droit commun de cette époqu, composé par Eie ou Eccard de Repgow, chevalier saxon, entre 1215 et 1218 (1); le Miroir de Souabe (*Schwabens-Spiegel*), qui n'est, selon Eichhorn, que le Miroir de Saxe, modifié par les gloses et observé dans la partie sud de l'Allemagne (2); le *Weichbild* de Magdebourg, et les statuts des villes libres (3); et plus tard les codes ou recueils de lois.

Parmi ces anciens monuments qui ne sont pas tous de la même époque, on trouve un progrès bien marqué et une grande différence des uns aux autres, surtout des deux premiers aux statuts des villes commerciales. Nous exposerons séparément les divers régimes d'association conjugale qui y sont réglés.

____

(1) Eichhorn. *Deutsche. S. U. R. G.* B. II. 379 à 382. Selon Eichhorn, le *Miroir de Saxe* fut d'abord composé en latin, puis traduit en allemand, et de nouveau traduit en latin par Goldast.

(2) *Ibid.* § 382, et Bluntschli, *Staats und Rechtsgeschichte der Stadt und Landschaft. Zürich. Zweites Buch.* tom. I. § 31 (Zurich, 1858).

(3) On trouve dans la *Collectio consuetudinum et legum* de Goldast (Francfort, 1613), le *Miroir de Saxe* sous le nom de *Jus provinciale saxonicum*, et le *Weichbild* de Magdebourg, tous les deux en latin. Herbœlin dans ses *Analecta medii ævi* (Leipsick et Nuremberg, 1763), a donné les statuts de quelques villes libres.

CHAPITRE I.

Régime d'association conjugale du Miroir de Saxe et du Miroir de Souabe.

L'esprit de famille des anciennes lois s'était conservé, quant au patrimoine, s'était même développé, sous l'influence de la féodalité. Ce patrimoine se divisait en deux espèces de biens : les immeubles et les meubles. Les premiers, appelés *Eigen*, *propres*, étaient fixés dans la famille, sans qu'il fût possible d'en frustrer ses héritiers, non pas seulement en ce sens qu'on ne pût pas en disposer par testament, genre de disposition inconnu dans le Miroir de Saxe ; mais encore, on ne pouvait les aliéner entre-vifs à quelque titre que ce fût, sans le consentement des héritiers les plus proches, et qu'après une enquête en justice. Ces biens étaient toujours dévolus aux mâles de préférence aux femmes (1).

Les meubles, au contraire, et les biens acquis

(1) Eichhorn, *Deutsche Staats und Rechtsgeschichte*, B. II. §§ 354 et 360. — Bluntschli, *ubi suprà*, B. I. §§ 20 et 27. — Et Hasse (*infrà*). *Sachsens-Spiegel*, I. 12. « Ohne der Erben Laub und ohne Gericht mag kein Mann sein Eigen Gut noch seine Leicht vergeben. » *Weichbild*. XX. — *Sachsens-Spiegel*. I. 17. « Des Vaters, der Mutter, der Schwester und des Bruders Erbe nimmt der Sohn, nicht die Tochter. » La glose y joint : « Die Tochter nimmt zu unser Zeit zugleich der Erbe mit dem Sohne, » changement que l'on attribue avec raison à l'influence du droit canonique.

(*fahrende Habe*) étaient laissés à la libre disposition de chacun (1). Les *Gerade* formaient la plus grande partie des premiers. Cette espèce particulière de biens comprenait tous les objets destinés à l'usage des femmes, les ustensiles et les provisions de ménage et quelques autres, que le Miroir de Saxe et le Weichbild énumèrent. Elle constituait pour les femmes un patrimoine propre, qu'elles se transmettaient les unes aux autres à l'exclusion des mâles (2). Il n'y avait d'exception que pour les clercs qui, en ceci, étaient privilégiés, ou plutôt assimilés aux femmes. Parmi celles-ci, on préférait toujours celle qui était dans la maison et sous la puissance paternelle (3).

Le caractère propre du mariage allemand ou germanique (4), qu'on l'étudie dans les coutumes du moyen âge ou dans les lois barbares, c'est la trans-

---

(1) Eichhorn, § 359, et Hasse, *infrà*.

(2) *Sachsens-Spiegel*, I. 24. — *Weichbild*, XXIII. — *Sachs. Sp.* I. 5. 25. 27. III. 15. 38. 76. — Hasse, *infrà*.

(3) *Statuta susatensia* (dans Hœrbelin). Ils datent du onzième au douzième siècle, sect. 2. *Appendix.* « Si quis vir vel fœmina plures habens filias nuptas, si quæ superest innupta, matris tollet mobilia quæ vulgo *Rathe* vocantur. Si vero omnes sunt nuptæ, senior filia matris tollet mobilia...... »

(4) Mittermaier. *Grundsælze des gemeinen Deutschen Privatrechts* (*Fünfte* Ausg. Regensburg. 1838), 2^{mc} partie, §§ 374 à 580. — Bluntschli, *ubi suprà*. § 5, dit que le droit germain occupe le milieu entre la *manus* et le régime dotal.—Heineccius, *Elementa juris germanici*, 1re partie, § 288.

mission de puissance du père au mari, sur la personne et les biens de l'épouse : pour celle-ci, il établit une union de toute la vie qui la fait participer à tous les droits, à la position et aux dignités de son époux. Toutefois, il est un mariage improprement appelé de ce nom, qui ne produit aucun de ces deux effets, c'est le mariage de la main gauche (*ad morganaticam*).

Lorsque le mariage se célébrait dans l'assemblée du canton (*in mallum*) par la tradition solennelle de l'épouse, les droits et les devoirs qui en découlaient commençaient à dater de ce moment ; ces solennités étant tombées en désuétude, le mariage ne fut alors censé commencer qu'à l'entrée de l'épouse dans le lit nuptial.

Le mari acquérait, par le mariage légitime (1), un droit de puissance sur sa femme, il en devenait tuteur (*Vormund*) de plein droit. Cette tutelle (*Vormundschaft*) n'était autre que le *mundium* des lois barbares ; le nom seul était changé. Le Miroir de

____

(1) Pour le régime d'association conjugale d'après le *Miroir de Saxe*, voir Eichhorn. B. II. §§ 355 et suiv. — Hasse. *Skizze der Güterrechts der Ehegatten* (dans le *Zeitschrift für Geschichtliche Rechtswissenschaft*, tom. IV. § 1). — Bluntschli, *ubi suprà*, tom. I. §§ 25 et suiv. — Mittermaier, *ubi suprà*, 2ᵐᵉ partie, § 384. 7. — Heineccius, *ubi suprà*, liv. I. tit. ix à xv. C'est à ces divers auteurs, et surtout à Hasse, qui est le plus complet, que nous avons emprunté les détails que nous donnons.

Saxe et celui de Souabe reconnaissent et consacrent cette puissance (1); ce dernier s'exprime ainsi, dans son art. 277 : « Le mari est tuteur et maître de sa « femme » (*der Mann wird der Frauen Vogt und Meister*). Cette tutelle ne se bornait pas d'ailleurs au mariage ; elle était perpétuelle pour les femmes, filles, épouses, veuves, sous le Miroir de Saxe comme dans l'ancien droit des Germains. Des chartes du quatorzième siècle nous montrent la mère soumise à la tutelle de son fils (2).

La conséquence de ce principe pour la femme était qu'elle ne pouvait disposer de rien sans l'assistance de son mari (*Vormund*); pour celui-ci, au contraire, qu'il avait l'administration de ses propres biens et de ceux de sa femme, c'est-à-dire de tout le patrimoine de la famille. Aussi, pendant le mariage, les biens des deux époux étaient communs comme les charges du ménage ; ils n'étaient pas confondus cependant dans les mains du mari comme dans le système romain par la *manus*.

---

(1) *Sachsens-Spiegel,* 1, 51: « Wan ein Mann ein Weib nimmt, so nimmt er, in seine Gewehr, alles ihr Gut zu rechter Vormundschaft ».

(2) Eichhorn, *ubi supra*, 353. — Deux chartes, l'une de 1374, dans laquelle on trouve ces mots : « Mit Rudoff Stussin, ihrem elichen Sun, und rechten Vogt. » L'autre, de 1325, en latin : « *Margareta dicta Ammania filia Arnoldi, Henricus Arnoldus, liberi ejusdem Margaretæ, auctore Henrico fratre eorum liberorum advocato et curatore ipsorum ac dictæ Margaretæ* ».

16

Le mari et la femme, dit le Miroir de Saxe, *n'ont pas de bien séparé pendant leur vie... Ils doivent vivre des biens de chacun d'eux* (1). Le mari, en vertu de sa puissance, pouvait non-seulement les administrer mais en disposer à sa volonté dans l'intérêt de la famille ou dans le sien propre. Il faut pourtant en excepter les propres de la femme sur lesquels le mari n'avait pas plus de droits que sur les siens mêmes. Nous avons dit comment ces droits étaient limités par ceux des héritiers ; il en résultait que les meubles et les biens acquis seuls étaient communs. Le mari pouvait les donner en paiement de ses dettes et se délivrer ainsi de l'esclavage domestique (alors en vigueur en Allemagne) ; peu importait d'ailleurs que ces dettes fussent antérieures au mariage ou contractées pendant sa durée, puisque le droit du mari sur ces biens dépendait de sa puissance, comme *Herr und Meister, seigneur et maître* de sa femme. Ses créanciers pouvaient même poursuivre leur paiement sur les biens communs, et par conséquent sur ceux de la femme, mais seulement pendant le mariage ; car leurs droits étaient, comme

_____

(1) *Sachs. Sp.,* I. 31 : «Mann und Weib haben nicht gezweiet Gut bey ihren Leben.» *Ib.,* 36 : «Mann und Weib sollen leben von ihren beider Gut.»

ceux du mari, bornés à sa durée, et ils ne pouvaient les suivre entre les mains de la femme à qui ils n'avaient jamais cessé d'appartenir, la communauté entre les époux n'étant pas une confusion de leurs biens dans le droit allemand (1).

A la dissolution du mariage, les droits des époux étaient diversement réglés. Si elle arrivait par la mort du mari, la femme reprenait d'abord les biens qu'elle avait apportés, propres et meubles ; mais elle retirait les derniers comme ils se trouvaient, entiers ou en partie. S'ils étaient dissipés, elle ne pouvait rien réclamer de plus et n'avait aucun recours contre les héritiers de son mari, car il n'avait fait qu'user de sa puissance. La femme prenait encore les *Gerade* qui lui appartenaient de plein droit, à l'exclusion de tous autres héritiers, sans avoir égard à leur origine : qu'elles fussent venues du côté edes biens du mari ou de ceux de la femme, elles ne lui en étaient pas moins dévolues en entier ; seulement, dans ce dernier cas, elle les retirait de moins comme biens propres. Quelques statuts du treizième siècle accordent à la femme, par droit de réciprocité, et lorsqu'il n'y a pas d'enfants du mariage, tous les

____

(1) *Droit municipal* de Wintherthur de 1297. Bluntschli, § 31.

biens meubles ou acquêts du mari, les propres exceptés, la femme n'ayant sur ces derniers que son douaire.

Le *Morgengabe* que le mari donnait à sa femme, n'était que facultatif de sa part et non-nécessaire comme les *Gerade*; il n'était acquis à la femme que le lendemain du mariage (1). La propriété lui en était transmise par les modes ordinaires, et l'administration pouvait même lui en être accordée pendant le mariage; mais il n'était considéré que comme une donation à cause de mort, et ne lui était irrévocablement acquis avec libre disposition et transmission à ses héritiers qu'après la mort du mari (2). Il ne se prenait d'ailleurs jamais sur les *propres* ou leurs accessoires. Tous ces droits formaient pour la femme un préciput.

Si un douaire (*Leibzucht* ou *Leibgeding*) avait été constitué à l'épouse avant le mariage, elle l'obtenait par son serment et en conservait l'usufruit

(1) Schrzii *Glossarium Germanicum*, in v° *Morgengabe*. Dans les statuts de Colmar (tit. xxvi , art. 9) le *morgengabe* est aussi donné par la femme à son mari.

(2) C'est en ce sens qu'il faut entendre le *Miroir de Saxe*, I. 20: « Die Frau erbet die Morgengabe auf ihre Erben , und mög damit thun und lassen was sie will, aber Leibgeding nicht. » Dans le droit de Kiberg, le *morgengabe* était fixé à cinq talents, s'il n'avait été expressément constitué: A Zurich, il formait le propre des enfants avec jouissance à la mère pendant sa vie; les filles succédaient comme les mâles au *morgengabe* de leur mère. Bluntschli, *ubi suprà*, liv. III, § 25.

pendant sa vie; ce douaire reposait sur les propres du mari. En Suisse, on l'appelait *Leibding*, et il était constitué non-seulement de la part du mari en faveur de la femme, mais encore de la part de la femme en faveur du mari (1). Mais si l'épouse restait un certain temps dans la maison conjugale avec ses enfants, sans partage, tous leurs biens étaient confondus avec ceux de leur mère qui n'avait plus d'autre droit que de partager avec eux (2).

Si le mariage finissait par la mort de la femme, le mari en était unique héritier mobilier, comme tuteur, à l'exception des *Gerade*, qu'il était tenu de livrer aux plus proches parentes de son épouse. Elles ne devaient même lui laisser de ces biens que les choses nécessaires dans le ménage, une table et un lit garnis, symbole de l'union conjugale (3). Les propres étaient toujours réservés aux héritiers. Quant aux autres biens meubles ou acquêts, leur donation entre époux n'était pas défendue (4). Dans le cas de mort de la femme, comme

----

(1) Bluntschli, liv. II, § 31.

(2) *Sachs. Sp.*, I. 10. 24. 45.

(3) *Sachsens Spiegel*, III. 38 : « Berichten sein Bette, als es stand dieweil sein Weib lebte und auch seinen Tisch mit einen Tischtuch, und seine Bank mit einem Pfule und seinen Stuhl mit einem Kuszen. » — Voir sur ce passage Jacob Grimm : *Von der Poësie in Recht.*, dans le *Zeitschrift für Gesch. R. W.* IIe vol., p. 96, § 14.

(4) *Sachsens Sp.* I. 31. — *Weichbild.* 21. 45.

dans celui de séparation de biens, le mari pouvait retenir le *morgengabe*; mais dans ce dernier, il n'avait aucun autre droit.

Le régime d'association conjugale du Miroir de de Saxe reposait tout entier sur la puissance du mari comme tuteur de sa femme; et les droits divers qui étaient attribués à chacun des époux n'en étaient que la conséquence. Il nous paraît inutile d'insister sur l'affinité de ce système dans ses principes, et même dans ses détails, avec celui des lois barbares. Les droits accordés aux femmes dans cette législation suffisaient à assurer leurs droits de mères de famille, par les *Gerade*, le *Leibgeding* et le *Morgengabe*, et si elles étaient sous la puissance de l'homme, elles étaient aussi sous sa protection.

II. — Le Miroir de Souabe contient plusieurs modifications apportées à tous ces droits (1). Le mari conserva toujours, il est vrai, son autorité comme tuteur, mais il ne put plus aliéner les biens de sa femme qu'avec son consentement ou pour les besoins de la famille. Dans tous les autres cas la femme pouvait revendiquer ses biens aliénés, entre les mains des tiers même, en jurant qu'elle

---

(1) Hasse et Mittermaier, *ubi supra*. — Bluntschli, liv. II, § 31; tom. I, p. 284.

n'avait pas consenti à leur aliénation ; une garantie sur les biens du mari lui était même donnée pour leur conservation, et elle pouvait intenter une action contre lui s'il dissipait sa fortune (1).

S'il y avait des enfants nés du mariage, et qu'il fût dissous par la mort de la femme, le mari retenait tous les biens, sans distinction des propres et des meubles, car les enfants absorbaient les droits de tous les autres héritiers de la femme. Le mari héritier devait cependant donner à chacun de ses enfants âgé de vingt-cinq ans qui demandait la séparation et le partage des biens jusque-là communs, une part de sa propre fortune. C'était un cinquième s'il n'y avait qu'un seul enfant, un tiers, s'il y en avait un plus grand nombre, non pour chacun en particulier, mais pour tous ensemble.

Le mari mourait-il le premier, dans ce cas, s'il n'y avait pas d'enfans, on suivait les règles du Miroir de Saxe. S'il en existait, les fils venaient tous à la succession des *propres* et des fiefs, de préférence à leur mère et aux filles. La femme prenait par préciput ce qu'elle avait apporté, son douaire (*Leibgedinge*), et son *Morgengabe* si elle en avait reçu un. Quant aux *Gerade*, elles n'existent plus dans cette législation ; elles sont confondues avec les autres

(1) *Schwabens Spiegel*, 60.

biens mobiliers que la veuve partage comme héritière avec tous ses enfants (1); l'influence romaine reparaît déjà dans l'Allemagne. Le mari ne peut jamais priver sa femme de ce droit de succession, il peut seulement avantager quelques-uns de ses enfants sur certains biens. Mais d'un autre côté, la femme qui acceptait la succession devait payer les dettes comme les autres héritiers; si elle voulait s'en dispenser, elle devait renoncer et, dans ce cas, elle reprenait seulement les biens qu'elle avait apportés (*fahrende Habe* ou *Gute*).

Le droit du Miroir de Souabe fut en vigueur à Zurich jusqu'au quatorzième, et même jusqu'au quinzième siècle, avec cette modification que la femme, outre le droit d'habitation, de *morgengabe*, et de mariage, pouvait prendre encore la troisième partie des biens du mari (2). En conservant quelques principes anciens, tels que ceux de la tutelle du mari, et du droit pour lui de retenir les biens de la femme, et la restitution de ces mêmes biens à l'épouse, à la dissolution du mariage, il en consacra de nouveaux, en limitant cette autorité maritale et en donnant à la femme un droit de succession sur les biens du mari. — Ces principes furent con-

(1) *Schwab. Sp.*, 127. 143.
(2) Bluntschli (*ubi suprà*), liv. II, § 31.

sacrés par la plupart des statuts des villes, et donnèrent bientôt naissance à une nouvelle institution. D'ailleurs, le droit de la femme aux biens du mari, si ce n'est pour les *Gerade* du Miroir de Saxe qui a remplacé plutôt qu'abrogé l'ancienne loi des Saxons, fut toujours un droit de succession, et non de participation.. Ce principe de succession fait même le caractère distinctif du droit allemand dans les anciennes lois, dans les coutumes et dans les statuts des villes.

CHAPITRE II.

Statuts des villes libres d'Allemagne. Communauté de biens (GUTERGEMEINSCHAFT).— Droit moderne.

Le Miroir de Saxe et le Miroir de Souabe peuvent être considérés comme renfermant le droit commun de l'Allemagne à leur époque. Mais, depuis lors, chaque province, chaque ville libre eut ses coutumes, indépendantes et tellement différentes les unes des autres, qu'elles ne renferment le plus souvent qu'un droit purement local, et qu'il est bien difficile d'y retrouver un droit commun. Nous réunirons dans cet exposé les dispositions les plus générales et les plus communes de quelques-uns de ces statuts; car, au milieu de cette variété et de tous ces changements, sont restés debout quelques principes, qui sont, en certaines parties, comme le pivot de la législation, autour duquel se meuvent successivement, sans l'ébranler, les dispositions nouvelles. Ce principe qui est l'expression du droit national, l'élément germanique pur dans le mariage, c'est le *mundium* marital, que ni l'influence romaine, ni les progrès de la civilisation, ni les variétés de la législation n'ont pu détruire, et qui domine encore de nos jours comme autrefois dans les coutumes de l'Allemagne.

Ainsi, dans toutes les coutumes des villes libres d'Allemagne du quatorzième et du quinzième siècle (1), nous retrouvons le *mundium* marital avec administration et usufruit des biens de la femme pendant le mariage, avec rétention des biens meubles à sa mort et droit de viduité sur les immeubles pour le mari. Mais il ne peut plus disposer avec la même liberté des biens de sa femme pendant le mariage, non pas que la disposition lui en soit interdite, seulement leur restitution est as-

____

(1) Eichhorn, troisième volume, § 451. Hasse, *ubi suprà*, Mittermaïer, §§ 585 et 586. — Bluntschli, liv. II, § 31, et liv. III, § 22.— Mittermaïer, *über Eheliche Gütergemeinschaft*, V, p. 253, 1.— *Statuts* de Rhutens de 1178. — *Statuts* d'Altorf, 1439.— De Durnten, 1480. — De Lauffen. — De Binzicon, 1435. — De Fischtental. — Bulachers, 1483. — Regensberg, 1501. — Winterthur, 1526. — Et Zürich, arrêt du conseil de 1558.

surée au moyen d'une hypothèque ou autre garantie sur ses propres biens.

Les droits de la femme devenaient de jour en jour plus importants dans la famille, et la dot devenait ainsi plus considérable dans le mariage. On comprit, dès-lors, la nécessité d'assurer sa conservation, de l'immobiliser, pour ainsi dire, par l'hypothèque, entre les mains du mari. Alors fut en vigueur cette maxime : *Le bien de la femme ne peut augmenter ni diminuer* pendant le mariage. (*Das Wieber Gut darf weder wachsen, noch schweinen*) (1). La femme ne put garantir sur ses biens que les dettes du mari contractées pour les besoins et dans l'intérêt de la famille ; pour les dettes personnelles il lui fallait l'autorisation d'un tuteur spécial.

Après la mort du mari la femme, s'il n'y avait pas d'enfants, reprenait les biens qu'elle avait apportés, propres ou meubles ; elle avait droit de plus à une portion des biens meubles du mari (portion différente dans chaque statut), et à son *Leibgeding* constitué sur les propres. Ce droit de succession ou de mariage n'était acquis à la femme qu'autant qu'elle avait vécu un certain temps avec son mari.

(1) Bluntschli, liv. III, § 22.

Ce délai est diversement fixé dans les statuts; dans l'un, il est d'un an et un jour; dans l'autre d'un an, six semaines et trois jours. On exigeait même dans quelques-uns que la femme eût gardé la viduité pendant le même espace de temps. Elle ne prenait que ses propres biens, si ce délai ne s'était pas écoulé pour le mariage ou pour le deuil.

S'il y avait des enfants nés du mariage, la femme n'avait droit le plus souvent qu'à une part d'enfant, son douaire et ses autres droits formant toujours un préciput; mais elle ne pouvait rien réclamer alors de ses propres biens, qui étaient confondus dans la masse de la succession. Ce régime ainsi établi par les statuts ou par des contrats particuliers subsista jusqu'au seizième siècle.

Le Miroir de Souabe avait préparé le droit des statuts, ceux-ci à leur tour donnèrent naissance à une institution nouvelle, qui, avec des règles différentes suivant les pays, couvrit bientôt toute l'Allemagne, je veux parler de la communauté de biens (*Gütergemeinschaft*).

Cette communauté ne remonte pas au-delà du seizième siècle, elle n'a de commun avec les institutions antérieures que le *mundium*. Il ne faut pas vouloir lui trouver une origine ancienne, car elle était complétement inconnue au moyen âge. Elle naquit et se développa dans les villes commerciales surtout, parce que plusieurs causes préparèrent et favorisèrent son développement (1).

D'un côté l'importance de l'industrie et du commerce augmentait tous les jours, et avec elle celle des meubles ; de l'autre, les propres perdaient chaque jour la leur, et les droits des héritiers se bornaient déjà à un simple droit de préférence dans la vente ou de retrait dans l'an et jour (2). Leur conservation dans les familles gênait le mouvement du commerce, aussi ils ne furent considérés dans les villes commerciales que comme des meubles ; les contrats de mariage assuraient même leur mobilisation. Avec eux disparut le privilége de masculinité ; les filles succédèrent avec les fils, leur dot devint plus considérable. Mobilisée, elle forma bientôt leur mise de fonds dans le commerce du mari, dont, par droit de succession, elles partageaient déjà les bénéfices, sans partager les pertes. De là à la communauté il n'y avait qu'un pas ;

(1) Eichhorn, liv. III, § 451. — Mittermaïer, *über Eheliche Gütergemeinschaft*, dans le second volume du *Zeitschrift für Geschicht, R. W.*, p. 318 ; et *Deutsche Privatrecht*, 2e partie, § 584. — Hasse, *Skizze der Güterrecht der Ehegatten, ubi suprà.* — Bluntschli, 2e partie (tom. II, 1839), liv. IV, §§ 21 à 27 et 50.

(2) Eichhorn, B. III, § 451, et les auteurs déjà cités.

aussi les contrats de mariage renfermèrent dès-lors des conventions de communauté de biens et de dettes, et réglèrent la part de l'épouse. C'est par de tels actes que commencent toujours les changements de législation. Leurs clauses passèrent dans les statuts. Ajoutez à cela l'influence de la loi romaine, dont l'étude s'était répandue en Allemagne, et qui fit appliquer lors de la révision des statuts, les principes de la société à l'association conjugale, et la communauté de biens fut constituée (1). Elle se répandit alors en Allemagne, sous toutes les formes et avec toutes les variations possibles :—Communauté de tous biens, ou générale; — communauté particulière,— société d'acquêts. — Or, chacun de ces systèmes fut en vigueur dans des pays différents ; il y en a même certains où le droit ancien est encore en vigueur, ou qui ont admis le régime dotal. Nous allons exposer successivement les principes de ces divers régimes.

1° *Communauté générale de tous biens (allgemeine*

(1) Ces motifs de l'introduction et de l'origine de la communauté en Allemagne ont été empruntés aux divers auteurs déjà cités, et surtout à l'ouvrage de **M. Mittermaier** (*Grundsætze des gemeinen Deutschen Privatrechts*) qui réunit les principes du droit et de l'histoire, et qui, en certaines parties, et surtout pour la communauté, pourrait servir de commentaire à notre Code civil : tant le droit germanique est lié dans son origine, et dans ses révolutions même, au droit français.

Gütergemeinschaft) (1). La communauté se compose de tous les biens des époux, sans distinction
entre les meubles et les immeubles, les biens
acquis et les propres ; mais elle ne commence qu'à
l'entrée dans le lit nuptial, ou après l'an et jour.
Elle ne forme ni une masse, comme la société des
Romains, ni une personne juridique distincte des
deux époux, et l'opinion qui admet l'une et l'autre n'a pas de fondement dans le droit, suivant la
plupart des auteurs modernes, quoiqu'on la trouve
consacrée dans quelques statuts (2). Tous les biens
de la communauté sont sous l'administration et à la
libre disposition du mari, en vertu du *mundium*
qu'il conserve, comme nous l'avons déjà fait observer, même sous ce régime ; et la femme ne
peut disposer de rien sans l'autorisation maritale.
Les dettes des époux antérieures au mariage sont
communes ; celles contractées pendant sa durée ne
tombent en communauté qu'autant qu'elles l'ont
été par le mari, ou par la femme avec son autorisation ; que ces dettes soient mobilières ou immo-

(1) Mittermaïer, 587 et 599 (*Privatrechts*) ; et *über Eheliche' Gü-*
tergemeinschaft, ubi suprà. — Eichhorn, vol. III, § 451 ; et vol. IV,
§ 568.

(2) C'est l'opinion de tous les auteurs déjà cités, qui attachent
une grande importance à la solution de cette question et qui la discutent fort longuement.

bilières, peu importe. Il en est de même des délits qui obligent la communauté : ceux du mari parce qu'il peut l'obliger comme maître, ceux de la femme parce que le mari, en vertu du *mundium*, en est responsable.

A la dissolution du mariage, s'il n'y a pas d'enfants, l'époux survivant gagne tous les biens, ou les partage avec les parents du défunt, suivant les statuts. — S'il y a des enfants, la communauté continue entre le survivant et les enfants mineurs. Elle cesse par leur majorité et leur demande en partage, mais non par celles de l'un d'entre eux ; elle finit encore par le convol à de secondes noces de la mère. Le principe de cette continuation de la communauté qui remonte au Miroir de Saxe est dans le *mundium*, la tutelle de ses enfants mineurs, que conserve le survivant (1) ; aussi lorsque l'épouse passe sous le *mundium* d'un nouveau mari, cette communauté ne subsiste plus.

(1) C'est l'opinion commune des auteurs modernes qui ont écrit sur le droit allemand ; aussi regarde-t-on cette continuation de communauté comme ayant lieu de plein droit, dans les lieux où est encore en vigueur le *mundium*, et où elle n'est pas formellement exclue par les statuts.— « En effet, dit M. Mittermaier, cette demeure « en commun (des enfants avec le survivant de leurs parents) a « pour fondement les rapports personnels des enfants aux parents, « plutôt qu'une mise en commun de leurs biens, qu'une commu- « nauté véritable. Il était naturel que les enfants fussent sous la « protection, sous la tutelle (*in mundium*) de leurs parents, et que

La femme peut d'ailleurs renoncer à la communauté, elle se décharge ainsi des dettes; mais elle ne conserve plus de droits que sur les biens qui peuvent lui advenir. — Cette renonciation est admise dans tous les systèmes de communauté.

Le régime de la communauté générale de tous biens était en vigueur dans la Franconie, le duché de Cobourg, d'Hohenlohë, le vicomté de Fulde; les comtés d'Erbach, de Lippe, de Brême, d'Oldenbourg, et dans quelques villes de Saxe, avec le tout au survivant sans enfants; en Westphalie, dans le comté de Mar, le duché de Clèves, dans le Mecklembourg, en Silésie, à Coln, à Hambourg et sur les bords du Rhin, avec la moitié seulement à l'époux survivant.

A Lübeck (1), la communauté n'est admise qu'autant qu'il y a des enfants; s'il n'y en a pas, l'épouse reprend tous les biens qu'elle a apportés; le droit est le même à Holstein et en Poméranie.

2° *Communauté particulière.* — Les immeubles existants au moment du mariage, et ceux acquis

---

« si l'un d'eux venait à mourir, ils restassent sous la puissance « du survivant. » Dissertation déjà citée dans le IIe vol. du *Zeitschrift,* p. 540. — Voir aussi Eichhorn, § 451 ; et Mittermaïer (*Privatrecht*), B. II, §§ 404 et 405.

(1) Voir Hasse, *Skizze der Güterrecht der Ehegatten,* où il traite avec détail de la communauté selon le droit de Lübeck ; et Mittermaier, § 588.

depuis par donation ou succession, en sont exclus.
Cependant le mari a toujours, par suite du *mundium*, l'administration de ces biens; il dispose à son
gré des meubles et des acquêts qui forment les
biens communs. — Les dettes se divisent en mobilières et immobilières; les unes à la charge de la
communauté, les autres à la charge des époux.
Cette distinction a son fondement dans l'ancien
droit germain, et dans cette maxime, que les
meubles et les acquêts sont affectés aux dettes (1). —
Ce système n'est autre, comme on le voit, que le
régime de la communauté légale de notre Code
civil.

Ce régime est en usage à Coln, Berg, Julich,
Luxembourg, Clèves, dans quelques endroits de la
Westphalie, et dans tout l'ancien pays soumis à la
France : ce qui explique l'identité de législation. Il
est admis aussi, mais avec quelques modifications,
dans le comté de Solms, le duché de Nassau (la
loi nouvelle du 10 janvier 1827 a admis la communauté d'acquêts), à Francfort, Hesse-Darm-
stadt, et dans quelques parties de la Prusse.

3° *Société d'acquêts.* — Elle comprend les seuls

---

(1) Mittermaier, §§ 402, 407 et 589. — Eichhorn, B. III, § 452.
453. — Le *Miroir de Saxe*, I, art. 6, dit à ce sujet : « Celui qui ac-
cepte la succession doit payer les dettes, jusqu'à concurrence des acquêts (*fahrende Habe*) et des meubles... »

biens acquis par le travail et l'industrie des deux époux, et les fruits des biens propres ; les dettes contractées en faveur et dans l'intérêt du ménage sont seules communes. — Ce régime existe simultanément avec le régime dotal ; mais le *mundium* du mari s'étend également à tous les biens communs, dotaux, et même paraphernaux. Il est en vigueur en Bavière. En Autriche le droit commun est le régime sans communauté (nouveau code, art. 1233) (1).

4° Du régime ancien sans communauté. — En Saxe on avait conservé les anciens principes du Miroir de Saxe, ainsi qu'à Weimar et en Silésie.

En Pologne, d'après les anciens statuts publiés en 1620 (2), le régime d'association conjugale se rapproche beaucoup de celui du Miroir de Saxe. Même tutelle du mari, avec gain de la dot (3) ; reprise des biens dotaux de la part de la femme avec ce qu'on appelle en latin dans ce recueil *paraphernalia*, qui comprenaient d'abord presque tous les meubles du mari et qui furent ensuite réduits, en 1423, aux objets de ménage, aux *Ge-*

(1) Mittermaier, §§ 408. 390.

(2) *Statuta regni Poloniæ* a Joanne Hier. de Fulstin (Dantzick et Francfort, 1620, in-folio (*par ordre alphabétique*).

(3) In v^is *Tutor* et *Maternalia bona*, p. 509 et 275. — C'est aussi le droit de la Silésie, celui des anciens Slaves.

rade (1). Les frères étaient tenus de doter leurs sœurs, mais en argent seulement, et elles étaient exclues par cela même de toute succession. La distinction des meubles et des propres existe dans ces lois, et l'on n'y peut disposer de ces derniers par testament (2).

L'ancien droit de Suède (*jus provinciale Suevicum*) était peu différent du Miroir de Saxe (3) ; les principes étaient les mêmes ; mais dans les lois votées en l'année 1734, on trouve de grandes innovations (4). C'est le système de communauté particulière des meubles et des acquêts ; il contient pourtant des règles assez remarquables pour le partage de cette communauté. Entre nobles, le mari prend les deux tiers et la femme un tiers ; entre bourgeois et roturiers, chacun des époux prend la moitié. Les mêmes règles sont suivies dans les successions, entre les mâles et les filles (5). Ces lois consacrent d'ailleurs, comme toutes les autres,

(1) In vo *Vidua*, p. 575.

(2) Vo *Testamentum*, p. 505.

(3) Heineccius, *Elementa juris german.*, I. § 280, et Stiernhook.

(4) *Codex legum suevicarum*, receptus et approbatus in conciliis Stockolmensibus ann. 1734, ex Svetico sermone in latinum versus a Christiano König (Holmiæ, 1743, in-4°).

(5) Tit. *De jure matrimonii*, cap. i. 9. 10. 11, et tit. *De jure hæreditario*, c. i. ii. iii.

la puissance maritale et la tutelle perpétuelle des femmes (1).

Dans certaines parties de l'Allemagne que le droit romain avait envahies et où il domine encore, l'ancien droit germanique disparut à peu près complètement. C'est ce que nous atteste pour la Prusse le Code Frédéric, où il ne reste que quelques rares vestiges du droit allemand (2). Le régime dotal et la donation *propter nuptias* qui y forment le droit commun, sont, sans changement aucun, telles que dans le droit romain (3). Cependant dans quelques provinces on reconnaît la communauté générale de tous biens, comme nous l'avons déjà dit; mais sous un nom différent. Les droits de la femme appelés *portio statutaria*, ne sont pourtant autre chose que la moitié de tous les biens meubles et immeubles des deux époux (4).

Outre le *mundium* marital, il y a encore d'autres institutions générales et communes, qui dans les statuts s'associent aux divers régimes d'association conjugale; ce sont :

(1) Tit. *De jure matrimonii*, cap. xix.

(2) Toutefois, on trouve en Allemagne le régime dotal associé avec le *mundium ;* mais alors il n'y a plus de biens paraphernaux pour la femme. Mittermaier, § 382.

(3) *Code Frédéric* (traduction française), 1re part., liv. II, tit. iv, art. 1 à 5.

(4) C'est un droit de succession, *ubi suprà*, art. 8.

Le *Wittum*, *Leibzucht* ou *douaire*, accordé à la
femme sur les propres du mari, réglé par le contrat de mariage ou par les statuts, sans aucun
égard à la dot de la femme. Il se perd par le convol
à de secondes noces (1). Le *Leibgeding* (2): c'est l'ancien prix de la vente, la *dos*. Dans le principe il différait peu du *Wittum*; mais depuis lors, il fut constitué sur tous les biens du mari, et la femme en
l'acceptant dut renoncer à sa dot : le *Leibgeding*
était surtout en usage parmi la noblesse. L'influence du droit romain le transforma complètement. Déjà dans le douzième et le treizième siècle
des chartes nous en donnent des exemples, sous le
nom de *donatio propter nuptias* (3), et aujourd'hui
il n'a pas d'autres règles que celles de cette donation. Il est fixé eu égard à la dot de la femme : en

(1) Glück, *Ausfürliche Erlauterung der Pandecten*, B. XXV.
§ 1243.—Mittermaier, § 395. — C'est le *dotalitium* ou *vitalitium*.—
Voir les statuts de Pologne, in v^is *Dos* et *Dotalitium*.

(2) Glück, *ubi suprà*. — Mittermaier, §§ 394 et 395. — Code Frédéric, art. 5. *Ubi suprà*, §§ 125. 126. 134. — En Suède, d'après les
lois de 1734, au lieu du *Leibgeding*, il y avait pour la femme un préciput du vingtième des biens.

(3) Deux sont rapportées par Glück, § 1242. Une de 1109 : « Ego
Gulielmus trado filiam meam filio vestro, et dabo filio vestro in
dotem cum filia mea centum marcas, et ccc.—Et ego Bertrandus et
Adeleïz recipimus filiam tuam, et post quatuor annos, dabimus filio
nostro in uxorem, et dabimus filiæ tuæ in *donationem propter nuptias*, sive in *sponsalitio suo* terram quam habemus, et ccc. » —
L'autre charte est de 1299.

Prusse, il est de la moitié, et la femme ne le perd pas par un second mariage, seulement la donation *propter nuptias* est plus usitée parmi les bourgeois.

Le *Morgengabe* (1) a aussi subi de grandes modifications ; en usage surtout dans les mariages de la main gauche, il n'est acquis à la femme que par la consommation du mariage, et ne forme plus pour elle qu'une espèce de *bona receptitia*, de biens paraphernaux, dont elle ne peut disposer pendant le mariage à cause du *mundium* marital.

On connaît encore en Allemagne les donations et les successions entre époux réglées par contrat de mariage (2). Ces contrats (*Ehevertrage*) sont nécessaires dans les mariages *ad morganaticam* pour régler les droits respectifs des époux. Dans le principe ils étaient irrévocables comme toutes les dispositions de biens dans le droit allemand ; mais, depuis l'introduction du droit romain en Allemagne, on leur appliqua les règles des donations *à cause de mort*. De là deux espèces de contrats, les uns simples (*Einfache*), faits selon la forme et d'a-

______

(1) Mittermaier, B. II. § 398. — *Codex legum suevicarum*, tit, *De jure matrimonii*, cap. XVIII. Il est appelé *matutinale donum*. — Code Frédéric, 1re part., tit. v, § 26.

(2) Eichhorn, B. III, § 455. — Glück, t. XXV, §§ 1247 à 1250, où il discute longuement sur la nature différente des *Einfache* et des *Gemischte*, sur laquelle les auteurs allemands sont loin d'être d'accord. — Mittermaier, B. II. §§ 409 et 410.

près les règles anciennes, irrévocables ; les autres mixtes (*Gemischte*), d'après le droit romain, révocables, ne réglant que la succession des époux et ayant la forme d'actes de dernière volonté.

Les donations entre époux ne sont prohibées en Allemagne que d'après les principes de la loi romaine ; d'après ceux du droit germanique, elles ne l'étaient que pour les propres, comme celles faites aux étrangers (1).

Les nouveaux codes publiés dans plusieurs parties de l'Allemagne ont confirmé ou modifié ces divers régimes, effaçant toujours quelques vestiges de l'ancien droit germanique. En Saxe et à Weimar, où s'étaient conservés les principes du Miroir de Saxe, les nouvelles lois ont complétement changé l'ancien régime et lui en ont substitué un nouveau. Nous n'exposerons pas ces divers changements qui nous éloignent toujours davantage de l'origine et des principes communs du droit allemand et du droit français, et par conséquent aussi de l'objet de nos recherches.

(1) Mittermaier, B. II. § 411, et la note 4. p. 245, *suprà*.

LIVRE TROISIÈME.

DROIT COUTUMIER FRANÇAIS.

CHAPITRE I.

Lois féodale et coutumière. — Leurs règles diverses dans l'administration et la distribution du patrimoine de la famille. — Retrait. — Réserve. — Droit d'aînesse. — Exclusion des filles. — Bail. — Légitime. — Mainbournie. — Meubles. — Cateulx.

En exposant le système de nos pays de coutume, il nous est impossible de ne pas tenir compte de cette grande révolution qui changea, en France, la face de la société et de la législation. Quelques mots sur l'origine et les principes de la féodalité nous paraissent indispensables pour comprendre l'introduction de tant de droits nouveaux, et surtout pour apprécier leurs rapports avec les mœurs et l'état de la société politique et civile.

A l'époque où nous reportent les plus anciens monuments de notre droit coutumier, nous ne retrouvons plus ni Franks ni Burgundes, ni tous ces autres Barbares qui couvraient notre sol; ils ont disparu avec leurs lois. Mais à leur place se présentent des hommes de telle châtellenie, de telle coutume; leur loi est celle de leur domicile, et c'est là ce qui les distingue les uns des autres. D'où viennent ce changement, cette diversité de lois, ce morcellement du territoire et de la souveraineté? L'affaiblissement de l'autorité royale a fait l'indépendance des grands; cette indépendance et l'hérédité des bénéfices ont fait leur souveraineté territoriale : de là, la diversité et l'incertitude des coutumes (1).

Dans cet état de désorganisation sociale qui facilitait l'oppression, et rendait si difficile la défense du faible, l'usurpation ou la soumission libre dont nous avons tant d'exemples, firent les seigneurs et les vassaux, non par une domination personnelle, mais par une domination réelle. Tout tenait à la terre, et la protection du seigneur et la sujétion du

(1) *Conseil de Pierre de Fontaines à son ami*, ch. I, § 2. « Mais accoustumé ké nous avons me suis moult esbahis, par ce que les anchiennes coutumes que les preudhommes soloient tenir et user sont moult anéanties, parties par Bailleus et par Prévos Ki plus entendent à leur volenté faire, ke à user de coustumes; partie par le volenté à ceux qui plus s'aherdent à leur avis che a fais des anchiens; partie plus par les rices qui ont souffert et despouilles les poures; et or sont li rices par les poures depoosté. Ke li pays est à bien près sans coustume premièrement, par ce que nus n'emplist oncques, mais devant moi cette cose dont j'ai; l'autre, par ce que les coustumes sont presque corrompues et moult se renversent par les chastelnies. » (Le *Conseil* de de Fontaines est avec les *Établissements* à la suite de la *Vie de saint Louis* de Joinville, publiée par Ducange.)

vassal. C'est elle qui, selon sa qualité, avait une loi différente et faisait les nobles et les roturiers (1); car, *dans ces temps-là,* selon l'énergique expression de Montesquieu, *on regardait les hommes comme des terres* (2). Les alleux étaient en fort petit nombre dans les pays de coutume ; leur existence libre en dehors de la loi commune, paraissait une anomalie telle, que des titres seuls pouvaient l'établir, et pas toujours la faire respecter : aussi tous les historiens remarquent leur absorption presque complète dans le système féodal (3).

I. — Malgré ce morcellement du territoire et cette variété des coutumes, il existait des lois générales qui dominaient toutes les autres : c'était la loi des fiefs, la loi des biens nobles, qui avait partout le même esprit, les mêmes principes, parce que les fiefs avaient partout la même origine, la même nature. Puissance territoriale, leur conservation et leur consolidation sur la tête d'un seul dans

(1) Beaumanoir, *Coutume de Beauvoisis,* ch. xxx. « Si li hons de pooste maint en franc fiefs, il est demené comme gentilhons, comme de ajournements et de commandements et peut user des franchises du fief. » — *Établissements de Saint-Louis,* liv. I, chap. cxli. — *De l'état civil des personnes et de la condition des terres dans les Gaules,* par Perreciot, tom. I, p. 203.

(2) Montesquieu, *Esprit des lois,* liv. XXI, chap. xx.

(3) Beaumanoir, chap. xxiv, p. 123. — Robertson, *Histoire de Charles-Quint, Introduction.* — Perreciot, tom. I, pag. 507.

les familles furent la loi générale dans l'ordre civil, comme leur dépendance et leur liaison mutuelle par la foi et l'hommage l'étaient dans l'ordre politique.

La conservation des biens nobles dans les familles se manifeste par la défense d'aliénation, si ce n'est du consentement de l'héritier ou par nécessité (1); cette défense absolue se retrouve même dans quelques-unes de nos coutumes, depuis leur rédaction officielle (2), par les droits de prémesse, et de retrait lignager dans les autres (3); par le droit de réserve, en faveur des héritiers directs ou collatéraux, d'une certaine partie des biens immeubles et patrimoniaux, dont on ne pouvait disposer par libéralité d'aucune espèce. Cette prohibition fut restreinte plus tard au testament (4).

(1) *Anciens usages d'Artois*, tit. xxiv : « Li home puet vendre son hiretage qui venus li est de père ou de mère par III manières de raison : la première si est par l'assentement et le gré de son hoir, la seconde par pourcté, la tierce pour acheter plus souffisant hiretage. » (Dans l'édition in-folio des *Coutumes d'Artois,* par Maillart.)

(2) Ponthieu, 19. — Boulenois, 92. 124. — Artois, 70. — Loudunois, XXVI. 4. — Anjou, 245. 246. — Touraine, 251. 253. — Maine, 362.

(3) Bretagne, 270. 274. Droit de prémesse. — Pour le retrait toutes les coutumes. Il n'y a de différences entre elles que pour le délai du retrait. — Tiraqueau et Pothier, *Des retraits,* 1re part., chap. 1.

(4) *Conseil de de Fontaines,* chap. xxxii, § 21 ; et xxxiv, § 2. — Beaumanoir, chap. xii.

Elle se manifeste surtout dans cette division des patrimoines et leur attribution, selon le côté et la ligne, qui se résume en cette règle célèbre : *Paterna paternis, materna maternis.* C'est du droit des fiefs qu'est née aussi cette autre : *Que les propres ne remontent pas* (1).

La réunion de tous les droits sur la tête d'un seul, qui doit soutenir tout l'éclat de la noblesse et de la puissance des familles, comme aussi remplir toutes les charges des fiefs, est réglée par le droit d'aînesse. Inconnu dans la législation antérieure, du moins il ne s'y montre nulle part ; ce droit est né de la féodalité, c'est à elle qu'il a dû son origine (2). D'après le *Conseil* de de Fontaines et les *Établissements* de Saint-Louis, il est des deux tiers des héritages (3) ; il varia beaucoup depuis lors, et

(1) Bouteiller, *Somme rurale*, tit. LXXVI, p. 447.—Montesquieu, *Esprit des lois*, liv. XXXI, ch. XXXVIII.

(2) Montesquieu, *Esprit des lois*, liv. XXXI, chap. XXXIII. Voir néanmoins Houard, *Anciennes lois des Français, Discours préliminaire*, tom. I, p. 18 ; et un passage de la *Germanie* de Tacite, chap. XXXII, où, en parlant des Teuctères, il dit : « Inter familiam, et penates et jura successionum, equi traduntur ; excepit filius, *non ut cætera, maximus natu*, sed prout ferox bello et melior. »

(3) De Fontaines, chap. XXXIV, § 2. « *Chi parole des dons que li pères puet faire à ses enfants.* Par nostre usage puet li Frans hom donner à ses enfants le tiers de son franc fief et si départir entre ses enfants combien qu'il en ait, que les deux pars en demeurent à son ainsné fils. » — *Établissements*, liv. I, chap. VIII.—V. *infrà.* — Dans les *Anciens usages d'Artois*, tit. XXXVII, le droit d'aînesse est des quatre quints des fiefs.

plus tard fut considérablement réduit. Le père de famille ne pouvait disposer de cette partie de son patrimoine qu'avec le consentement de celui auquel elle était dévolue (1). Le droit d'aînesse n'était pas borné aux seuls immeubles : le fils aîné avait encore la faculté de prendre tous les meubles, à la charge de payer les dettes; les autres enfants, les puînés, ne pouvaient rien réclamer (2). Ce privilége était, d'ailleurs, tellement un besoin dans l'ordre féodal, que plusieurs coutumes, les *Assises* mêmes, l'avaient consacré en faveur des filles à défaut d'enfants mâles, soit en leur accordant pleinement les droits d'aînesse comme aux mâles, soit en les réduisant à un préciput (3). Les substitutions, qui furent d'un si grand usage parmi la

(1) *Anciens usages d'Artois*, tit. xxxviii : *De faire advis à ses enfants.* « Se gentieux homme a plusieurs filles et il leur fait advis ou don sur toute sa terre, faire le puet par le gré et l'assentement de son ainsné hoir. »

(2) *Établissements*, liv. I, chap. viii : « Et se ainsinc avenoit que li gentilhomme allast de vie à mort sans fère partie à ses enfans, et il n'eust point de fame, tuit li meubles seront à l'ainsné; mais il rendroit les detes de son père loiaument, et si puisné li demandoit partie, il leur feroit du tiers de la terre par droit. » — *Anciens usages d'Artois*, tit. xxxvii. — Beaumanoir, chap. xv.

(3) *Assises de la Haute-Cour*, Jean d'Ibelin et Philippe de Navarre, chap. clxxv, p. 275. — Édition de M. le comte Beugnot. Paris, 1841. — *Établissements*, chap. ix : « Gentilhoms se il n'a que filles tout autre tant prendra l'une comme l'autre. Mais l'aisnée aura les hiretages en avantage et un coq se il est, et se il n'iest un sol de rente et guerra (garantira) aux autres parage. » —

noblesse, tendaient toutes à cette consolidation du patrimoine sur la tête d'un seul héritier.

Le privilége de la masculinité est consacré par la loi féodale ; il est écrit dans le *Livre des fiefs* et les *Assises de Jérusalem* qui en sont les codes (1). Il se rattache, en effet, aux deux lois de conservation et de consolidation. La fille conservait cependant, tant qu'elle était dans la famille, les mêmes droits que les puînés (*postnati*), et son exclusion n'était complète qu'autant qu'elle avait été mariée et dotée par son père ou son frère (2). La dot était d'ailleurs laissée à leur volonté ; presque rien suffisait à cette exclusion, et un *chapel de roses* formait

Anjou, 222, — Maine, 238, — Loudunois, tit. xxix, accordent à la fille le plein droit d'aînesse. — Touraine, art. 273, suit les *Établissements*.

(1) *Assises de la Haute-Cour*, Jean d'Ibelin, chap. clxxv, p. 275 : « Car l'oir masles irrite en toz heritages devant l'oir femelle par l'assise ou l'usage de cest roiaume. » — *Consuetudines feudorum*, lib. I, tit. viii, § 1 : « Si quis igitur decesserit, filiis et filiabus superstitibus, succedunt tantum filii æqualiter. » — Voir pour ces deux ouvrages l'*introduction* à la première partie des *Assises* de M. le comte Beugnot.

(2) *Établissements*, chap. ix : « Gentixhome si puet bien donner à sa fille plus grant mariage que avenant, et se il la marioit à moins que avenant, si (ne) puet elle recouvrer à la franchise, et ainsi si gentixhom a sa suer, et il li donne petit mariage, cil qui la prend ne puet autre demander, mes elle puet bien demander avenant partie puisque li pères est mort. » — Ducange et Delaurière, dans leurs notes, pensent qu'il faut suppléer la négation qui n'existe pas dans le texte. Delaurière, *Ordonnances des rois de France*, t. I, p. 116. Il ne s'agit ici que de la fille noble. — Desmares, *Décis.* 236. — Normandie, 261. 349.

souvent toute la dot des filles (1). C'est là un des principes les plus généraux de notre vieux droit : on peut le suivre des *Établissements* jusque dans nos dernières coutumes, de nos vieux auteurs coutumiers jusqu'aux plus modernes ; si Bouteiller décide autrement, c'est qu'il est préoccupé des principes du droit romain, tout contraires en ce point à ceux de nos coutumes ; aussi il est vivement repris de cette erreur par son annotateur Charondas (2).

La dernière règle et la plus importante pour notre travail, qu'il nous importe de signaler dans les lois féodales, comme leur étant propre, est le droit de *bail* ou *garde noble*, en vertu duquel le mineur qui possède un fief est soumis pour tous ses biens à l'administration du plus proche héri-

---

(1) Anjou, 241. — Touraine, 284. — Loudunois, XXVII. 26. — Maine, 258.—Delaurière, *Glossaire du droit français,* in vᵒ *Chapel de roses.* Roman de la Rose :

> Et si tu n'as si grant richesse
> Qu'avoir ne puisse, si te tresse ;
> Et au plus bel te dois déduire.
> Que tu pourras sans toi détruire.
> Chapel de fleurs qui petit couste
> Et de roses à Pentecouste.
> Y ce puet bien chacun avoir
> Quil ne coute pas grant avoir.

(2) *Somme rural ou Grand coustumier de practique,* avec les notes de Charondas, publié sous ce dernier titre en 1621, tit. LXXV, p. 440.

tier de ce fief. Ce qu'il y a de particulier dans le bail, que Beaumanoir distingue avec soin de la simple garde ou tutelle, c'est qu'il est seulement territorial, ne s'attachant qu'aux fiefs, mais par la vertu de ceux-ci attirant tous les autres biens meubles et immeubles (1). Les droits du baillistre sur les immeubles se bornent à leur administration ou plutôt à leur usufruit ; car il ne peut intenter aucune action pétitoire, ni même y répondre. La loi couvre le pupille pendant sa minorité et met lui et sa terre à l'abri de toute poursuite (2).

Quant aux meubles et aux fruits des immeubles, ils forment, ainsi que les acquêts faits par le

(1) Beaumanoir, chap. xv. 23 : « L'en dit que homme de pooste n'a point de bail mes che est à entendre quand ils n'ont point de terre de fief, car s'ils ont fief ils poent avoir bail. Mais s'il n'y a, fors vilenages, il ni a point de bail. » — Bouteiller, tit. xciii, p. 528 : « Or sçachez que fief est de si noble nature et condition que quiconque a le bail d'aucun par la raison du fief a-t-il garde de toutes autres terres, car ainsi le veut le droit de fief. » — Galland, *Du franc-alleu*, p. 16.

(2) *Établissements,* liv. I, chap. lxxi. — De Fontaines, chap. xiv. XXVI. 2 et 3. — Beaumanoir, chap. xvii. — Bouteiller, liv. I, tit. xciii, p. 527 et 528. — Loisel, *Institutes coutumières,* liv. I, tit. iv, règ. 12 : « Par l'ancienne coutume de France, les gardiens ou baillistres, ni les nobles mineurs de vingt ans et les non nobles de quatorze, ne pouvaient intenter, ni être contraints de défendre, en action pétitoire, de ce dont ils étaient saisis comme héritiers, ce qui fut corrigé par l'ordonnance du roi Philippe de Valois, de l'an 1330, en les pourvoyant à cette fin de curateurs. » — *Grant coutumier,* liv. II, fol. 81.

mineur, les bénéfices du bail (1); mais, d'un autre côté, les charges en sont de payer toutes les dettes du pupille ou de son auteur, de fournir à son entretien et à son éducation, ces dettes, ces dépenses excédassent-elles la valeur des meubles. Aussi Beaumanoir, en rapportant un procès, où, les meubles étant à peu près nuls, le baillistre n'en fut pas moins tenu de remplir toutes les charges, conseille-t-il la prudence dans l'acceptation de fonctions aussi dangereuses. C'est une règle générale et absolue que *qui bail prend quitte le rend* (2). Tellement que le créancier qui n'avait pas poursuivi pendant le bail le paiement de sa créance, n'avait aucune action contre le pupille (3). Ces charges n'étaient pas seulement une application

(1) Beaumanoir, chap. xv : « Aussi est il que se aucun a enfant en bail et ils acquéraient aucune chose en tant que ils sont en bail, tout doit che que ils acquièrent estre à celui qui les tient en bail, essieuté ce qui leur serait donné ou lessié d'autrui en testament, car che leur doit estre gardé dusques à tant qu'ils soient en aage. » — Bouteiller, tit. xciii, p. 527 : « Car tout franchement emporte le bail toutes les levées de terres et tous autres meubles et cateux par la condition dessus dicte... »

(2) Bouteiller, p. 529, Loisel, *Institut.; ubi suprà*, règ. 11, et les auteurs déjà cités.

(5) Beaumanoir, chap. xv. 16 : « Quant aucun tient en bail et il ia detes, li debteur doivent sévir celi qui le bail tient. Et se cil qui le bail tient est bien souffisant et bon à estre justiciés, et les créanciers par sa négligence ou sa volonté laisse à poursivir et à requerre sa dete à celui qui tient le bail dusque à tant que li oirs ait aage et puis le demande à l'oir, li hoir a bonne défence par quoi il n'est pas tenu à la dete payer. »

de la maxime, *les dettes suivent les meubles*, car le baillistre n'aurait dû être tenu des unes que jusqu'à concurrence de la valeur des autres.

Le bail avait été institué pour conserver au mineur sa terre franche et quitte, en même temps que pour assurer au seigneur féodal la prestation des charges du fief. En ce sens, son origine est féodale; mais il n'a fait que consacrer dans toute leur rigueur, quoique par une autre cause, les anciennes règles du *mundium;* il est impossible de ne pas reconnaître la source où elles ont été puisées. Il appartenait de plein droit au seigneur, et l'héritier devait le *relever* entre ses mains (1). La personne du pupille n'était pas soumise au baillistre, mais à un tuteur qui était le plus proche parent. « Car « cil qui ont le retor de la terre, disent les *Établis-* « *sements*, ne doivent pas avoir la garde des en- « fants , car soupeçons est , que ils ne vousissent « plus la mort des enfants que la vie, pour la terre « qui leur exharrest » (2). Le père et la mère seuls

(1) *Ordonnance de Louis IV* de 1246 (Delaurières, tom. I, p. 59), § 5. : « Ille autem qui tenet Ballum si terra debet ad ipsum devenire non habet custodiam puerorum, imo proximior post ipsum, et quicumque tenet Ballum debet *facere rachatum,* solvere debita et tenere Ballum in bono statu. »

(2) *Etablissements,* liv. I, chap. cxviii; l'ordonnance ci-dessus et les auteurs déjà cités.

réunissaient dans le *bail naturel* l'administration de la terre et la garde de la personne (1). Le bail emportait succession du fief, puisque le baillistre en était l'héritier le plus proche; les autres biens lui étaient déjà acquis. — Cette institution, avec ses charges et ses bénéfices, s'est conservée dans les nouvelles coutumes sous le nom de *garde noble* (2).

II. — Les biens roturiers avaient aussi leur loi générale comme celle des fiefs, qui tendait aussi à la conservation des biens dans les familles, mais par d'autres principes. Elle existait avant l'établissement du système féodal; elle subsista après. La loi féodale lui emprunta même un grand nombre de principes qui n'ont pas peu contribué à sa formation. Elles ont donc des règles communes, mais pour ce qui est d'origine purement féodale, on ne le retrouve pas dans la loi coutumière. Donc cette dernière ne vient pas de l'autre.

Ainsi, d'un côté, les règles de conservation des propres qui existaient déjà dans les lois barbares,

---

(1) *Assises de la haute cour* (Jean d'Ibelin), chap. CLXXIII, p. 280; « Car il est assise ou usage au reiaume de Gérusalem que le père ou la mère doit avoir le bailliage de l'eschéte de ses enfants, » et les auteurs cités.—Voir aussi les *Olim* publiés par M. le comte Beugnot, (en 1839, Imprimerie royale), année 1268, p. 726. IV. et 1260, p. 472.

(2) *Paris*, art. 265 et suiv. — Pothier, *Traité de la garde noble et bourgeoise*. — Voy. aussi Pasquier, *Lettres*, liv. IX, chap. I.

furent appliquées aux biens roturiers comme aux
fiefs, et ceux-là furent soumis au droit de prémesse
et de retrait lignager et féodal (1). Une réserve
fut admise aussi pour les enfants et les autres
parents. Beaumanoir assimile complétement en
ceci les nobles et les roturiers (2). D'un autre côté
le partage entre les enfants aîné et puînés, mâles et
filles, eut lieu par égales portions (3). Le droit d'aînesse n'existait pas dans la loi coutumière, non plus
que l'exclusion des filles mariées. Ce sont là du
moins les règles des *Établissements*. Si c'est un progrès sur l'ancienne législation, on ne saurait avec
la meilleure volonté l'attribuer au régime féodal. Mais il faut avouer que cette exclusion se retrouve plus tard pour les filles et les fils même
mariés qui ne sont plus dans la *celle* ou dans la

(1) *De l'état civil des personnes et de la condition des terres dans
les Gaules*, par Perreciot, tom. I, p. 563.

(2) «Chacun gentixhons ou home de poeste qui n'est pas sers pot
par nostre coustume laissier en son testament, ses meubles, ses
conquêts et le quint de son hiretage, là où il li plest, exceptés
ses enfans, as quix il ne peut laissier à l'un plus que à l'autre»
(chap. xii. 5).

(3) *Etablissements*, liv. I, chap. cxxxii, *De partie fete entre les
enfants coustumiers :* «Quand hons coustumiers a enfants autant
a li uns comme li autres en la terre au père et à la mére par droit,
soit fils ou fille et tout autant es meubles et achaz et es conqués.
Car lois a vilains si est aux patremoines selonc l'usage de la Court-
Laie. Et si li hons coustumier avoit fils marié ou fille, et il en eut
autant à l'hostel et ils demandassent partie ; cil qui ne sont pas ma-

main du père (1), et qu'on l'appliqua généralement tant aux filles roturières qu'aux filles nobles. Est-ce un changement de jurisprudence depuis les *Établissements?* Ou bien, n'est-ce qu'une continuation de la loi ancienne qui aurait subsisté, malgré leurs dispositions? Cette dernière opinion nous paraît préférable, d'autant plus que les *Établissements,* alors même qu'on voudrait leur reconnaître une autorité légale plus grande que celle des autres coutumiers de cette époque, ne s'étendaient pas à toute la France, et qu'ils ne furent guère en exécution, malgré la sagesse de leurs réformes. Il est bon toutefois de constater cette variation, en faisant observer que les coutumes firent toujours une distinction entre la fille noble et la roturière.

Pour les conquêts et les meubles, le père de famille put toujours en disposer librement; il n'y eut de restriction que lorsque les propres ne suffi-

---

riés ne lor puent veer partie *par droit.* Mais dans ce cas, il doit y avoir rapport.» Le mot *droit* n'indiquerait-il pas ici le droit romain plutôt que le droit coutumier? — Voy. aussi Beaumanoir, chap. xiv. — Bouteiller, p. 460; mais seulement pour l'égalité entre l'aîné et les puînés, les mâles et les filles.

(1) Jean Desmares, *Décision* 236 : « Si aucuns enfants sont mariés de biens communs et autres enfants demeurent en *celle,* c'est-à-dire en domicile de père et de mère, iceux enfants renoncent taisiblement à la succession de père et de mère, ni puent rien demander au préjudice des demeurants en *celle,* supposé qu'ils rapportassent ce qui donné leur a été en mariage; *car par mariage ils sont mis hors*

saient pas à la soutenance des enfants (1) : là commençait la légitime , sur les conquêts et les meubles , introduite en faveur des enfants par l'équité des jurisconsultes , mais variant avec les besoins et n'ayant pas encore de quotité fixe ; elle ne fut réglée que plus tard , dans les nouvelles coutumes (2).

La *garde noble* ou *bail* n'avait pas lieu pour les biens roturiers , quoique pouvant exister entre personnes non nobles , lorsqu'elles possédaient

la main de père et de mère. » — Delaurière, dans ses notes sur les *Établissements*, chap. cxxxii, rapporte un passage de des Ursins qui traite de l'exclusion des filles. — Voir Charondas Juvénal en ses notes sur Bouteiller (tit. lxxv, p. 440), où il ne distingue pas entre la fille noble et la roturière.

(1) De Fontaines, *Conseil*, chap. xxxii, § 21 : « Tu puex entendre quant li hons n'a rien fors muebles et conqués k'il puet tout laissier là où il vourra par coustume du pays, s'il n'a enfants qui rien n'ont ou il ait père et mère d'autre tel manière. »

Beaumanoir, ch. xii : «Nous avons dit en cest capitre meisme que cascuns puet laissier en son testament le quint de son hiretage et ses muebles et ses conquèts. Ne porquant seli remanant de son hiretage n'est pas si grans qu'il souffise à le soustenance de ses enfants, et li muebles et li catel sont grant, et il n'en laisse nul à ses enfants, ançois les laisse toz à estranges personnes nous ne accordons pas que tex testament soit tenus. ançois doit être retrait dou testament tant que li hoirs puissent resnablement vivre et avoir lor sostenance selonc lor estat... » — Il fixe ensuite les cas d'exception parmi lesquels se trouve l'exhérédation évidemment empruntée au droit romain.

(2) L'*Ancienne Coutume de Paris* ne réglait pas la quotité de la légitime, quoique ce soit sur son art. 125 que Dumoulin ait dit qu'elle n'était due qu'à l'héritier. — Voir *Coutumes notoires*, art. 7 et 13, dans Brodeau : *Commentaire sur la Coutume de Paris*, tom. II.

des fiefs (1). Il n'y avait pour les premiers qu'un simple droit de garde et d'administration qui était dévolu au plus proche héritier de l'immeuble, *li plus prochains dou lignage*, dit Beaumanoir. Ce droit était appelé *garde* ou *vourie* et n'attribuait aucun bénéfice au gardien sur les fruits ou les meubles, et c'est la principale différence signalée par tous les anciens auteurs, qui existait entre le bail et la simple garde (2).

Si nous recherchons la cause et l'origine de cette distinction entre les deux tutelles, nous la trouverons dans la séparation de la puissance sur la personne, du pouvoir sur les biens du pupille, qui elle-même est due à l'influence de la propriété foncière et du régime féodal. Ainsi, lorsque le bail est séparé de la tutelle, par exemple, dans la ligne collatérale, la loi féodale attribue au baillistre les biens meubles et les fruits comme accessoires du fief ; cette raison n'existant pas dans la simple garde, le gardien n'a aucun droit de propriété sur les

(1) Beaumanoir, chap. xv. 23 : En vilenage n'a point de bail. — *Établissements*, liv. II, chap. xviii. — Bouteiller, p. 530. — Loisel, *Inst.*, I. IV. 14.

(2) Dans la seule *Coutume de Paris*, art. 267, les deux gardes ont les mêmes effets ; on appliquait déjà les règles de la tutelle romaine.—Beaumanoir, chap. xv.—Desmares, et *Coutumes notoires*, dans Brodeau—*Grant coustumier de France où est contenue la vraye instruction de practique et la manière de procéder et practiquer ès souveraines cours de parlement, prévôté et vicomté de Paris et autres jurisdictions du royaulme* (Paris, édit. Denys Janet, 1536), fol. 82.

biens du mineur, et n'est chargé aussi que de conserver et de rendre la terre, et non de payer les dettes. Mais lorsque la puissance sur la personne, la *mainbournie*, comme l'appellent nos vieux auteurs coutumiers, est unie au bail ou à la garde entre les mains du père, de la mère, de l'aïeul ou de l'aïeule (1), les effets des deux tutelles sont les mêmes, et on les appelle le plus souvent l'une et l'autre du nom de *garde;* et c'est en ce sens que Desmares et l'auteur du *Grand coutumier* ont dit que *garde a lieu en ligne directe et bail en collatérale,* voulant dire par là que c'est seulement en ligne collatérale qu'il y a lieu de distinguer (2). Dans la ligne directe la *mainbournie*, le *mundium* ancien produit cet effet que le *mainburnissière,* quel qu'il soit, noble ou roturier, est investi de plein droit de la propriété de tous les meubles et conquêts de son descendant, à la charge de payer ses dettes.(3). C'est une suite de la puissance pater-

(1) Desmares, Décision 181. — *Coutumes notoires du Châtelet de Paris,* 25. 28. 157 : — *Grant Coustumier,* liv. II, fol. 82 : « Item toutes gens de poste, *aultres que père et mère,* rendent compte tant des meubles comme des usufruicts de vilenage par eulx reçus. »

(2) Desmares, *Décision :* 250. — *Grant Coustumier, ubi suprà :* « Nota que ce qui est appelé *garde* entre le père et la mère, l'aïeul ou aïeule qui sont en ligne directe envers les enfants est appelé *bail* entre ceulx qui sont de la ligne collatérale envers iceulx enfants, comme frères, oncles et filles. »

(3) Desmares, *Décision* 360.

nelle et non du bail ou de la simple garde collatérale, qui n'ont pas lieu dans ce cas (1).

Toutefois, Beaumanoir distingue le bail de la garde entre nobles et roturiers, même en ligne directe lorsque c'est le père ou la mère, survivant, qui est baillistre ou gardien de ses enfants. Mais cette distinction tient à la différence qui existe dans les droits du mari sur la personne et les biens de sa femme, selon qu'ils sont l'un et l'autre nobles ou roturiers, droits qui font la matière du chapitre suivant et dont ceux des enfants ne sont que la suite (2).

(1) Aussi dans tous les anciens coutumiers, on ne parle pas, dans ce cas, de la garde seulement ; mais on exige que le mineur soit encore en la *mainbournie* de son père, de sa mère ou de son tuteur. Tous s'expriment ainsi : ayant *garde et mainbournie*. — *Coutumes notoires*, 28. — Desmares, *Décis.* 281. — Nous trouvons dans le *Grant Coustumier* la raison de cette coutume. C'est que : « *Tous les conquêts que enfants demourans soubz la puissance de leur père*, c'est à savoir avecque eulx et sans emancipation sont aux dictz père et mère. » — Il en est de même des dons ou legs faits au mineur en la puissance des père ou mère qui sont acquis à ceux-ci. (*Grant Coustumier*, liv. II. *De succession, testament et exécution d'ycelui*, fol. 81. 82). C'étaient donc là les effets de la *mainbournie*.

(2) Beaumanoir, chap. xv. 10. *Ubi suprà :* « La seconde différence qui est entre bail et garde, si est tele que se mi enfants sous aagiés sont avec moi, et ils ont aucune chose de par leur mère qui est morte, ils perdent où gaaignent avec moi dusques à tant que partie leur est fete soufisamment et ils sont osté de me *mainburnie*. Et chil qui sont en bail ne puent demander fors que leurs fiés quites et délivres quant ils sont aagié ; ains emporte cil qui le bail tient tous les esploits des fiefs et tous les muebles de celi dont li baus vint par, desor son testament, ou le tout se il n'i a point de testament. »

Quand nous parlons des gens de *pooste* ou roturiers, nous n'entendons pas parler des serfs avec lesquels il faut bien se garder de les confondre; car ceux-ci n'avaient rien, ne pouvaient disposer de rien (1).

Quant aux meubles qui ont formé de tout temps une classe de biens à part, ils ne composaient alors qu'une très-modique partie du patrimoine. La richesse était tout immobilière; il n'y avait ni industrie ni commerce, ces deux sources de la fortune mobilière; qui les aurait cultivés? Comment auraient-ils pu subsister dans l'atmosphère féodale? Les Juifs seuls étaient commerçants (2). La fortune mobilière ne donnait alors ni honneur ni puissance, elle était sacrifiée à l'autre. Aussi les meubles n'avaient pas une existence indépendante; ils étaient considérés comme accessoires ou de la personne ou des terres.

Dans cette dernière classe étaient les *cateulx* ou *chateux*, troisième espèce de biens qui tenaient le milieu entre les meubles et les immeubles (3). C'étaient les fruits non encore détachés du sol, mais arrivés à un certain point de maturité, ou

(1) Beaumanoir, chap. xii et xlv.—De Fontaines, chap. xxi, § 8.
(2) Montesquieu, *Esprit des lois*, XXI. 20.
(3) *Anciens usages d'Artois*, chap. xi. — *Nouvelle Coutume d'Artois*, art. 143. 144. — Boulenois, Bouquesne, dans Bouteiller.

même certaines constructions rurales. Les anciennes coutumes les déclaraient meubles (1). Les nouvelles, au contraire, par application des principes du droit romain, les déclaraient immeubles (2). De là leur diversité pour le partage des fruits et de l'actif de la communauté pendant la tutelle ou le mariage (3).

Voici les principales règles qui régissaient les meubles comme conséquence de leur peu d'importance ou de leur nature accessoire. *Les meubles n'ont pas d'assiette : ils suivent le corps ; ils n'ont ni côté ni ligne,* comme accessoires de la personne. Sur eux seuls portent les dettes, car *elles suivent les meubles* et ne peuvent affecter les propres; ils *n'ont point de suite par hypothèque,* et *leur possession vaut titre* (4).

Nous avons cru devoir nous étendre avec quelque détail sur ces principes, parce qu'ils auront la plus grande influence sur le régime d'association conjugale de notre droit coutumier.

(1) Nivernais, chap. xxvi. 1. — Vitry, 94. — Berry, tit. *Des meubles,* 23. — Auxerre, 195 et suiv. — Bourbonnais, 284 et suiv. ; et *suprà.*

(2) Paris, 92. — Orléans, 354. — Sens, 275.

(3) Lebrun, *Traité de la communauté,* liv. I, chap. v, distinct. 2.

(4) Voir, pour toutes ces règles, Loisel, *Institutes,* liv. II. I. 12 et 13 ; et III. VII. 5. — Beaumanoir, chap. XII. — Le *Grant Coustumier,* liv. I.

CHAPITRE II.

Contrat de mariage. — Régime d'association conjugale du droit coutumier avant la rédaction officielle des coutumes. — BAIL ET MAINBOURNIE du mari.

Le contrat de mariage était, dans le droit coutumier, un des actes les plus importants, car il ne réglait pas seulement les droits des époux, mais encore ceux des familles. Nous verrons s'y reproduire les principes des deux lois noble et coutumière relativement à l'administration et à la distribution du patrimoine. La loi ou plutôt la coutume consacrait et protégeait alors tous les droits, tous les intérêts ; elle suffisait à tous. Aussi le contrat de mariage se faisait à la porte de l'église ; là, le père ou le frère constituait une *dot* ou *mariage* à la fille, et le fiancé un douaire (1). Toutes les stipulations se bornaient à cela, et au milieu des familles et des amis, la bé-

(1) *Établissements*, liv. 1, chap. x. 28.—Beaumanoir, chap. XIII, *infrà*.—Bouteiller, liv. I, tit. XLV, p. 346.—*Olim*, 1261, p. 524. 17: « In porta ecclesiæ, quando fieri debuerint sponsalia. » C'étaient ordinairement ces vassaux qui étaient chargés de faire les frais de chevalerie du fils aisné, comme du mariage de la fille de leur seigneur. — Or sçachez que par le droit seigneurial et de chevalerie les seigneurs ont bien accoustumé à demander sur leurs hommes tenans en fiefs et sur leurs hommes tenans en cotterie, la chevalerie de leur aisné fils quand il devient chevalier, et aussi le mariage de leur fille pour les grandes mises que les seigneurs font en ce faire. » (Bouteiller, tit. LXXXVI, p. 495.)

nédiction nuptiale leur donnait le caractère d'irrévocabilité (1). Il n'y avait alors qu'un seul régime d'association conjugale, comme il n'y avait qu'une seule forme de contrat, et l'un et l'autre sont le miroir fidèle des mœurs de cette époque.

Plus tard, on ne s'accommoda plus de ces conventions qui pouvaient être en harmonie avec la simplicité des premiers temps, et les garanties de la loi, mais qui ne suffisaient déjà plus. Un officier public fut appelé à rédiger le contrat, et on se plut à le charger de toutes sortes de clauses ; on stipula en faveur des époux et de leurs enfants, en faveur des familles ; tous les droits y furent réglés, nous en verrons quelques exemples. C'était le pacte des familles ; mais, outre leur intervention qui était toujours requise, le seigneur féodal dut être appelé au mariage des filles nobles possédant fief (2) ; son

(1) Pour le serf, il n'y eut ni dot ni douaire, et il ne put contracter mariage qu'avec le consentement de son seigneur. *Roman d'Achis* (Ducange, in v° *Dos*).

> Le prestre fut appareillé
> A leur entrée les a seigné,
> Ains n'y fust douaires nommez
> Ne serements un seul jurez,
> Fiance faite ne pluvie,
> Mais le vassal reçut sa mie.

(2) Montesquieu, *Esprit des lois*, liv. **XXXI**, chap. xxxiv : « Les contrats de mariage devinrent pour les nobles une disposition féodale et une disposition civile. »

consentement était nécessaire, et on peut voir dans les *Assises de Jérusalem* ou plutôt dans les coutumes recueillies par Jean d'Ibelin et Philippe de Navarre, jusqu'où s'étendaient ses droits en cette matière (1).

Ce qui frappe le plus dans le régime des biens entre les époux, dans les pays de coutume, c'est d'un côté le pouvoir exorbitant donné au mari, et de l'autre le douaire accordé à la femme, qu'on dirait presque une compensation du premier. Nous examinerons successivement dans ce chapitre et les suivants ces deux points principaux qui dominent tous les autres; mais nous séparerons surtout les deux époques: celle antérieure à la rédaction officielle des coutumes, et celle qui lui est postérieure. Nous aurons cependant assez souvent recours aux coutumes rédigées dans la première, lorsqu'elles nous paraîtront renfermer un principe ancien.

Dans le droit coutumier le mariage émancipe (2):

(1) *Assises de la Haute Cour* (édit. Beugnot), chap. CLXX, CLXXI, CLXXVII, CLXXIX. — *Établissements*, liv. I, chap. LXXI, avec les notes de Ducange. — Ordonnance de 1240, de Louis IV, § 2 (Delaurière, I. 59). — *Regiam majestatem*, XLII. § 2; XLVIII. § 1. Ce droit était universel dans le système féodal.

(2) Loisel, liv. I, tit. II, règ. 7: « Hommes et femmes mariés sont tenus pour émancipés. » — *Grant coustumier*, p. 205. — Jean Desmares, *Décision* 256: « Car par mariage ils (les enfants) sont mis hors la maison de père et de mère, » et *infrà.*

C'est un principe général, non pas cependant en
ce sens que la femme mariée soit libre de toute
puissance ; mais émancipée de celle du père, elle
passe sous la puissance du mari ; il y a transmission
de l'un à l'autre (1), car « femme mariée, en pays
« coutumier, ne peut estre en *garde* ou adminis-
« tration d'autre que de son mari » (2). Mais quelle
est cette puissance ? Les anciennes coutumes la
proclament, *le mari est bail ou gardien de sa femme* (3);
bail naturel comme le père et la mère, c'est-à-
dire, réunissant entre ses mains l'administration
de la personne et des biens ; *baillistre, gardien* et
mainburnissière comme l'appelle Beaumanoir (4),

(1) « Loisel, *ubi suprà, reg.* 20 : — Femmes franches sont en la
puissance de leurs maris, et non de leurs pères. » —Chassaneus. *in
Consuetud. Burgundiæ,* § 1, n. 19.—Desmares, *Décision* 55 : « De
coustume la femme est en la puissance de son mary, autrement est
de droit escript. » — D'Argentré, *sur la Coutume de Bretagne,*
art. 472. — Loyseau, *Des offices,* liv. V, chap. II, n° 27.—Jean Faber dit cependant, *ad tit. Instilut. de senatus-consulto Tertulliano,*
n° 1 : « Uxor transit in potestatem viri, nec tamen eam eximit a
potestate patris. » Ce qui ne peut s'appliquer qu'au droit romain.
Il est d'ailleurs réfuté par d'Argentré, art. 410 de l'*Ancienne coutume,* glose I.—Auvergne, XIV. 1, et Artois, 87, font dater cette
puissance des fiançailles.

(2) Desmares, *Décisions,* 290.

(3) Loisel, liv. I, tit. IV, R. 5. — L'auteur du *Grant coustumier :*
« Il a (le mari) le bail de sa femme. » —Artois, 134.—Boulenois, 27.
29. 43. — Amiens, 9. — Clermont en Beauvoisis, 87. 88. 89. 90. —
Péronne, 124.— Reims, 249. — Vermandois, 19. — Ponthieu, 28.
— *Coulumes notoires,* art. 163.—Cambray, tit. I. 26.

(4) Beaumanoir, chap. XXI. Le passage est rapporté *infrà.* —
Haynault, chap. LXXX.

c'est-à-dire, tuteur noble ou roturier; sa puissance embrasse tous les biens, et il réunit en sa personne, au plus haut degré, tous les droits et toutes les charges de la *mainbournie*.

Tous les auteurs ont reconnu ce pouvoir du mari et l'incapacité de la femme; mais bien peu ont pénétré la cause et les principes d'où ils dérivaient l'un et l'autre. Toutes les coutumes appellent aussi le mari *seigneur et maître* de tous les droits et actions de sa femme; elles déclarent celle-ci, au contraire, incapable de contracter ou d'exercer aucune action en justice; et plus nous remontons vers les plus anciens monuments du droit coutumier, et mieux nous trouvons constatée, d'un côté, la puissance, de l'autre, l'incapacité. C'est donc là qu'il faut rechercher leurs principes; car dans les auteurs modernes, et même dans les coutumes, loin de les reconnaître, on cherchait au contraire à les affaiblir ou à les détourner.

En rapprochant les divers effets de la puissance maritale, on y retrouve tous ceux de la puissance paternelle, c'est-à-dire du *bail*, de la *garde* et de la *mainbournie* (1). Mais d'où vient cette puissance?

______

(1) Joannes Faber, *ad leg. I, Cod. De bonis maternis.* — Choppin, sur la *Coutume d'Anjou*, tom. I. 41. 348. 349; II. 592. — Boerius,

Est-elle sortie du régime féodal? ou bien, n'est-elle que la continuation d'une institution plus ancienne qu'il n'a pu détruire? Les noms donnés au mari nous indiquent cette origine et ses modifications. Le mari est *mainbour* de sa femme, et le mot de *mainbournie* dérive évidemment de l'ancien *mundium* ou *mundeburdium* (1) : voilà son origine. C'est l'élément germanique, principe impérissable, toujours le même, que nous allons retrouver dans le droit coutumier, et dans toutes les coutumes de France comme dans celles d'Allemagne, avec le même caractère et les mêmes effets. Mais le mari est appelé aussi et le plus souvent *bail*, ce qui nous montre l'intervention du régime féodal dans la tutelle ancienne qu'il modifie, par rapport à la femme comme pour le pupille, mais qu'il consacre sous un nom nouveau. C'est en ce sens que Ducange a dit : « Maritus est « tutor uxoris, post desponsationem ; ita etiam « jure francico ubi *mari et bail*, vulgò appellatur « in consuetudinibus municipalibus » (2). Nous avons donc à constater ici les effets de la tutelle

in *Consuetud. Biturig.*, I. § 4, p. 6. — Joseph Sainson, *Coutume de Touraine*, tit. xxxiv. — D'Argentré, art. 410, glose 1.

(1) Delaurière, *Glossaire du droit français*, in v^{is} Bail, Manbour, et notes sur Loisel, tom. I, p. 221 *in fine*.

(2) Ducange, *Glossaire*, in v° *Mundium*.

noble, et ceux de la *mainbournie* ou de la *garde* pendant le mariage.

Comme *mainbour* le mari a pleine puissance sur la personne de sa femme du jour du mariage (1); il en est saisi de plein droit comme le père sans avoir besoin de la demander en justice, et sa femme ne peut ni contracter, ni ester en jugement (2), ni même tester, et c'est là un des effets du bail personnel ou de la *mainbournie* de la femme; car il ne pourrait l'être d'une simple administration. Aussi se trouve-t-il dans toutes les coutumes qui ont conservé le nom du *bail* et ses effets (3).

Pour se faire une idée juste de l'incapacité de la femme, il faut étudier nos vieux auteurs; quelques-uns d'entre eux semblent même avoir emprunté à leurs ancêtres barbares leurs sentiments sur le caractère et la faiblesse des femmes. Il est curieux de lire sur ce point d'Argentré (4); c'est qu'il ne voyait

(1) Les *Coutumes* d'Auvergne et d'Artois la font remonter au jour des fiançailles.

(2) Voir *Assises de la cour des bourgeois*, chap. cxvi et cxvii.

(3) Artois, 86.—Bourgogne, chap. iv.—Clermont en Argonne, vii. 7. — Normandie, 417. — Bar, 108, etc. — Le mari, dans les anciens coutumiers, est appelé *li sires* ou *baron* de sa femme : mot qui exprime sa suprématie et sa puissance dans la famille.

(4) D'Argentré, art. 410 de l'*Ancienne Coutume*, glose 2, n° 2 : « Sunt enim in hoc animante effrænes motus, efferata iracundia,

que les lois et qu'elles supposent des idées et des principes semblables dans leurs auteurs. La fiction des romans fait place ici à la réalité. Loyseau compare l'épouse de nos coutumes à la *mère de famille* romaine et la puissance maritale à la *manus* (1). Delaurière, l'auteur qui a su le mieux démêler dans le nombre infini de nos coutumes, leurs principes, fait aussi dériver la *mainbournie* du mari de la *manus*, en supposant que les Germains l'avaient empruntée aux Romains et nous l'avaient transmise sous le nom de *mundeburdium* (2). Cette opinion, quoique erronée, en ce qui touche l'origine du *mundium*, comme nous l'avons déjà fait observer, nous fait comprendre toute la puissance

impetus concitati, magna consilii inopia, et imbecillitas judicii, superbia indomita; sexus ipse ad commercia et frequentandos hominum cœtus inhabilis et multis insidiis obnoxius quod Imp., D. L. *Maritus Cod. De procurat.*, advertit.... Melior gentium sensus et transmissa antiquissimi moris exempla ab vetustissimis Gallis qui uxores fortunasque earum in potestate habuisse a Cæsare traduntur. »

(1) Loyseau, *Des offices*, liv. V, chap. II, n^is 26 et 27 : « Car il faut prendre garde que nos mariages de France ressemblent du tout à ceux de l'ancien droit romain, qui se faisaient *per coemptionem*. De sorte qu'en effet la puissance maritale demeure telle à peu près que la paternelle, et ainsi que la mère de famille estoit à Rome en semblable puissance du père de famille que le fils de famille; » et *Du déguerpissement*, liv. II, chap. IV, n^is 4, 5, 6.

(2) *Glossaire du droit français*, in v° *Bail de mariage*. Nous avons déjà réfuté cette origine en parlant des lois barbares, *suprà*, liv. I, chap. II.

que les coutumes attribuaient au mari : « Quia,
ut sæpe dixi, æquiparantur *circa ista* pater et filius,
maritus et uxor,» dit Chassanée (1).

Le mari en sa qualité de *bail* ou de *gardien* acquérait de plein droit aussi la puissance sur les
biens de sa femme : « Comme donc, dit Loyseau,
« les maris ont puissance sur leurs personnes, aussi
« l'ont ils à plus forte raison sur leurs biens » (2).
La femme apportait toujours lors du mariage quelque chose de plus ou moins de valeur, en meubles
ou en immeubles. On appelait cet apport dans le
latin du moyen âge *maritagium* (3) et dans nos anciens coutumiers *mariage, mariage avenant* (4). Il
était d'abord, comme nous l'avons déjà dit, constitué à la porte de l'église en même temps que le
douaire. La femme pouvait aussi acquérir quelques
biens pendant le mariage; les droits du mari sur les
uns et sur les autres dépendaient de leur nature.

Le *bail* ou la *mainbournie* du mari, comme celle
du père, lui conférait l'administration des immeu-

(1) Chassaneus, *in Consuetudine Burgund. R. Des droits appar-
tenants à gens mariés* , § 5, n° 45.

(2) *Du déguerpissement, ubi suprà*, n° 7. — *Grant Coustumier :*
« *Item* nota, de consuetudine maritus est procurator legitimus et
necessarius uxoris suæ, » fol. 69, liv. II, tit. *Des douaires.*

(3) Ducange, *Glossaire*, in v° *Maritagium*. Voir diverses chartes
qu'il rapporte et les lois de Simon, comte de Montfort, de 1212, à
la suite du *Franc-alleu*, de Galland.

(4) *Établissements*, I. chap. ix. — Normandie, 261, etc.

bles de sa femme, nobles ou roturiers (1) ; s'il s'a-
gissait de fiefs, le mari en relevait le *bail* (2) et prenait le titre des seigneuries, il recevait les vassaux
en foi et hommage ; enfin il exerçait en son propre
nom toutes les prérogatives et tous les droits de
seigneur (3). Mais les unes et les autres étaient bor-
nées à la jouissance. Ainsi il pouvait intenter toutes
les actions possessoires ; mais dans aucune coutu-
tume, il n'avait le même droit pour les pétitoires
qui supposent la propriété (4). Le consentement de
la femme était alors nécessaire, et si l'aliénation
d'un immeuble avait été consentie par elle, il n'y
avait pas lieu au remploi du prix, il tombait en
communauté, ou pour parler plus exactement,
suivait la condition des autres meubles (5). Le mari

(1) Péronne, 124 : « Le mari a le gouvernement et administration
des immeubles et héritages de sa femme, et sans procuration d'elle
peut agir en son nom., comme *mary et bail*, intenter et déduire
toutes actions personnelles et possessoires, et aussi les réelles,
pour son intérêt seulement. » Et les autres coutumes déjà citées.

(2) *Ordonnance de Louis IV*, de 1246 : « Et si relicta nobilis vel
alterius feodati se maritet, maritus suus facit homagium domino et
solvit rachatum, et rachatus est valor terræ ; » et Coutumes de la
note 3, p. 288.

(3) Loyseau, *Des offices*, liv. V, chap. II, nis 28, 29, 31.—*Du déguerpissement*, liv. II, chap. IV, nis 9 et 10.

(4) Loisel, *Institut.*, liv. I, tit. II, règ. 16 ; et *ibi* Delaurière. —
Paris, 225. 226. 227. 233.

(5) Loisel, *Institut.*, *ibid.*, règ. 14, et *ibi* Delaurière. — Lebrun,
Traité de la communauté, liv. III, chap. II, *distinct.* 2, nis 1,
8, 9.

ayant les bénéfices du *bail* ou de la *garde*, en avait aussi toutes les charges. A la dissolution du mariage il devait rendre aux héritiers de la femme les propres en bon état, à moins qu'il n'eût eu un enfant, car il les conservait alors par droit de succession comme tout autre *baillistre*. Il y avait cependant une différence, et elle provenait de ce que dans la tutelle ordinaire le baillistre était toujours l'héritier le plus proche; au contraire dans le mariage, pour que le mari obtînt les mêmes droits, il fallait que ceux des héritiers fussent anéantis par la naissance d'un enfant, et transmis ainsi au père. « Gentishomme, disent les *Établissements*, tient sa « vie ce que l'on li donne à la porte de Moustier « (église) après la mort de sa femme, tout n'eut-il « hoir, pour qu'il en ait eu hoir qui *ait crié et* « *bret* » (1). Cette disposition nous rappelle celle de la loi des Allemands. On en trouve une semblable dans la loi *Regiam majestatem* d'Écosse, et dans plusieurs de nos coutumes (2).

La règle qui attribuait au mari la dot de sa

---

(1) *Établissements*, liv. I, chap. x. — Cette coutume s'était conservée dans la vicomté de Paris, dans les *Coutumes* d'Orléans, d'Anjou et de Touraine. (Bouteiller, *Somme rural*, I, tit. xlv, p. 326.)

(2) *Regiam majestatem* (1124), liv. II, chap. lviii, § 1 : « Cum terram aliquam cum uxore sua quis acceperit in maritagio, si ex

femme était générale, on la retrouve dans les *Assises* et dans les lois de l'empire de Romagne fondé par les Normands (1). C'était la loi des roturiers; car elle se trouve dans la partie des *Assises* consacrée aux bourgeois. Les droits du mari roturier étaient donc en ceci aussi étendus que ceux du baillistre ou du mari noble; parce qu'ils dérivaient les uns et les autres de la *mainbournie*, de la puissance maritale qui n'était autre que la puissance paternelle transmise au mari.

Nous ne pouvons cependant passer sous silence une ordonnance de Philippe-Auguste donnée au Pont-de-l'Arche en 1219 (2), qui veut que le *mariage* de la femme retourne à ses parents lorsqu'elle

cadem hæredem habuerit bragantem inter quatuor parietes, si idem vir uxorem suam supervixerit, sive vixerit hæres, sive non, illi viro pacifice remanebit terra illa. »

(1) *Livre des coutumes de l'empire de Romagne*, composées d'après les assises, en 1195 (dans Canciani, tom. II, chap. CLVI) : « La femme maridada non può ordenar testamento de la soa dota impezzo chel marito vadagagna la dota, ni etiamdio de li se mobeli over immobeli fuora la dota, senza licentia impezzo che quéllo que l'aquista durando lo matrimonio per succession de legatario over de donation, partien a lo marito. » — *Assises de la cour des bourgeois*, chap. CLXXVIII. — Nous avons suivi la version de M. Foucher (1840), d'après le manuscrit de Venise, cette partie n'ayant pas été encore publiée par M. Beugnot. Ce chapitre permet le don de la dot du mari à la femme, pourvu que la quotité en soit fixée.

(2) *Ordonnances du Louvre*, de Delaurière, t. I, p. 58 : « Parentibus verò mulieris accedet id quod ipsa secum attulit, salvo legato suo quod ipsa potuit facere per jus. »

n'a pas eu d'héritier : elle ne règle pas le même cas que les *Etablissements;* le réglât-elle, elle aurait été sans doute abrogée. Mais voici la véritable raison de cette disposition ; ce n'est qu'une ordonnance locale pour une partie de la Normandie, où il n'y a jamais eu de communauté (1).

Quant aux meubles, le mari en sa qualité de *mainburnissière,* en avait non-seulement la possession et l'administration, mais encore la libre disposition. C'est là un des effets les plus importants de cette puissance. « Mes voirs est, dit Beau-
« manoir (2), que tant comme ils vivent ensemble,
« li Hons en est *mainburnissière* et convient que
« la famme sueffre et obéisse de tant comme il
« appartient à leurs muèbles et as despuelles de
« lor hiretages, tout soit ce que li feme y voie se
« perte tout apertement, si convient il qu'ele sueffre
« la volonté de son segneur..... Car, ajoute-t-il
« autre part, li maris de drois communs est sires
« de ses biens et des biens à sa feme. » Donc la liberté du mari était absolue et sans restriction aucune, il pouvait aliéner ces biens à titre gratuit ou onéreux, les perdre même (3); seul il pouvait con-

(1) Normandie, 589. 590.

(2) Beaumanoir, chap. xxi. 2, tom. I, p. 830; et lvii. 2, tom. II, p. 330. — Reims, 239, *infrà.*

(3) D'Argentré, art. 423, de l'*Anc. cout. de Bretagne*, glose 2,

venir et être convenu à raison des meubles et des acquêts (1); il les obligeait non-seulement par ses contrats et ses dettes antérieures ou postérieures au mariage, mais encore par ses délits; il les confisquait (2). Dumoulin fit plus tard changer en ce point la jurisprudence; mais ce fut une innovation à l'ancien système (3). Il en était d'ailleurs des biens acquis par l'industrie commune des époux ou au moyen des meubles, comme des meubles eux-mêmes. Si on définit le droit absolu de propriété *jus utendi et abutendi*, le droit d'user et d'abuser même de la chose, il est impossible de ne pas le reconnaître au mari, car il l'exerce sans contrôle et dans toute sa plénitude.

---

n° 1 : « Sed mobilium alia est conditio quæ, constante matrimonio, in totum sunt in dispositione solida mariti plenissima. — Art. 408. Itaque ea prodigere, perdere, donare potest, usu duntaxat mulieris promiscuo quamdiu in dominio viri sunt nec alienantur. Itaque quod per contractum, idem per delictum potest alienando. » — Voir *infrà*, p. 309, n. 1. — *Assises de la cour des bourgeois*, chap. CLXIX; et l'*Ancienne Coutume de Paris*, art. 107, où les effets de cette puissance du mari sont énumérés.

(1) *Coutumes notoires*, art. 175.

(2) D'Argentré, *ubi suprà*. — Bretagne, 425. — Troyes, 134. — Meaux, 208. — *Ordonnance de Philippe-le-Bel* de 1340. — Par un privilége accordé aux bourgeois de Paris, en 1431, la confiscation ne s'étendait qu'à la moitié des meubles et conquêts. Loisel, *Instit.*, liv. VI, tit. II. R. 26.

(3) Dumoulin, note sur l'art. 12 de la *Coutume de Laon*. — Lebrun, *De la communauté*, liv. II, chap. II, sect. 3, n^is 119 et suiv.

Bail ou *mainbournie*, le pouvoir du mari noble ou roturier est le même pendant le mariage ; les charges sont aussi égales : disposant et gagnant les meubles il devait payer les dettes, il en était tenu comme tuteur (1) : *qui épouse le corps épouse les dettes*, dit Loisel (III. III. 7.) ; et en ceci la tutelle noble et la roturière avaient encore les mêmes effets pendant la durée du mariage. Le mari devait, dans l'une comme dans l'autre, laisser à la femme ses propres *francs* et *quittes*, à la dissolution du mariage ; ces dettes, ces charges excédassent-elles la valeur du mobilier reçu. Elles se composaient des dettes de la femme antérieures au mariage : depuis lors elle ne pouvait en contracter aucune sans l'autorisation de son mari, à moins qu'elle ne fût marchande publique, cas qui est toujours excepté de la règle ordinaire (2). Le mari était en-

(1) Loyseau, *Du déguerpissement*, liv. II, chap. II, n° 17 : « Comme seigneur des biens de sa femme, il est raisonnable qu'il paie ses dettes comme tout successeur universel est tenu de payer les dettes des biens auxquels il succède... » — Voy. *Assises de la cour des bourgeois*, chap. CXVIII. — Delaurière, dans ses notes sur la règle II, liv. I, tit. IV, de Loisel, *in fine*, dit qu'il ne faut pas appliquer cette règle au mari, parce que le bail étant une conséquence de la puissance maritale, n'est point donné en justice et ne peut être refusé, parce que d'ailleurs le mari serait toujours tenu, dans ce cas, de payer les dettes sans pouvoir jamais se décharger de ce paiement. L'obligation du mari de payer les dettes de sa femme qui est la même dans toutes les coutumes, suffit à réfuter cette opinion.

(2) *Établissements*, I, chap. CXLV ou CXLVII (Il y a cette différence

core responsable de tous les délits et de toutes les fautes de sa femme comme de ceux de son pupille.... *quia retinere et castigare uxorem debet*, dit d'Argentré (1), *sicut puerum infra ætatem*, ajoute un auteur anglais. «Car il loist en à l'omme battre « sa feme sans mort et sans méhaing, quant ele le « meffet ; si comme quant ele est en voie de faire « folie de son cors, ou quant ele dément son baron « ou maudist, ou quant ele ne veut obéir à ses « resnables commandemens que prode feme doit « fere : en tels cas et en sanblables est il bien « mestiers que li maris soit castierres de sa feme « resnablement » (2). Il était aussi tenu des dettes de toutes les successions échues pendant le mariage, et de l'entretien de la personne et des pro-

de chiffre entre l'édition de Ducange et celle de Delaurière), *De response de fame :* « Nule fame n'a response en cour laie puisque ele a seigneur, se ce n'est du fet de son corps ou qu'ele soit marchande. »

(1) Art. 423, glos. 2, n° 5, *Ancienne Coutume.* Il ajoute : « Sed hoc non ideo quia ullam partem mobilium mulier possit committere, sed quia viri ipsius hæc est culpa, ut a consuetudine ex facto suo plectitur, idque super bonis mobilibus et acquestibus... » Le mari était tenu, en Angleterre, de châtier sa femme pour n'être pas responsable de ses méfaits. « Tenetur sine consilio viri sui facientem castigare sicut puerum infra ætatem... Si præsumitur quod vir sit fidelis, et quod sæpius eam castigabat, in quantum poterit, non respondebit pro ea... » Skénée cité par Houard, *Anciennes lois des Français*, tom. I, p. 332. — On a encore conservé en Angleterre quelque chose de ces anciennes lois.

(2) Beaumanoir, chap. LVII. 6, tom. II, p. 333.

pres de sa femme et de ses enfants, toujours comme *mainburnissière* ou *gardien*.

Les différences entre les droits des époux nobles et ceux des roturiers naissent à la dissolution du mariage et sont les conséquences de celles du *bail* et de la *mainbournie*.

Comme *bail* le mari gagne les meubles et les *cateulx*; il n'en doit aucun compte à la femme ou à ses héritiers à la dissolution du mariage; il gagne aussi les acquêts; et c'est une règle conservée entre personnes nobles, dans un grand nombre de coutumes, même depuis leur rédaction officielle (1).

Entre gens coustumiers, le mari n'était que *mainburnissière*; il ne gagnait pas tous les meubles dans cette tutelle au moins dans nos coutumes (il en était autrement, dans celles de la Romagne et de l'Allemagne, et dans quelques autres), et n'avait le droit que d'en retenir la moitié, ce qui s'accorde d'ailleurs très-bien avec ce que nous disent les *Etablissements* du droit de l'époux coustumier survi-

(1) Clermont en Beauvoisis, 186. — Laon, 20. 21. — Loudunois, XXVII. 14. — Senlis, 146. — Chauny, 129. 130. — Clermont en Argonne, V. 8. — Péronne, 120. — Dreux, 75. — Reims, 279. 281. — Bourgogne, 25. — Châteauneuf, 66. — (S'il n'y a pas d'enfants.) Paris, 238. — Vitry, 74. — Sens, 85. — Meaux, 49. — Touraine, 247. 268. — Berry, VIII. 13. — Étampes, 18.

vant sur cette espèce de biens (1). Mais pourquoi cette différence entre le mari noble et le roturier? c'est que la *mainbournie* n'est que l'application des règles de l'ancien *mundium* marital. Or nous avons vu que le mari *Mundwald* ne gagnait pas tous les biens de sa femme, mais partageait avec celle-ci ou ses enfants la masse des biens confondus entre ses mains, une portion leur étant attribuée par la loi; mais le régime féodal créant le mari *bail* de sa femme, avec tous les droits et toutes les charges attachés à cette fonction, modifia en ceci la *mainbournie* ou l'ancien *mundium;* voilà les causes de cette différence qui se montrera encore mieux relativement à la femme, et aux enfants nés du mariage sous la puissance de l'époux survivant.

CHAPITRE III.

Suite du chapitre précédent. — Droits de la femme noble et de la roturière aux meubles et aux conquêts. — Continuation de communauté. — Donation entre époux.

Nous avons à nous occuper à présent des droits de la femme, afin que notre exposition soit complète et qu'on puisse saisir l'ensemble de ce système d'association conjugale.

(1) *Établissements,* chap. cxxxvii ou cxxxix, *De parties fetes entre enfants coustumiers.*— Voir *infrà.*

Pendant le mariage, ces droits étaient nuls (1), « car elle n'a aucune coze se durant le mariage » (2) pour les biens immeubles comme pour les meubles, sauf le consentement qu'elle devait donner à l'aliénation des premiers. D'Argentré la compare par rapport aux seconds, aux domestiques qui usent des choses de la maison, par la tolérance et avec le consentement du maître (3).

C'est à la mort du mari que naissaient les droits de la femme; elle devenait alors, ainsi que ses biens, qu'elle reprenait francs et quittes, libre de toute puissance. Elle avait encore son douaire sur les fiefs si elle était noble, et son droit de *vivelotte* sur les biens roturiers de son mari. Le premier formant une institution à part et très-importante dans le droit coutumier, nous en ferons l'objet du chapitre suivant. Quant au second, dont nous parle

(1) Glanville, lib. **VI.** cap. **II.** « Sciendum est autem quod mulier nihil potest disponere circa dotem suam tempore vitæ mariti sui; quia cum mulier ipsa plena in potestate viri sui de jure sit, non est mirum si tam dos quam ipsa mulier et cæteræ omnes res ipsius mulieris plene intelligantur esse in dispositione mariti ipsius » (dans Houard, *Coutumes anglo-normandes*).

(2) Desmares, *Décision 77.*

(3) D'Argentré, art. 408. *Anc. cout.* Glos. 3. n° 1. « Nec enim consuetudinaria societas mulieri tribuitur in mobilibus per modum juris aut proprietatis acquisitæ, sed per modum usus..... Est itaque hæc societas usus sed juris non aliter quam cum domestici in familia patris cella et pennu utuntur prout patrifamilias libuit, pro merito, dignitate et obsequio. »

Bouteiller dans sa *Somme rural*, comme étant d'un assez grand usage, il consistait dans l'usufruit de tous les biens tenus en main-ferme ou roture, tant que la femme demeurait en viduité, qu'il y eût ou non des enfants ; mais si elle se remariait, elle perdait la moitié de cet usufruit (1). Il y avait d'ailleurs réciprocité entre les droits du mari et de la femme survivante. Ainsi, dans les *Assises* et les *Coutumes* de la Romagne, elle est déclarée seule héritière, de préférence même à ses enfants et aux père et mère du défunt. Ce droit était pour les roturiers, et par suite une conséquence de la main-bournie (2).

Quant aux acquêts, la femme, comme le mari, en avait la jouissance entière pendant sa vie, du

(1) Bouteiller, *Somme rural*, tit. xcviii. pag. 559. « Vivelotte, si est le droit que les femmes ont en terres tenues en cotterie après la mort de leur mari sur les heritages venant d'eux.... La femme qui demeure vefve y a tel droit que son mari mort, elle jouist de tous les heritages venant de son côté qui sont tenus en cotterie, supposé qu'elle ait enfants ou non, sa vie durant ; mais si ele avoit enfants et se remariast elle en perdroit la moitié. »

(2) *Assises de la cour des bourgeois*, (chap. clxviii, *version italienne*). 164. éd. de M. V^{or} Foucher (1840). « Ce il avient que un home ait conquis heritages ou autre avoir avant que il preigne feme, et apuis a pris feme et avient que il meurt sans devize faire de nulle riens, la raison commande et juge que tout quanque il avait doit estre de sa feme par droit, encore soit ce que le mort ait père et mère, et filles, et sœurs, et frères, car la loi et l'assize de Jérusalem dit que nul home n'est si droit heir au mort come est sa feme et espouze. »

moins d'après les *Établissements* (1). On peut supposer, et non sans raison, que cette disposition ne
s'appliquait qu'aux époux nobles; car, dans les
Assises, le survivant des époux roturiers ne prenait
que la moitié des acquêts, l'autre étant réservée
aux enfants (2) : ce mode de partage des acquêts,
dont nous avons des exemples dans les *Olim* (3),
s'est conservé dans toutes les coutumes qui n'appliquent la règle des *Établissements* qu'aux époux

(1) *Établissements,* I. chap. cxxxiv ou cxxxvi. « Se un home et une
fame achetoient terre ensemble, cil qui plus vit, si tient sa vie les
achaz; et quand ils seront morts ambi dui, si retourneront li achat
une moitié au lignage devers l'home et l'autre moitié au lignage devers la feme. » — Anjou, 287. 288.

(2) *Assises de la cour des bourgeois,* chap. clxii. (éd. de M. V^or
Foucher). *Ci ores la raison de ce que la feme et le baron guaignent
ensemble.* « Ce il avient que l'oume et la feme ont ensemble conquis
vignes, ou terres, ou maizons, ou jardins, le droit commande que la
feme doit avoir la *moitié de tout, par droit et par l'assize de Jérusalem,* et ce ils ont enfans la raison commande que ils ne lairont
pour leurs enfans de vendre, ni de donner leurs biens à cuy ils vo-
dront, ne de boire, ne de mangier leur biens tant com ils vivront; et
se le baron vient à mort il peut sa part donner la ou il vodra, ou a
ses enfans ou autre; et après la mort dou baron la feme si peut faire
de sa part sa volenté, pour ce que ele le conquist ensemble à lui;
mais la raizon commande que tant com le baron vit, la feme n'a pooir
de donner sa part à nulluy.... » — Et chap. clxv. « Ce il avient ait
feme un home et ont ensemble conquis heritages et ont enfaus, et
avient que la feme meurt avant dou baron, la raizon commande et
juge que la part de la mère eschiet à ses enfans communement, ne
le ur père ne leur peut tollir ne amermer ce que escheu lor est par
leur mère. » — Bouteiller, *Somme rural,* tit. xcviii. pag. 559.

(3) *Enquête sous Louis IX,* 1267. p. 261. 8. — *Item arrêt de* 1267,
pag. 708. 50.

20

nobles. Il convient d'ailleurs parfaitement à la mainbournie de l'époux roturier, d'après laquelle il y avait un droit de participation attribué à la femme, sur le bien acquis par l'industrie commune des époux ; droit qui remonte aux anciennes lois des Franks.

Cette disposition s'étendait aussi aux meubles et aux *cateulx* existants au jour de la dissolution du mariage, car il n'était tenu aucun compte de sa durée pendant la dernière année. Mais ce partage des meubles n'existait pas dans le droit germain, comment expliquer son introduction dans le droit coutumier? car, à l'époque où nous reportent nos plus anciens auteurs, nous trouvons établi ce droit de participation de la femme aux meubles comme aux acquêts. La fortune mobilière était alors fort peu de chose; elle ne se composait même, le plus souvent, entre les époux roturiers, que des produits de leur travail et de leur industrie, la dot des femmes étant à-peu-près nulle. Toutefois, si elles apportaient des meubles, ils étaient confondus, nécessairement et par suite de la mainbournie, avec ceux du mari et avec les conquêts; ils étaient indistinctement, les uns et les autres, affectés au paiement des dettes communes et personnelles des époux; ils formaient entre les mains du mari une masse où il aurait été difficile de distinguer l'origine de chaque bien. La femme, ayant droit à la moitié des acquêts (et même des autres biens du mari d'après le capitulaire de Louis-le-Pieux) et aux meubles qu'elle avait apportés, mais étant soumise au paiement des dettes, dut partager la masse commune.

La femme, à la fin de la mainbournie, du mariage, eut ainsi droit à la moitié des meubles, toujours comme suite de la mainbournie et en vertu de ces deux principes : confusion des biens entre les époux et droit de reprendre sa dot, principes émanés du droit germanique (1).

Les *Établissements* confirment ces conséquences et leur principe en accordant à l'époux coutumier survivant la moitié des meubles, alors même que la femme n'avait rien apporté ; ils ajoutent : « Et ainsi puet l'en entendre que li meuble sont comun (2). » Voilà donc l'origine de la communauté ; elle vient de la confusion des biens par la

(1) Beaumanoir, chap. XIII. — Bouteiller, I. tit. XCVII. p. 552.

(2) *Établissements*, liv. I. chap. CXXXVII ou CXXXIX. Toutefois on pourrait entendre cette disposition plutôt comme un droit de succession de l'époux pauvre que comme un droit de participation ; de telle sorte qu'on aurait appliqué à ce dernier les dispositions de la loi romaine de Justinien en faveur de l'époux survivant pauvre. Ce qui a lieu souvent dans les *Établissements*, qui, plus que tous les autres monuments de notre vieux droit, ont subi l'influence romaine.

mainbournie entre roturiers. Les règles étaient différentes pour les époux nobles, parce qu'elles dérivaient de celles de la tutelle noble, du *bail,* qui attribuait meubles et conquêts au baillistre. Toutefois on trouve le partage des meubles, même entre nobles, dans les *Établissements,* dans Beaumanoir et Bouteiller, au moins pour la femme (1). En présence des dispositions des *Établissements* relatives aux autres biens et même aux meubles, en faveur du mari, et surtout de celles des coutumes qui en attribuent la totalité à l'époux noble survivant (2), il faut conclure que ce droit de partage accordé à la femme noble fut emprunté au droit des roturiers.

Il n'y eut d'ailleurs jamais assimilation complète de la femme noble et de la femme roturière, même dans le partage des biens meubles. La seconde prenant en vertu de la *mainbournie* la moitié des meubles et des acquêts, dut supporter la moitié des charges qui y étaient attachées (3). Comme

(1) *Établissements,* liv. I. chap. xv. « Gentilfame ne met rien en l'aumosne son seigneur, et si aura la moitié es meubles si ele veut, mais ele mettra la moitié ès détes et de ce est il à son choix. »

(2) Voir les coutumes citées note 1. p. 301. *suprà,* dont les dispositions sont les mêmes pour la femme et le mari.

(3) Beaumanoir, chap. XIII. 9. « Il est au quoix de la fame quant ses *barons* est mort de laissier tous les meubles et toutes les debtes as Hoirs et d'emporter son doaire quite et délivre, et s'il li plest ele

ses droits ne naissaient qu'à la mort du mari, et que celui-ci en avait eu la libre disposition pendant sa vie elle devait les accepter tels qu'ils étaient (1), non par droit de succession mais de participation à tous les actes favorables ou onéreux de son mari ; elle ne pouvait aussi renoncer à cette participation ou communauté, et elle était tenue comme les héritiers du mari de la moitié des charges, alors même qu'elles excédaient la valeur des meubles. On sait que le bénéfice de la renon-

pot partir as muebles, et se ele i part ele est tenue à se part des detes. Et puisque ele a pris l'un des cois, ele ne pot pas recouvrer à l'autre, ains convient qu'ele en sueffre son preu ou son damace». — Bouteiller, *Somme rural*, tit. xcvii. pag. 552. «Et si dame ou damoiselle prend moitié ou quelque part as meubles, elle est tenue de faire caution de payer la moitié des detes avant que nul profit doive, ne puisse prendre au douaire. »

(1) Reims, 259. «Homme et femme conjoincts par mariage ne sont uns et communs; ains le mari seul, sans l'advis et le consentement de sa femme en peut disposer, comme et à qui bon lui semblera; elle partit néanmoins après le décès du mari.»— *Assize de la court des bourgeois*, chap. clxvi. «Ce il avient que un home meurt qui ait feme, et selui mort doit avoir à aucun home ou aucune feme, la raison juge et commande que la feme est tenue de payer le dete de son mari, se ele a de coy....Et bien sachés que se il avient que ele preigne autre baron, celuy est tenus de paier selle dete que la feme doit pour son autre baron, car se est droit et raizon par l'*asize de Jérusalem;* ensement tout autresis est tenu li mari de paier la dete de sa moullier, se ele l'avoit enprunté pour choze juste. — Chap. clxxii. Et des chozes de sa feme se doit aquiter la dete dou baron, et des chozes dou baron se doivent aquiter les detes de la feme.»—Voir aussi chap. cxviii. Ci orez la raison de celuy qui prent feme veve, et elle doit ou pour soy ou pour son autre baron, quy doit paier la dete.

ciation n'existait pas encore pour les femmes roturières dans l'*Ancienne Coutume de Paris* et fut même réservé aux femmes nobles exclusivement dans quelques nouvelles coutumes (1).

Le bail produisant cet effet que la femme noble était déchargée de toutes dettes, comme privée de la propriété de tous ses meubles et des acquêts, il en résultait qu'elle ne pouvait y avoir part comme aux autres biens de son mari, qu'à titre de succession, ou par droit de bail sur ses enfants mineurs; aussi le *Grand coutumier* accorde à la femme noble le droit de prendre la totalité des meubles, comme des acquêts en payant les dettes (2); mais lorsque cette

(1) Les *Établissements* de saint Louis ne parlent que de la femme noble, ainsi que l'*Ancien coutumier d'Artois*, chap. xxxv. «Encore à gentieux femme par la coustume d'Artois quant li sires est mort se il li plaict avecques son doaire contre l'iretier moitié es meubles et es chateulx qui demoacissent, et ele paie moitié des detes que le sires aura faites. Et se ele y veut renoncier faire le puet....» *Grant coustumier, infrà*. Il faut donc conclure que Beaumanoir n'a voulu parler que de la *gentilfame* ou de la femme noble, d'autant plus qu'il ne parle que de la *dame*, mot qui ne s'applique qu'à la femme noble. — Loisel, liv. I. tom. II. règ. 11 : «Ce qui a depuis été étendu jusqu'aux roturiers par l'autorité et l'intervention de maître Jean-Jacques de Mesme.»— Paris, *ancienne Coutume*, 125.— On trouve encore le bénéfice de renonciation admis en faveur des femmes nobles seulement, dans les *Coutumes* de Senlis, 147. — Troyes, 12. — Clermont en Beauvoisis, 88. — Chaumont, 7. — Valois, 97.

(2) Le *Grant coustumier*, liv. I. fol. 83 : «*Item* l'on dit comuncment que la femme noble a election de prendre tous les meubles et payer les detes, ou de renoncer aux meubles pour estre quitte des detes. »

succession ou cette garde étaient onéreuses pour la femme, elle put, comme les autres héritiers ou baillistres, y renoncer (1). L'acceptation et la renonciation étaient laissées à sa volonté, *si ele veut*, disent les *Établissements*. Mais comme il s'agissait de meubles et que l'épouse résidant dans le domicile conjugal les avait sous sa main, on voulut, afin de la mettre à l'abri de tout soupçon et de toute conséquence de soustraction, qu'elle renonçât à l'instant même et qu'elle quittât la maison conjugale en même temps que le corps de son mari : « Et ont d'usaige si comme le corps est en
« terre de getter leur bourse sur la fosse et de ne
« retourner à l'hostel où les meubles sont ; mais
« vont gésir autre part et ne doibvent emporter
« que leur commun habit, et sans autre chose et
« parmy ce elles et leurs héritiers sont quittes à
« tousjours des dettes ; mais s'il y a fraude tant
« soit petite, la renonciation ne vault rien (2). »

(1) *Grant coustumier, ubi suprà :* « La raison pourquoi le privilége de renonciation leur fut donné, ce fut pour ce que le métier des hommes nobles est d'aller es guerres et voyages d'outremer, et à ce s'obligent et aucunes fois y meurent et leurs femmes ne peuvent pas de legier être acertenées de leurs obligations faites à cause de leurs voyages, de leurs rançons et de leurs plegeries qui sont pour leurs compaignies et autrement, et pour ce ont le privilége de renonciation. » — Loisel, *ubi suprà*, règle 10.

(2) *Grant coustumier, ubi suprà.* — Monstrelet, *Chron.*, I. ch. xviii et cxxxix.

Cette dernière disposition n'est autre chose que l'application de cette maxime : « Qui prend des « biens de succession jusqu'à la valeur de cinq « sols fait acte d'héritier (1). » Quelques coutumes ont conservé et les formalités et le terme de rigueur de l'ancien coutumier ; mais la plupart ont accordé à la femme un délai beaucoup plus long.

Malgré sa renonciation, la femme ne perdait pas ses droits sur les immeubles de son mari, mais seulement sur les meubles, et encore pour ceux-ci, elle avait un préciput, qu'elle acceptât ou qu'elle renonçât. Beaumanoir (2) ne lui accorde pour ce préciput que son commun habit de chaque jour, et le lit où elle couchait habituellement; ceci nous rappelle la disposition du Miroir de Saxe, par rapport aux *Gerade*. Bouteiller (3) se montre beaucoup plus favorable pour le *droit de vefve* comme

(1) Loisel, liv. II, tit. v, règ. 3. — Delaurière, *Glossaire*, in v° *Clefs*.

(2) Beaumanoir, chap. xiii. 21 : « Et a été jugié que quan li sires est mors, soit que la dame voille partir as muebles et as detes, soit que ele y renonce por ce que les detes sont grans et li muebles petit, ele emporte tant solement sa robe de cascun jor la derraine que ele ot accoustumée à vestir à cascun jor el tans que ses baron a couquiés malade, et son lit tel come ele l'avait accoustumée le plus communément pour son gésir. »

(3) *Somme rural*, tit. xcviii, p. 561 : « *Item* ont-elles par *Droit de vefve*, le meilleur habit à elles appartenant, l'anneau de mariage, le fermail et les ornements de chef; leur lict étoffé et courtine si elle

il l'appelle. Le deuil de la veuve était toujours aux frais de la succession du mari (1) ainsi que le droit d'habitation accordé par les *Établissements* aux femmes nobles (2) et depuis lors par quelques coutumes à toutes indistinctement (3).

Le bail et la mainbournie étant attribués au mari dès l'instant de la célébration du mariage, les droits respectifs des époux ou de communauté étaient censés remonter à la même époque; Beaumanoir dit à ce sujet : (chap. 21) « Cascun set « que compaignie se fait par mariage, car sistot « comme mariage est fèz, li biens de l'un et de « l'autre sont quemun par la vertu du mariage. » Les *Établissements*, les *Assises* et l'*Ancien coutumier d'Artois* supposent la même chose. Desmares est plus explicite, il dit : « Item *par contract de* « *mariage*, est communauté acquise entre l'home « et la feme tant en muebles, conquêts faits de-

y est, et un lict pour leur demoiselle servant, si elles sont dames ou damoiselles nobles de tous hostieux un et le meilleur qui prendre voudroit, réservée vaisselle d'or ou d'argent et beste vive. » — Voir pour ce préciput Coquille, *Institutes coutum., Des droits des mariés.*

(1) Loisel, I, tit. ii, règ. 33; et *ibi* Delaurière.

(2) *Établissements,* chap. xvi. *Quel hebergement gentilfame doit avoir après la mort de son seigneur et de tenir le en bon état.*

(3) Lebrun, *Traité de la communauté*, liv. III, chap. ii, dist. 12.

« puis le mariage comme es detes et obligacions
« depuis ou paravant contractées » (1). Il n'est pas
davantage question , dans les *Coutumes notoires
du Châtelet,* du terme d'an et jour (2), non plus
que dans la plupart des coutumes rédigées, et surtout dans celles qui ont conservé le nom de bail ou
de mainbournie et ses effets pendant le mariage.

Quant au silence des anciens auteurs ou des coutumes sur l'époque à laquelle commence la communauté conjugale, on le comprendra facilement,
si l'on remarque que la femme n'ayant aucun droit
pendant la *mainbournie* et ne prenant part aux
biens qu'à la mort du mari, il n'était pas nécessaire de fixer d'autre époque que cette dernière
pour la naissance ou l'exercice de ses droits ,
comme dans la *Coutume de Reims.* Mais, lorsque
plus tard on en reconnut à la femme pendant le
mariage qui limitèrent ceux du mari, il fallut savoir à dater de quel moment ces droits lui étaient
acquis.

Il nous importe de bien fixer ce point qui paraît d'ailleurs hors de toute controverse en pré-

(1) Desmares, *Décision* 247.

(2) 163. « Item les biens, debtes et creances d'homme et de femme
« conjoints par mariage sont communs ensemble entr'eux durant
« leur dit mariage, combien que le mari en ait le *bail, gouvernement*
« et *autorité.* »

sence du texte si précis de Beaumanoir et de celui de Desmares, et même du silence des autres coutumiers, que le terme d'an et jour ne s'appliquait pas primitivement au mariage. On ne le retrouve que dans le *Grand coutumier* de Charles VI (1). Mais d'un côté, Desmares et les *Coutumes notoires du Châtelet* qui datent de la fin du quatorzième siècle, et de l'autre, l'*Ancienne Coutume de Paris*, du commencement du seizième (1510), nous prouvent que dans aucun temps ce terme ne fut en usage dans cette coutume (2). Ainsi on ne peut rien conclure du passage du *Grand coutumier* pour les temps antérieurs au quinzième siècle. Quant aux temps postérieurs nous avons les anciennes et les nouvelles coutumes rédigées qui limitent bien son autorité. C'était d'ailleurs l'époque où le droit romain était associé par les jurisconsultes au droit coutumier et le modifiait en bien des points; on

(1) *Grant coustumier*, fol. 82. « Nota que par *usaige* et *coustume*, deux conjoincts ou deux affins demeurant ensemble par an et jour sans faire division ou protestation, ils acquierent l'ung avec l'aultre communaulté quant aux meubles et conquectz. Et pour ce, si deux conjoincts et après l'ung d'iceulx conjoincts va de vie à trespas et depuis se iceluy fils demeure avec le survivant sans faire inventaire, partaige ne division tout ce que le survivant a conquesté il reviendra à communauté avec le fils. » — Il n'est pas nécessaire, pour cette continuation de communauté, qu'il y ait terme d'an et jour.

(2) *Ancienne Coutume de Paris*, art. 104 et suivants.

découvre clairement son influence dans le *Grand coutumier* plus que dans tout autre ancien monument de notre droit français, même en ce qui concerne le pouvoir du mari, qui au lieu de *mainbour* ou *bail* n'est plus que *procurator necessarius et legitimus uxoris suæ;* influence qui nous explique aussi l'introduction du terme d'an et jour comme nous le verrons dans les chapitres suivants.

Cependant la plupart des coutumes rédigées font remonter la communauté au moment du mariage, c'était le droit commun, même parmi celles qui admettaient la communauté mobilière d'an et jour entre *gens de poote,* car de ce nombre est la *Coutume de Beauvoisis,* et c'est à Beaumanoir que nous devons les idées les plus précises sur ce genre de société taisible (1). Nous pouvons en dire autant des autres coutumes qui admettent ces sociétés d'an et jour et qui font remonter la communauté entre époux au jour de la bénédiction nuptiale (2). Dans celles au contraire, où la communauté conjugale ne commence qu'après l'an et jour, du moins pour la plupart, la société tacite mobilière n'est pas recon-

(1) *Coutume de Beauvoisis,* chap. xxi.

(2) Telles sont les *Coutumes* de Poitou, 229. 231. — Saintonge, 58. 62. — Angoumois, 40. 41. — Troyes, 80. 83. — Auxerre, 101. 102. 190. — Chaumont-en-Bassigny, 67. 68. 75. — Berry, 7. 10. — Montargis, chap. viii et ix. 1. — Bourbonnais, 235. 263. 268.

nue (1) ; il n'y a que trois coutumes qui appliquent le terme d'an et jour dans les deux cas (2).

Nous devons donc conclure que la communauté conjugale ne dépendait pas primitivement et même dans la suite de la durée du mariage pendant l'an et jour, et comme conséquence qu'elle n'a pas tiré son origine de la société taisible entre gens de *poote* : la confusion des meubles dans les deux cas reposant sur des principes différents ; dans le premier, sur la mainbournie ; dans le second, sur la jouissance d'an et jour ; et enfin que ce terme n'a été introduit que plus tard dans quelques coutumes, mais non comme droit commun. Conclusions qui confirment en tous points notre opinion sur l'origine de la communauté, et qui réfutent en même temps celle d'un de nos auteurs modernes (3) qui ne voit dans la communauté de biens entre époux qu'une société taisible entre roturiers ; dans celle-ci, qu'une association de serfs, et dans le mari ou père de famille qu'un *chef de chanteau* élu par des mainmortables. L'origine des sociétés d'an et jour n'est pas plus exacte que celle de la communauté

(1) Lodunois, **XXIV.** 1. 2. — Maine, 508. 509. — Anjou, 511. 512. — Grand-Perche, 102. 103. 107. — Bretagne, 424. 469.

(2) Chartres, 57. 61. — Châteauneuf, 66. 70. — Dreux, 48. 52.

(3) *Histoire du droit français,* par M. Laferrière, p. 168 et suiv.

conjugale (1). Ce sont d'ailleurs les conséquences nécessaires d'un système que nous avons déjà combattu en d'autres points.

(1) Il existait entre les serfs d'un même seigneur des communautés agricoles, pour l'exploitation des champs. Quelques coutumes rédigées qui reconnaissent encore le servage ou la mainmorte les règlent; de ce nombre est celle de Nivernais, à laquelle nous emprunterons la plupart des détails. Dans l'origine, ces communautés, appelées dans le langage des Fiefs *chanteaux*, avaient été formées pour l'utilité des seigneurs; le travail commun des serfs dans ces réunions, où chacun avait ses fonctions, depuis le chef du chanteau, l'administrateur, jusqu'au pâtre et aux laboureurs, leur était très-avantageux. Les serfs étant tous solidaires vis-à-vis du seigneur, et tout homme qui résidait pendant un an et un jour sur la terre féodale devenant *mainmortable* et *serf*, ce terme fut celui qu'on admit, soit pour acquérir, soit pour perdre les droits de cette communauté, car elle dépendait moins des rapports des serfs entre eux que de leurs obligations vis-à-vis du seigneur. Entre gens de poote il y avait aussi des communautés d'an et jour; mais il ne faut pas en conclure que ce terme fut emprunté au servage; en effet il se retrouve dans plusieurs autres cas, dans notre droit coutumier, et même dans le droit germain (voir la formule d'adoption à l'*Appendix*). Ainsi l'exécuteur testamentaire est saisi des meubles par an et jour; la jouissance et la possession d'une chose immobilière, et la saisine des meubles, s'acquièrent par an et jour; le droit de bourgeoisie s'acquiert aussi par an et jour, et les communautés entre roturiers étaient fondées sur ce principe que les meubles étaient mêlés et communs par la jouissance commune d'an et jour; elles reposaient donc sur la nature des biens et les rapports des membres de la communauté entre eux : aussi elles n'avaient que ce terme d'an et jour de commun avec les chanteaux. — D'abord un chef est nécessaire dans les chanteaux; il ne l'est pas dans les communautés tacites. — Entre serfs, il est de règle qu'*un parti tout est parti*, et le *chanteau part le vilain*; c'est-à-dire que par la mort ou la retraite d'un serf, la communauté cesse de plein droit entre les autres; au contraire, entre roturiers elle se continue entre les survivants. — Enfin la communauté de serfs établit un droit de succession entre ceux qui en font partie seulement; elle ne se borne pas à une société de

Après la mort de l'un des époux le survivant avait le bail ou la garde des enfants mineurs selon qu'il était noble ou roturier (1). Comme bail, il gagnait les meubles et les fruits en totalité et n'était tenu de rendre que la terre franche et quitte (2). Comme simple *mainburnissières* au contraire, il partageait avec ses enfants les meubles et les conquêts faits pendant la *mainbourniie*; à moins que les enfants n'eussent rien reçu de leur auteur prédécédé;

meubles, mais elle se compose de tous biens mainmortables, meubles ou immeubles; dans la communauté entre roturiers, la part de l'associé n'accroît pas à ses coassociés, mais passe à ses héritiers, quoiqu'ils ne soient pas communs. Cette société est d'ailleurs essentiellement et seulement mobilière. Ce dernier point nous paraît décisif contre l'opinion de M. Laferrière. — Et ce que nous avons dit des sociétés d'an et jour, par rapport aux chanteaux, est encore vrai à plus forte raison des communautés conjugales. — On peut consulter pour tout ceci Guy-Coquille, *sur Nivernais*, chap. VIII, et *Institutes coutumières*, chap. *Des servitudes personnelles et mainmortes*. — Loisel, liv. I. tit I. règ. 71 à 78, et *ibi* Delaurière, *Glossaire du droit français*, in vº *Chanteaux*.— M. Laferrière est aussi réfuté par M. Mittermaier, par ce seul fait que le régime de la communauté n'est pas général en Allemagne comme le système féodal, et de plus parce que c'est surtout dans les villes libres et commerciales qu'a pris naissance et s'est développée la communauté. Ce raisonnement, décisif pour l'Allemagne, ne saurait l'être pour la France.

(1) *Établissements*, 1. chap. XVII, et Beaumanoir, chap. XXI. — V. chap. XV le passage rapporté p. 282, not. 2.

(2) Beaumanoir, *ubi suprà*.— Orléans, 216. 217. — Bourbonnais, 270. — Péronne, 127. — Châlons, 59. 60. — Sens, 93. 233.—Troyes, 109. — Auxerre, 204. 205. — Meaux, 61. 62, et toutes les autres coutumes qui attribuent les meubles au survivant noble, s'il y a enfants, déjà citées, p. 301, not. 1.

ou qu'il eût lui-même fait inventaire et partagé avec eux; disposition que nous croyons n'avoir été introduite que plus tard dans le droit coutumier. Cette communauté reposant sur le même principe, la *mainbournie,* que celle entre époux, parce que la puissance du père était de la même nature que celle du mari, n'en était aussi que la continuation, et non une nouvelle société (1). Le terme d'an et jour ne lui était pas non plus appliqué, tandis qu'il était exigé, lorsqu'il s'agissait d'autres héritiers du mari ou de la femme (2).

On reconnaîtra là sans doute l'origine et les principes de la continuation de communauté entre le survivant et les enfants, en usage dans nos coutumes, comme dans celles d'Allemagne, étendue par la jurisprudence de celle de Paris aux autres qui

(1) Beaumanoir, chap. xxi, et chap. xv déjà cité. — Pothier, *Traité de la communauté,* 6e partie, chap. i, art. 1, où il réfute l'opinion de Delaurière, qui voit dans cette continuation une nouvelle communauté fondée sur les principes de la société d'an et jour (V. *sur Loisel*, III. iii. 9, et une dissertation particulière, à la suite des *Institutes coutum.,* tom. II. pag. 433). Il suffit, pour réfuter cette opinion, d'observer qu'outre que le terme d'an et jour n'est pas appliqué, le père ou la mère survivante conserve toujours la même part, la moitié des biens communs, tandis que les enfants divisent l'autre moitié par têtes. Or, s'il y avait une nouvelle communauté comme celle d'an et jour, le père ne devrait avoir qu'une part égale à celle de chacun de ses enfants. Voir *suprà,* liv. II, chap. i et ii.

(2) Cette distinction est faite par l'auteur du *Grant coustumier,* fol. 80. chap. *De succession, testament et exécution d'iceluy.*

n'en parlaient pas (1) et qui a fourni matière à tant de controverses parce qu'on ne remontait pas à son véritable principe.

Quelques mots encore sur les donations entre époux avant d'en finir avec nos anciennes coutumes. Nous ne rappellerons pas ce que nous avons dit au sujet des lois barbares. De Fontaines et Beaumanoir reconnaissent en termes formels la donation entre époux comme entre *toutes autres estranges* personnes, c'est-à-dire du tiers ou du quint des propres, des meubles et des acquêts. « Ce que on peut lessier à estrange personne peut « on lessier à un de ses enfants, à se feme « meimes » (2), et Beaumanoir. « Il est costume « bien approvée que li hons toutes ces cozes des- « sus dictes pot lessier à se feme ou la feme à son « seignour » (3). Un peu plus bas il blâme l'usage de sa coutume qui permet de donner autant à un second époux. « Et certes, dit-il avec une noble « indépendance, tout soit il ainsi que notre « coustume le sueffre et la cort de Beauvais noz « ne créons pas que ce soit drois et resons » (4).

____

(1) Paris, 240. — Lebrun, liv. III. chap. iii. n° 6. — Renusson, 3ᵉ partie, chap. ix.

(2) De Fontaines. *Conseil*, chap. xxxii. § 21 *in fine*.

(3) Beaumanoir, chap. xii. 4.

(4) Beaumanoir, XII. 22.

Le droit romain commençait alors à pénétrer dans
les pays de coutume, et surtout dans les écrits des
jurisconsultes. On reconnaîtra probablement son influence dans les *Etablissements* qui ne permettent
les avantages d'un époux en faveur de l'autre que
par testament et encore lorsqu'il n'y a pas d'enfants mâles (1). Le texte et les motifs de cette loi
se prêtent beaucoup à cette présomption; on peut
en dire autant de l'*Assise de la cour des bourgeois* qui contient les mêmes dispositions (2);
mais dans Desmares, dans le *Grant coustumier*, et
dans Bouteiller nous retrouvons clairement établi
le don mutuel entre époux, qui, depuis long-
temps en usage, s'était seul conservé malgré le
droit romain (3). Ce dernier auteur l'appelle
revestissement, et depuis nous le voyons avec

(1) *Établissements*, I. chap. cxii ou cxiv. *De don entre fame et
home.* « Dame ne puet rien donner à son seigneur en aumosne tant
comme elle soit sienne que li dons fuest estables, car par avanture
ele ne l'aurait pas fait en bone volonté, ains li aurait donné pour
qu'il ne li en fît pis, ou par le grant amor que ele auroit à lui, et
pour ce ne lui peut ele donner de son mariage; mes avant que ele
l'eust pris ele li porroit bien donner le tiers de son héritage, ou à sa
mort quand ele seroit malade, pour qu'il n'i eust hoir masle. » — Il
ne s'agit ici que de la terre, car les autres biens sont déjà dévolus de
plein droit au mari survivant.

(2) *Assizes de la court des bourgeois*, chap. cliii (éd. de M. V. Foucher).

(3) « Item homs et femme conjoincts par mariage ne puet rien
donner l'un à l'autre en leur testament par voie directe, combien

les mêmes règles dans toutes nos coutumes (1).

Nous n'avons pas parlé de la séparation de biens, parce que nous n'en avons trouvé de trace dans les anciens monuments de notre droit coutumier que comme conséquence de la séparation de corps ; dans ce cas il y avait partage des biens communs entre la femme et le mari : cette séparation était d'ailleurs du domaine du droit canonique (2). Quant au divorce, il n'était pas permis en France.

Une comparaison du régime d'association conjugale des anciennes lois des Barbares, du Miroir de Saxe et de Souabe, avec celui de notre droit coutumier, du *mundium* des unes, de la tutelle (*wormundschaft*), du *bail* et de la *mainbournie* des autres, ne nous a pas paru nécessaire pour faire ressortir les points de conformité ou de dissem-

---

qu'ils puissent faire entre vifs don mutuel de leurs meubles et conquects et non autrement » (Désmares. *Décisions*, 233). — *Coutumes notoires*, 58. — « *Nota*. Secundum consuetudinem Parisiensem quod uxori vivæ nihil legare possum, vel in morte donare, possumus tamen invicem facere donationem mutuam omnium bonorum ; quæ quidem donatio valet et tenet non extantibus liberis, alias non» (*Grant coustumier*, fol. 69). — Bouteiller, I. tit. xcix. « Mais par autre raison se peuvent faire dons et amendements entre dessus dicts mary et femme que laiement on appelle *revestissements*, et aussi est ainsi appelé parce que autant en amende l'un que l'autre.»

(1) Ricard et Pothier, *Traité du don mutuel.*

(2) Beaumanoir, chap. lvi. 14. — Les *Assizes de la court des bourgeois*, chap. cli, appliquent les règles du droit romain.

blance ; car on a pu voir l'élément germanique, sortant des premières comme de sa source, se répandre en Allemagne et en France, toujours avec la même nature, le même caractère de puissance du mari, d'incapacité de la femme, malgré quelques différences dans ses effets. Qu'il nous soit permis seulement de nous étonner ici que presque tous les auteurs anciens et modernes se soient plu à nous représenter le régime germain comme ayant produit l'émancipation et relevé la dignité de la femme ; ils nous la représentent tous non comme une pupille, mais comme l'associée du mari, titre qui convient si bien à l'épouse (1). Nous verrons plus tard si c'est bien au droit germanique qu'elle le dut ; qu'on lise d'ailleurs à ce sujet nos vieux auteurs coutumiers. Nous remarquerons, en terminant ce chapitre, que le système de participation de la femme comme du pupille fut toujours celui du droit français, de la loi salique,

(1) Voir Montesquieu, *Esprit des lois,* liv. XVI, chap. ii ; et tous les partisans de la communauté. Nous ne pouvons ne pas citer ici un passage éloquent de l'un d'entre eux : « Il était réservé au droit « germain, sous l'influence des idées chrétiennes et du droit cano- « nique, de donner à la femme sa véritable place dans la famille, « d'en faire une associée et non point une esclave ni une étrangère, « de réaliser, en un mot, la belle définition du jurisconsulte, « *nuptiæ sunt...* sous l'empire de cette idée d'égalité de la femme, « l'union des personnes, en confondant les besoins, les travaux, les « désirs, a conduit naturellement à l'union des biens. »

des *Formules*, du capitulaire de Louis-le-Pieux : ce dernier changea seulement la quotité de la part de la femme et la porta du tiers à la moitié; cette quotité fut celle de la communauté; quant au tiers des bénéfices ou fiefs, ce fut celle du douaire qui fait le sujet du chapitre suivant (1).

CHAPITRE IV.

Douaire.

Le douaire n'est autre chose que la dot canonique (*dotalitium, doarium*), et non la *dos* ou le *morgengabe*, quoiqu'il emprunte quelque chose de l'une et de l'autre. Il est nécessaire dans l'ancien droit coutumier comme dans les *Capitulaires ;* il est aussi constitué à la porte de *moustier (ad ostium ecclesiæ)*. Beaumanoir nous a même conservé les paroles que le prêtre faisait dire au mari : « Car il « li dit dou douëre qui est devisé entre mes amis « et les tiens te doue » (2). La coutume était la même en Angleterre (3). La cause du douaire

(1) Loisel, liv. III, tit. III, règ. 8. — La communauté n'avait pas lieu dans notre droit coutumier, comme dans les anciennes lois barbares, pour les biens de la couron ne. Dutillet, liv. IV, chap. XIX. — Pasquier, *Recherches*, liv. IV, chap. XXI.

(2) Beaumanoir, chap. XIII. — Loisel, liv. I, tit. III. R. 1.

(3) Glanville, liv. VI, chap. I (dans Houard, *Coutumes anglonormandes*). — Littleton, section 39, *à l'huis del monasterie* (dans Houard, *Anciennes lois des Français*, tom. I, p. 58).

ainsi constitué en présence de l'église et qui tirait son origine du droit canonique, pouvait être portée devant la juridiction ecclésiastique (1). Ce douaire n'était pas légal et sa quotité n'était pas fixée de plein droit ; quoique les *Capitulaires* en fissent une obligation, ils ne suppléaient pas néanmoins à son défaut de constitution ; ce ne fut que depùis Phi-lippe-Auguste qu'il y eut un douaire coutumier, d'après de Fontaines et Beaumanoir (2) ; nous devons remarquer néanmoins que le douaire cou-tumier existe dans les *Assises* en faveur des noblès et que sa quotité sur les biens du mari est la même que dans l'ordonnance de Philippe-Auguste (3).

Le douaire n'était pas acquis à la femme dès l'instant de la bénédiction nuptiale, au moins dans

(1) *Établissements*, I, chap. xviii : « Gentilfame peut plaidier son doëre en la cort, à celui en qui chastelrie sera, ou en la cort de sainte Église, et en est à son chois. »

(2) Pierre de Fontaines, en son *Conseil*, chap. xxi, n° 52.— Beau-manoir, chap. xiii, et Loisel, *ubi suprà*.

(3) *Assizes de la haute cour*, livre de Geoffroy-le-Tort, XVI (édi-tion Beugnot, p. 449) : « L'usage des douëres par l'assise est tel : que quant l'ome muert, de toutes les choses, queles que eles soient, muebles et stables que l'on li trouve, se il chevalier est, sa feme en doit avoir la moitié, puisque l'on aura payé la dete dou mort et la dete doit être payée dou mueble. Et se il fornist à paier la dete ce que est en défaute l'oir en paie la moitié, la femme l'autre moi-tié, la feme ne puet riens faire de ce que ele a en douaire qui fie ou héritage, mais que joïr des rentes sa vie. Et cette assise est des chevaliers. » — *Idem*, Jacques d'Jbelin, 68, p. 467. — Et *Clef des Assises de la haute cour*, 230.

l'ancien droit coutumier ; mais il était alors de principe qu'au coucher la femme gagnait le douaire (1). « Le doëre, dit Beaumanoir, est acquis à la « femme sistot comme loi aux mariages et com- « paignie charnéle est faite entre lui et son mari, « et autrement non (2). » On retrouve la même disposition dans quelques-unes de nos coutumes, quoique Loisel prétende que cela n'a plus lieu (3). D'où pouvait venir une pareille règle ? Etait-elle empruntée au *Morgengabe* qui n'était plus en usage en France, ou bien à cette distinction du droit canonique entre le *matrimonium ratum* et le *matrimonium consummatum* (4) ? Nous pencherions pour la première hypothèse (5) et nous croirions même découvrir dans cette disposition des traces de la fusion de la *dot* et du *Morgengabe* dans le douaire.

Quoi qu'il en soit de cette règle et de son

(1) Loisel, liv. I, tit. III. règ. 5 : « *On disoit jadis au coucher gagne la femme son douaire ; maintenant, dès lors la bénédiction nuptiale.* »

(2) Beaumanoir, *ubi suprà*.

(3) Normandie, 337. Bretagne, 429 ancienne (450). — Chartres, 52. — Clermont, 258. — Dreux, 43. — Valois, 202. — Ponthieu, 32. — Châteauneuf, 55.

(4) Delaurière, *Glossaire du droit français*, in vº *Douaire*, et ses notes sur la règle ci-dessus de Loisel.

(5) Voir Pasquier, *Lettres*, liv. IX, chap. I. — Mornac, *Ad leg.* I. D., *De jure dotium*.

origine, la femme recevait le douaire comme épouse et mère de famille. Comme la *dos* ancienne il la distinguait toujours de la concubine, car il n'avait lieu, soit en France, soit en Allemagne et en Angleterre, que dans le mariage légitime, et jamais dans le concubinat. Il était d'ailleurs attribué à la veuve sans enfants comme à la jeune fille; pourvu toutefois que le mari n'eût pas lui-même des enfants d'un précédent mariage (1). Il constituait non-seulement pour la femme mais encore pour les enfants à naître un patrimoine propre, une légitime (2). Il est défini (3) : « Quod liber « homo dat sponsæ suæ ad ostium ecclesiæ « propter nuptias futuras et onus matrimonii et « educationem liberorum cum fuerint procreati, « si vir præmoriatur. »

Si Beaumanoir (4) dit que le douaire ne con-

---

(1) « Car, dit Bouteiller, ils sont au jour de leur mariage comme damoiseau et damoiselle et en condition de damoisellage » (*Somme rural*, tit. xcvii, p. 553).

(2) « Douaire propre aux enfants est une légitime coutumière prise sur les biens du père par le moyen et benéfice de leur mère » (Loisel, I. iii. R. 23).—Ils ne peuvent prendre d'ailleurs ce douaire en qualité d'héritiers. Cette dernière règle nous paraît empruntée à la donation *propter nuptias*.

(3) Ducange, *Glossaire*, in v^{is} *Dos, Doarium*. Cette définition est de Glanville.

(4) Beaumanoir, chap. xviii : « Che que nous avons dit que les enfants ne sont pas hérites par nostre coustume par raison des douaires leur mère, si comme ils sont en Franche et en autre pays,

serve pas sa nature après la mort de la femme, et
n'est pas dévolu aux enfants, il faut observer que
c'est pour les fiefs seulement, et qu'en cela même
la *Coutume de Beauvoisis* est contraire à l'usage
général de la France et des autres pays. Il existait
cependant un assez grand nombre de coutumes
qui avaient suivi les dispositions de celle de Beauvoisis (1). Cette diversité ne dérivait–elle pas de
la différence qui existait dans le principe entre la
dos et le *Morgengabe* dont les coutumes auraient
adopté les règles contraires, par rapport aux enfants ; la première leur étant toujours dévolue, le
second au contraire, retournant après la mort de
la femme au mari ou à ses héritiers ?

Mais un principe général dans le droit coutumier, parce qu'il tient à la nature même du douaire,
c'est que le mari ne pouvait pendant le mariage
aliéner les biens sur lesquels il était constitué.
« Si aucun hons, disent les *Établissements* (2), ven-

nous le entendons en hiretages qui sont tenus de fief, car en hiretages qui sont tenus en vilenage, s'accorde nostre coustume à l'usage
de Franche. » — Pasquier, *Lettres*, liv. IX, chap. 1 : « Voire même
qu'en plusieurs coustumes dès le jour de la bénédiction nuptiale,
nous le rendons propre aux enfants de telle façon que les pères ne
peuvent de là avant en disposer à leur préjudice. »

(1) Guy Coquille, *Institutes coutumières*, tit. *De douaires* (tom. II
de ses OEuvres, p. 73).

(2) *Etablissements*, I, chap. CLXIV ou CLXVI : *De fame qui demande douaire.* — Beaumanoir, chap. XXI.

« dait sa terre fust gentilhomme ou coustumier, la
« feme après sa mort aurait son douaire, ès
« choses que il aurait vendues, à moins que la
« feme n'eut juré par serment de maintenir la
« vente. » La femme avait donc pour son douaire
un droit de poursuite et d'hypothèque légale et
tacite, même dans les coutumes de nantissement.
« Douaires, dit Loisel, ont taisible hypothèque et
« nantissement (1). » Il n'y avait que trois cas dans
lesquels la femme ne pouvait réclamer contre l'a-
liénation; l'*Ancien coutumier d'Artois* et Bouteiller
les énumèrent (2). C'est lorsque la femme a renoncé en recevant compensation sur d'autres
biens; lorsqu'elle a renoncé avec serment, car elle
peut être alors traduite en cour d'église, excom-
muniée et par suite privée de son douaire; enfin si
elle a renoncé au bénéfice du sénatus-consulte
Velléien. La seconde condition n'offrait pas de
grandes garanties à la femme, comme l'observe
Ducange, et la troisième était de style lorsque le
sénatus-consulte fut abrogé en 1606 et 1664. Une
quatrième espèce de renonciation avait lieu aussi

(1) *Institut.*, liv. I, tit. iii, Règ. 20.— Reims, 182. — Vermandois, 124.

(2) *Anciens usages d'Artois*, chap. xxiii et suiv. — Bouteiller,
Somme rural, I, tit. xcvii, p. 551.

par contrat de mariage; mais on disputait beaucoup sur sa validité.

La cause des douaires fut toujours privilégiée, enlevée à la juridiction ecclésiastique, elle fut au nombre des cas royaux (1). Il était établi non-seulement en faveur des femmes nobles, mais encore de toutes les autres : seulement sa quotité variait. D'après l'ordonnance de Philippe-Auguste, il était indistinctement fixé à la moitié des biens que le mari possédait au jour de son mariage, et cet établissement fut étendu à toute la France (2). Cependant dans les *Établissements de saint Louis* qui sont postérieurs, le douaire est réduit au tiers (3); mais les *Établissements* ne contenaient pas les coutumes générales de toute la France, et étaient relatifs plus particulièrement à certaines provinces du domaine du roi, comme le Maine, l'Anjou, le Poitou, où ils ont été toujours observés en cette partie (4). Ils

(1) Bouteiller, *Somme rural*, liv. II, tit. I, p. 647 : « Item a le Roy la prévention et cognoissance des douaires, aux dames ou damoiselles vefves appartenans, de les y tenir et garder et faire mettre en tans de faict comme de droict... »

(2) Beaumanoir, chap. XIII : « Et chest establissement commanda il a tenir par tout le royaume de France, exceptées la couronne et pluriex baronnies. »

(3) *Établissements*, I, chap. XIII; et les observations de Delaurière sur ce chapitre.

(4) Il est du tiers dans toutes les coutumes suivantes : Maine, 313. — Poitou, 256. — Anjou, 299. — Chartres, 52. 54. — Tou-

ne s'appliquaient d'ailleurs pour cette quotité du tiers qu'aux fiefs, et cette fixation était nécessaire, puisque le droit d'aînesse emportait déjà les deux tiers de ces biens. Il n'est donc pas étonnant que de Fontaines et Beaumanoir n'en aient pas tenu compte. La quotité du tiers appliquée au douaire se retrouve encore dans la Normandie, dans les lois anglaises et dans la Guyenne (1). Ce qui ferait supposer que cette fixation est antérieure aux *Établissements* et qu'elle a une origine plus ancienne ; on pourrait la faire remonter à cette portion du tiers que Louis-le-Débonnaire accorda à la femme sur les bénéfices de son mari.

Dans les autres coutumes on accorda à la femme noble ou roturière la moitié des immeubles. On distinguait pourtant dans les seconds mariages si le mari avait ou non des enfants. Lorsqu'il en avait, dans certaines coutumes, le douaire était réduit de moitié (2) ; dans d'autres il ne portait que sur les acquêts du second mariage, dans d'autres enfin, il n'avait pas lieu (3). Le douaire était con—

raine, 326. 338. — Saintonge, 75. 76. — Angoumois, 82. —Grand-Perche, 111.— Lodunois, XXXI. 1. XXXII. 2.— Bretagne, 455.

(1) Normandie, 367. — Litt!eton , dans les *Anciennes lois des Français*, par Houard, sect. 37, tom. I, p. 56. — Mornac, leg. 2. D. *De jure dotium.*

(2) Beaumanoir, chap. XIII.

(3) Bouteiller, *Somme rural*, tit. XCVII, p. 553.

stitué sur tous les biens immeubles que le mari possédait au jour de son mariage, c'est-à-dire, sur les biens présents comme la dot, ou qui lui advenaient par succession en ligne directe pendant sa durée (1). Toutefois les *Établissements* restreignent formellement les droits de la femme aux biens déjà possédés lors du mariage (2). Tous les immeubles étaient d'ailleurs compris dans le douaire, du moins pour la femme roturière qui prenait la moitié de tous les héritages. La gentilfame ne prenait le tiers ou la moitié que sur ceux où elle n'avait pas d'autres droits tels que celui de vivelotte ou autres. Il n'y avait d'exception ou de franchise, que pour la couronne, les baronnies, les châteaux-forts et les biens donnés au mari comme récompense de ses services, par le roi ou le comte (3). Les meubles et les conquêts furent toujours exceptés du douaire.

La femme prenait son douaire à la mort du mari, car il était de principe que *mari ne paya ja-*

(1) Beaumanoir, chap. xiii. — Bouteiller, *ubi suprà*, p. 549. — Desmares, *Décis.* 175. — Loisel, I. iii. 2.

(2) *Établissements*, I, chap. xx : *En quiex eschoites gentilfame doit prendre douaire et son assénement.....* Mais elle n'y aurait riens, se elles étaient avenues, puisque li sires l'aurait prise, et se eles étoient eschoites avant, ele i auroit son douaire. »

(3) Voir les auteurs cités *suprà*, note 1.

mais douaire (1). Ce qui ne signifie pas que la condition de survie fut toujours exigée : car cette condition l'était bien pour les coutumes où le douaire n'était que viager et en usufruit, mais non dans celles où le douaire était propre aux enfants et formait pour eux une légitime. En effet, après la mort de la mère, il conservait toujours sa nature, seulement le père en retenait l'usufruit jusqu'à sa mort, la propriété en étant réservée à ses enfants, et c'est en ce sens que la maxime de Loisel est vraie dans les deux systèmes. Le douaire saisissait, c'est-à-dire que la femme en était saisie, sans avoir besoin de demander l'envoi en possession (2). Cette règle n'est pas cependant sans contradiction même parmi les anciens auteurs.

Quant au douaire préfix ou conventionnel, il n'est pas attaché à une espèce particulière de biens ; il peut consister en meubles ou en immeubles. La femme n'en est saisie que par son envoi en possession ; il n'est que viager et n'emporte pas hypothèque dans les coutumes de nantissement. Ce sont les principes les plus généralement admis dans

(1) Loisel, *ubi suprà*, Règ. 6.

(2) Guy Coquille, *Institutes coutum.*, tit. *De douaire.* — Loisel, *ubi suprà*, Règ. 10.— Pothier, *Traité du douaire*, part. 1, chap. III, art. 3, § 1.

le droit coutumier ; mais on y trouvera aussi bien des dispositions contraires. La femme avait partout l'option entre les deux douaires ; mais il ne pouvait y avoir cumul.

CHAPITRE V.

De la Communauté de biens dans les coutumes rédigées. — Influence du Droit romain.

Nous avons dit l'origine de la communauté et ses principes dans notre ancien droit coutumier, nous passons à une autre période, celle de ses modifications et de sa transformation.

La communauté de biens entre les époux ne fut plus considérée comme une conséquence de la *mainbournie* qui même, par rapport au pupille, fut changée en tutelle sous l'influence du droit romain. Ainsi, on releva la capacité de la femme en lui accordant la faculté de tester et lui donnant le droit de recourir à la justice pour suppléer à l'autorisation maritale. On conserva bien, il est vrai, les principaux effets de la puissance du mari sur les biens communs, mais on la restreignit beaucoup d'un autre côté, par l'application des principes de la société aux droits de participation de la femme ; non pas d'une société actuelle, mais d'une société future ; *non est proprie socia,* disait Dumoulin, *sed*

speratur fore (1). Ce principe une fois posé, on dé-
clara bien toujours le mari *seigneur* et *maître* (2) des
biens de la communauté, mais il ne le fut plus qu'en
qualité d'administrateur légal, quoique avec des
pouvoirs extraordinaires qui se ressentaient encore
de leur origine (3). Ainsi il ne put plus disposer de
la totalité des biens de la communauté que pour le
temps que duraient ses pouvoirs; il ne confisqua
plus toute la communauté. Quelques coutumes
avaient bien déjà admis cette disposition; mais ce
fut Dumoulin qui la fit prévaloir dans la jurisprudence, après avoir lutté pendant quarante ans
contre les anciens principes (4), et il s'appuya sur

(1) Dumoulin, *Sur la Coutume de Paris*, art. 37, glose 1, n° 2 :
« Et quamvis ista communio, pendente matrimonio, proprie non sit
in actu, sed in credito et in habitu : tamen soluto matrimonio ipso
jure exit in actum, et in veram et actualem dominii et possessionis
communionem. »

(2) Paris, 225. 226. 237. 233. — Loisel, I. ii. 16. — V. les Coutumes et les Traités...

(3) Dumoulin, *ubi suprà*, n° 1 : « Quorum licet, constante matrimonio, maritus sit solus actu dominus, propter *auctoritatem ad-
ministrationis*, et alienandi potestatem : non tamen absolute solus
dominus est, ad onus communionis, spectantis ad uxorem in cujus
præjudicium non potest de illis fructibus mobilibus et acquestis disponere in ultima voluntate ultra dimidiam sibi contingentem jure,
nec etiam inter vivos, si faceret in fraudem. » — Pothier, *Traité de
la communauté*, 2ᵉ partie, chap. i.

(4) Dumoulin, sur l'art. 12 de la *Coutume de Laon :* « Æquissima
consuetudo et secundum sententiam quam semper a quadraginta
annis contrà veterem rigidum stilum propugnavi Parisiis in se-
natu. »

ceux-ci ; que la société étant dissoute par la mort civile, les droits du mari, comme maître et administrateur, finissaient avec elle ; que ceux de la femme, au contraire, naissaient à ce moment, qu'on ne pouvait donc confisquer que la part du mari, c'est-à-dire la moitié (1). Il n'y eut pas cependant réciprocité lorsque la femme commettait quelque crime, car elle ne confisquait rien, le tout étant adjugé au mari, qui conservait ses droits à la totalité des biens communs, tandis que les droits de la femme, ne commençant qu'à la dissolution du mariage, n'avaient pu exister avant sa mort (2). C'étaient là les conséquences de la société, mais de la société future qui existait entre le mari et la femme, et qui ne datait que de la dissolution du mariage.

L'égalité entre époux se montre pour tout le reste, en ce sens que le mari ne peut disposer à son avantage et au préjudice de sa femme des biens de la communauté ; ainsi il ne peut tester que de sa part. De là tire son origine le système des récompenses qui joue un si grand rôle dans nos coutumes (3).

(1) Lebrun, liv. II, chap. II, sect. 3 et suiv. — Pothier, *ubi suprà*.

(2) *Iidem* et d'Argentré, sur l'art. 423 de l'*Ancienne coutume de Bretagne*, glose II, n° 4 : « An mulier confiscabit partem suam mobilium ; et præcise negandum est, quia usum duntaxat habet promiscuum, non etiam proprietatem ullam. »

(3) Voir à ce sujet Lebrun, Renusson et Pothier, *Traité de la communauté*.

Dans toutes ces décisions qui éloignaient toujours davantage de l'origine et des principes de la *mainbournie*, qu'invoquait-on? La loi romaine. La communauté ayant les caractères d'une société, on lui appliqua les principes des autres sociétés coutumières, et c'est ainsi que le terme d'an et jour passa dans nos coutumes, et fut appliqué à la communauté conjugale qui ne reposait plus sur son ancien principe, la puissance maritale. Elle suffisait seule, jadis, à opérer la confusion, et par suite la communauté des biens. Ce terme fut emprunté à la société tacite d'an et jour, ou plutôt à la saisine, qui fut dèslors nécessaire; cependant un grand nombre de coutumes conservèrent le droit ancien.

Si les dettes mobilières des époux et celles que le mari pourrait contracter furent toujours communes, on accorda à la femme, noble ou roturière, et à ses héritiers, ce qui n'existait pas avant (1), le droit de renoncer et de se décharger ainsi des dettes. Si elle acceptait, elle obtenait le bénéfice de n'être tenue que jusqu'à concurrence de ce qu'elle prenait, pourvu toutefois qu'elle eût fait un bon et fidèle inventaire. On appliqua ainsi les dispositions relatives aux successions bénéficiaires incontestablement émanées du droit romain; de même que

(1) Voir *suprà*, chap. III.

celles relatives à la séparation de biens dans le cas de déconfiture ou de prodigalité du mari (1).

Trois patrimoines existaient alors dans le mariage : celui de la femme, composé des propres dont les règles et les principes, quoique relâchés, subsistèrent encore; celui du mari, composé aussi de ses propres; et enfin celui de la communauté, qui comprenait les biens communs, les meubles et les acquêts. Chacun d'eux avait ses dettes, ses bénéfices et ses pertes. C'était là la base de tout le système de la communauté, et tel était le droit commun de nos coutumes.

Mais la loi coutumière ne suffisait déjà plus, malgré ses modifications, à garantir tous les droits des époux. De là, cet envahissement de clauses dans le contrat de mariage qui créaient des exceptions à la loi commune. On stipula des clauses de réalisation ou de stipulation de propres, de séparation de dettes, de franc et quitte (2), et même de séparation de biens empruntée à un autre droit. Au profit de la femme, on stipula les assignats qui, auparavant, n'étaient en usage que dans quelques coutumes; le remploi des deniers, provenus de la vente des

(1) Voir les auteurs déjà cités, Pothier commente l'article qui est relatif à cette matière par la citation et l'explication de la loi 24. D. *Soluto matrimonio.*

(2) Argou, *Institutes du droit français,* liv. III, chap. xvi.

propres de la femme; la clause de préciput avant tout partage. Les hypothèques tacites existaient déjà dans la plupart des coutumes. On stipula aussi en faveur de l'égalité des époux dans les bénéfices et les pertes les clauses d'ameublissement. La renonciation des filles, même à la légitime, qui avait été enfin constituée, ne fut pas non plus négligée (1). Ces diverses clauses étaient, pour la plupart, d'un très-grand usage; on suppléait même de plein droit au défaut de celle de réalisation en faveur du mineur dont tous les biens consistaient en meubles. Celle de séparation de dettes était très-fréquente, nous dit Lebrun; car là, surtout, était la partie dangereuse du système de la communauté (2).

D'où venait ce changement dans le régime des pays de coutume ? A quoi faut-il l'attribuer ?

Les lois ne peuvent subsister qu'à condition d'être en harmonie avec les mœurs et l'état de la société; et depuis la féodalité, que de changements dans les unes et dans l'autre ! D'un côté, la position de la femme s'était améliorée, grâce à la même influence bienfaisante qui avait changé le pouvoir despotique du mari en une tutelle plus douce, et

(1) Roussilhe, *De la légitime*, chap. xiii, tom. II, p. 58.

(2) Voir pour toutes ces clauses les auteurs déjà cités, et pour les deux dernières, Lebrun, *De la communauté*, p. 329, nᵒ 7, et 254, nᵒˢ 1 et suiv.

le prix d'achat en douaire, relevant ainsi par sa dignité d'épouse et de mère l'humiliation de son incapacité civile, et restreignant par là, dans son intérêt et dans celui de la famille, une puissance qui aurait pu leur devenir funeste. Aussi le douaire forma encore lors de la rédaction officielle des coutumes, et fut jusqu'à la fin, une des parties les plus importantes du régime de la communauté ; plus que toute autre, elle avait résisté aux innovations, parce qu'elle s'accommodait à l'esprit des institutions nouvelles.

D'un autre côté, le rétablissement de l'autorité royale, l'émancipation des serfs, l'établissement des bourgeoisies avaient créé dans la nation une classe nombreuse et puissante, pour laquelle les lois de la féodalité n'avaient pas d'application, soit par rapport à leurs personnes, soit par rapport à leurs biens ; car avec elle étaient nés le commerce et l'industrie, et la fortune mobilière s'était constituée indépendante. Les lois anciennes protégeaient les terres et ne régissaient les meubles que comme des accessoires ; il fallait donc des lois nouvelles pour ce nouveau patrimoine. C'est pour cela que les coutumes réformées, la jurisprudence des parlements, les écrits des jurisconsultes, les clauses des contrats diminuèrent sur ces biens la puissance du mari , et pour leur conservation environnèrent la femme de toutes les garanties dont un pareil système était susceptible.

Le droit romain qui, assoupi pendant les premiers temps de la féodalité, dans une partie de la France, l'avait depuis lors envahie tout entière, se prêtait peu par ses dispositions au système féodal; mais il avait des règles pour tous les biens, meubles et immeubles sans distinction ; aussi on en appliqua les principes aux premiers, qui n'avaient pas de loi propre. On fit cette application dans les diverses parties de la législation, et autant qu'on le put sans contrarier le système des lois existantes, du droit coutumier (1). Malgré l'opposition de quelques partisans de celui-ci, qui luttaient encore, il pénétra dans la doctrine, il régna au barreau; il fut par sa nature même la loi de la Bourgeoisie (*Lex Villana*)(2), et c'est alors, mais alors seulement, qu'on put l'appeler le droit commun de la France. Tel fut l'état de la législation des pays de coutume jusqu'à la révolution sociale et législative de 1789, qui lui apporta bien d'autres modifications.

(1) Ce fut surtout dans les successions : ainsi, les meubles et les conquêts étaient attribués, en vertu de la loi romaine, aux ascendants; tandis que les propres l'étaient, d'après la loi coutumière, aux collatéraux de la ligne. — *Coutumes notoires* , 90. — Desmares, 293. — *Grant coustumier*, II, tit. *De succession, testament*, fol. 81.

(2) Voir Ducange, *Glossaire* sur ce mot et sur celui *Lex Romana*.

TROISIÈME PARTIE.

DU RÉGIME DOTAL ET DE LA COMMUNAUTÉ DEPUIS 1789.

Sɪ les lois comme les nations ont leur histoire, elles ont aussi comme elles et avec elles leurs révolutions. Sortis de la révolution féodale, nous passons à celle de 1789, qui a un caractère bien différent, et qui a marqué toutes nos lois actuelles de son empreinte. Le Code civil, qui en est le plus beau résultat législatif, soit par l'unité de législation qu'il a consacrée pour toute la France, soit par ses dispositions elles-mêmes, en est la preuve ; mais il ne s'est pas improvisé tout à coup. De 1789 à 1804, bien des lois avaient été tour-à-tour promulguées et abrogées, suivant les événements politiques. Quoiqu'elles soient à peu près inutiles pour la doctrine et la jurisprudence dans l'ordre civil, elles appartiennent à l'histoire de notre droit, et peuvent seules nous rendre compte de ces changements qu'a subis notre ancienne législation, en passant des pays de droit écrit et de coutume dans notre Code civil. C'est à ce titre que nous les étudierons.

CHAPITRE I.

Lois intermédiaires.

La féodalité avait faibli sous les efforts de nos rois, elle devait tomber sous les coups du peuple. Aussi l'un des premiers actes de l'Assemblée constituante fut l'abolition de la féodalité et de tous ses priviléges (*Lois du 4-11 août et du 31 septembre* 1789). Quelques-uns des droits féodaux furent déclarés rachetables, les autres qui portaient un caractère de servage furent supprimés (15-30 mars 1790). Mais le régime féodal, à part ses priviléges, formait un système de législation inhérent et mêlé à toutes nos lois civiles. La féodalité supprimée, l'égalité des citoyens proclamée, il restait encore à détruire ce qui était féodal, à le séparer de ce qui ne l'était pas ; œuvre difficile, surtout dans des moments d'agitation politique et de réaction violente, et où il aurait fallu beaucoup d'application pour découvrir dans ce mélange de la loi féodale et de la coutumière, leur origine et leurs caractères différents. Aussi dans l'abrogation de plusieurs parties de la législation ancienne, on ne put se montrer alors aussi scrupuleux, et tout ce qui tenait de près ou de loin à la féodalité, qui en avait l'ombre, fut indistinctement frappé d'anathème.

Nous n'avons à nous occuper ici, suivant le plan que nous nous sommes tracé, que du patrimoine de la famille, de sa constitution et du régime d'association conjugale. Comme la révolution fut à la fois pour les deux pays de droit écrit et de coutume, et que les deux lois romaine et coutumière furent en même temps modifiées, quoique à des degrés bien différents, nous avons cru devoir les réunir dans cette partie et les étudier en même temps dans cette période de leur histoire.

La première conséquence du nouveau système, et qui se trouve dans la loi même abrogative de la féodalité, fut l'abolition du droit d'aînesse et de la prérogative de masculinité. Plus tard la loi des 8-15 avril 1791 abolit entièrement et pour tous biens les priviléges admis par les coutumes en faveur de certains enfants, et les appela tous, sans distinction de sexe, à partager également le patrimoine de leurs parents ; l'exclusion des filles fut ainsi réprouvée. Les substitutions furent aussi prohibées (*Loi du* 25 *octobre* 1792); et le retrait lignager qui tenait par des liens étroits au système féodal, fut aboli (*Loi du* 19-23 *juillet* 1790). La pensée qui dominait les nouveaux législateurs était d'anéantir tout ce qui tenait à la consolidation du patrimoine sur la tête d'un seul, aux avantages et à la conservation des biens dans les familles. La réforme se montra encore plus nettement dans les lois de l'an II.

La loi du 5 brumaire (an II) confirma l'égalité des enfants au partage avec rapport nécessaire de tout ce qu'ils avaient déjà reçu, et prohibition d'un avantage quelconque en faveur de l'un des successibles. Cette espèce d'horreur pour tout avantage s'étendit même aux étrangers, et la quotité disponible fut réduite à un dixième (art. 9. 10. 11).

Cette loi fut suivie de près par celle du 17 nivôse de la même année, qui contient un système complet de succession fondé sur les idées nouvelles ; en confirmant les principes de la loi précédente, elle supprima encore toute distinction entre les biens, soit à raison de leur nature, soit à raison de leur origine. Les successions sont transmises sans y avoir aucun égard aux enfants ou descendants en ligne directe, avec représentation à l'infini ; à défaut de frères ou sœurs, aux ascendants; et à défaut de ceux-ci, aux collatéraux, et la représentation à l'infini est admise même dans la ligne collatérale. La distribution du patrimoine par la loi, fut sanctionnée par la nullité de tous les actes qui lui étaient contraires ; les avantages à un successible furent sévèrement proscrits, et vis-à-vis des étrangers furent réduits à un sixième ou à un dixième. Tout le reste était nécessairement réservé aux enfants ou aux autres héritiers. C'était, on le voit, tout un nouveau système où l'égalité dominait ; mais qui enchaînait par cela même la liberté de disposer.

Il était impossible qu'un changement si radical n'eût pas de l'influence sur le mariage et le régime des biens qui dépend nécessairement des lois qui régissent la famille et son patrimoine. Aussi les avantages entre époux furent frappés de la réprobation commune, le douaire comme tel fut supprimé et on lui appliqua les dispositions de l'art. 61 de la loi du 17 nivôse an II. On dut aussi l'appliquer par la même raison à l'augment ; toutefois on respecta en ceci le passé, c'est-à-dire que, par exception, la loi de nivôse n'eut pas d'effet rétroactif comme elle l'avait dans toutes les autres matières qu'elle réglait ; c'est ainsi que l'interpréta la Convention nationale (1) et que depuis lors on l'a jugé plusieurs fois (2). Il n'exista donc plus de douaire, et

(1) **V.** réponse 49 de la loi du 12 *ventôse* an **II**, et loi du 9 *fructidor* an **II**, question 24.

(2) *Arrêts* du 20 octobre 1807 (Sirey, **I.** p. 545) et 6 mars 1811 (Sirey, **I.** p. 105). — Voir cependant *Angers,* 30 août 1806 (Sirey,

cela parce qu'il était un avantage ! Mais il consacrait aussi la dignité de l'épouse, de la mère de famille, et à ce titre il se serait peu accordé avec les lois de la révolution sur le mariage, puisqu'elles ne distinguaient plus l'épouse de la concubine et les enfants légitimes des enfants naturels. Ce fut là d'ailleurs la seule modification apportée à la communauté : puissance du mari, confusion des dettes, partage des immeubles et des conquêts, on n'y toucha pas ; les propres mêmes de communauté subsistèrent toujours ; et cependant il ne devait plus exister de propres ! La loi de nivôse avait renversé leur principe.

Quant au régime dotal, il subsista comme par le passé, d'autant mieux que la révolution avait consacré le triomphe des successions romaines, auxquelles on emprunta le principe de transmission sinon de disposition des biens. La loi de nivôse n'est que la reproduction des novelles 118 et 127, au moins de leurs principes, sauf en ce qui concernait la liberté de disposer. Nulle distinction entre l'âge ou le sexe, pas plus qu'entre les biens ; mais la dot ne jouit plus de ses anciens priviléges, dans les pays de droit écrit ni dans ceux de cou-

t. VII. p. 11), et une *Dissertation* de Chabot de l'Allier (Sirey, t. IX. II. p. 132).

tume. Le nouveau système hypothécaire de la loi du 11 brumaire an VII soumit la femme à la condition des autres créanciers, et exigea pour toute transmission ou garantie réelle de droits la transcription du contrat. La loi *Assiduis* fut abrogée ; bien plus, la femme n'eut de privilége que sur les créanciers postérieurs à son inscription.

Le mariage ne fut plus considéré que comme un contrat civil ; la liberté fut son principe, et on la consacra par la nullité de toutes les clauses qui pouvaient la restreindre ; par l'abolition de l'autorité maritale ; par l'admission du divorce et en accordant aux enfants naturels les mêmes droits qu'aux enfants légitimes (1). On rendit ainsi inutile toute célébration ; la famille et sa constitution furent aussi l'objet d'innovations ; et l'abrogation de la puissance paternelle sur les enfants majeurs, contrairement à la loi romaine, même pour contracter mariage, fut aussi une conséquence de la liberté nouvelle. (*Lois du* 28 *août* 1792 *et du* 20-25 *septembre même année, tit.* IV.)

L'ère révolutionnaire touchait à son déclin, l'esprit des législateurs et des lois se modifiait de

(1) Voir les lois du 3-4 *septembre* 1791, — 5-12 *septembre* 1791, — 20 *septembre* 1792, — 12 *brumaire* an II, — 3 *vendémiaire* an IV.

jour en jour. La loi du 4 germinal an VIII augmenta la quotité disponible, et le décret du 14 floréal an XI abrogea la loi du 12 brumaire an II, non-seulement pour l'avenir, mais restreignit encore son application pour le passé. Toutes les autres lois qui choquaient moins les bonnes mœurs subsistèrent jusqu'à la refonte générale de notre législation civile.

CHAPITRE II.

Code civil.

La révolution avait fait l'unité territoriale et administrative de la France ; toutes les lois qui avaient été promulguées dans l'ordre civil comme dans l'ordre politique et administratif étaient générales ; mais chaque coutume particulière n'en conservait pas moins son empire pour ce qui n'avait pas été réglé ou abrogé. Il était donc réservé au Code civil de fonder l'unité législative de la France.

En vain les deux races du midi et du nord avaient été mêlées dans ces mouvements qui avaient agité et remué profondément toutes les parties du territoire, et avaient créé dans ce rapprochement des mœurs générales et communes, le législateur rencontra des oppositions pour cette unité qu'il voulait fonder ; oppositions d'autant plus opiniâtres qu'elles tenaient au génie de la race, aux habitudes et aux usages invétérés de tout un peuple, dont une loi triomphe bien difficilement. Nous en avons la preuve sous nos yeux : le législateur a eu beau faire, il y a toujours des pays de coutume et des pays de droit écrit, de la communauté et du régime dotal. Consacrer ces deux lois, c'était scinder la France, on fit alors entre elles, comme l'appellent les rédacteurs du Code civil une transaction : œuvre difficile, car la loi romaine et la loi coutumière formaient, chacune, un système complet dont toutes les parties étaient liées entre elles, et il ne fallait pas, en voulant les réunir, associer des principes contradictoires.

Ce n'est pas que nous ne rendions hommage à la sagesse et à la haute intelligence qui a présidé à la confection de notre Code civil, le plus beau monument de la législation moderne. En empruntant à des lois différentes des dispositions pour en former un tout, les nouveaux législateurs ont sans doute comblé bien des lacunes, réformé bien des abus ou des défectuosités, modifié en bien des points le droit ancien ; ils ont fait un beau travail, complet en beaucoup de parties, dont nous devons leur être reconnaissants, et cependant on y trouve chaque jour quelque chose à ajouter ou à corriger. C'est qu'une œuvre, quelque belle qu'elle soit, porte toujours le cachet de son origine humaine (1), et d'ailleurs depuis 1804 les hommes et les mœurs ont marché.

La pensée constante qui doit guider un législateur est celle que les rédacteurs du Code ont eux-mêmes proclamée : *que les lois doivent être adaptées au caractère, aux habitudes, à la situation du peuple pour lequel elles sont faites* et qu'elles doivent par conséquent être en harmonie avec les mœurs (2). En effet, c'est seulement dans les mœurs générales de la nation française qu'avait créées la révolution que pouvait se trouver le principe de l'unité législative ; sur elles seules auraient dû reposer toutes les institutions nouvelles, sans avoir égard à des usages et à des habitudes particuliers et locaux ; par là devait finir la scission de la France en deux pays, en deux législations, car

(1) Ceci nous rappelle un passage de Montaigne qu'on nous permettra de citer sans application aucune : « Or, les lois se maintiennent en crédit, non parce qu'elles sont justes, mais parce qu'elles sont lois. C'est le fondement mystique de leur autorité ; elles n'en ont pas d'autre ; qui bien leur en sert. Elles sont souvent faites par des sots, plus souvent par des gens qui en haine d'égalité ont faute d'équité ; mais toujours par des hommes auteurs vains et irrésolus. » Montaigne. *Essais,* liv. III. chap. XII.

(2) *Discours préliminaire du Code civil.*

une loi ne peut être commune qu'à la condition de réfléchir l'esprit général d'un peuple.

Depuis la révolution, les mœurs avaient bien changé en France, et beaucoup de lois anciennes étaient devenues désormais impossibles avec la liberté et l'égalité modernes, conquête de 1789. Aussi, dès les premiers temps, la loi coutumière des successions qui favorisait la conservation et la consolidation sur la tête d'un seul de la fortune immobilière, de la terre à laquelle semblaient attachés le despotisme et le servage, les priviléges d'une certaine classe et l'infériorité d'une autre dut disparaître devant l'abaissement et le morcellement de la propriété foncière, et la faveur toujours croissante de la fortune mobilière, produit du commerce et de l'industrie. Les meubles frappés d'anathème par les coutumes, ne pouvaient être régis par elles, et leur indépendance avait rendu nécessaire une loi qui leur fût propre; on leur avait, depuis long-temps, appliqué la loi romaine.

Les rédacteurs du nouveau code durent accepter les mœurs et les lois de la révolution comme un fait acquis à la législation nouvelle, surtout à une époque aussi voisine des événements qui les avaient produites. Aussi dans notre code, comme dans la lo de nivôse, plus de distinction entre les biens nobles et roturiers, entre les biens meubles et les immeubles, plus d'inaliénabilité pour les uns, plus de charges seulement pour les autres. Les dettes ne suivent plus les meubles, et tous les biens d'un débiteur, sans distinction, sont affectés au paiement de ses obligations. La transmission des biens a lieu selon la loi du sang et de l'affection, sans aucun égard à leur nature et à leur origine (C. civil 732). Si une partie en est réservée aux enfants comme leur patrimoine, une autre est laissée à la libre disposition du père par une sage liberté, il peut en avantager l'un de ses successibles et même de ses enfants; on ne redoutait déjà plus les avantages; mais les substitutions sont toujours prohibées, parce que plus que toute autre institution elles ont un caractère qui devait choquer les idées républicaines. Ces innovations à la loi des pays de coutume, que sont-elles autre chose que la loi des pays de droit écrit, que la loi romaine dans sa simplicité et dans son équité? Quelques principes furent pourtant empruntés au droit coutumier, et avec raison, tels que celui de la saisine des héritiers (724), et de la nature du partage qui n'est que déclaratif (883), principes contraires à ceux du droit romain, mais qui n'ont pas la moindre influence sur le régime d'association conjugale.

Les mœurs générales de la nation, à cette époque, étaient celles des pays de droit écrit, des pays
libres, des municipes et des grandes villes commerciales. La révolution s'était opérée en faveur des
lois romaines (dans leur dernière période, bien en-
tendu), parce qu'elles étaient dans son esprit. Elles
avaient déjà passé dans nos coutumes : elles triomphèrent dans notre Code civil, au moins en certaines parties ; et cela devait être, car dans cette
lutte des deux lois, l'une avait puisé son principe
et sa force dans la barbarie, l'autre dans la civilisation ; celle-ci devait tôt ou tard l'emporter.

La constitution de la famille reposa sur une base
nouvelle ; car ici encore on consacra les innovations
et les principes des lois précédentes, en tant qu'elles
ne portaient pas atteinte à la dignité du mariage,
qui fut enfin réhabilité. L'autorité maritale et la
puissance paternelle, ces deux principes constitu-
tifs de la famille furent reconnus et consacrés dans
notre Code. La première ne fut pas ce pouvoir despotique de la *manus*, du *mundium* ou de la *mainbournie*; mais ce ne fut pas non plus le principe de liberté absolue de la femme vis-à-vis du mari ; dans
les pays de droit écrit même, tous les bons esprits
réclamaient en ce point une réforme, et la jurisprudence de plusieurs parlements l'avait déjà consa-

crée. Quant à la puissance paternelle, la loi romaine fléchit aussi, car cette puissance ne pouvait plus, avec les idées nouvelles de liberté, durer toute la vie d'un fils, quel que fût son âge, et l'émancipation eut lieu de plein droit, comme dans le droit germain et coutumier. On enleva aussi au père le droit d'exhérédation ; est-ce avec raison qu'on affaiblit ainsi son autorité ? et ne se montra-t-on pas alors plus préoccupé de la liberté et des droits des enfants, que de ceux des pères ?

Nous sommes loin de contester la sagesse de ces réformes ; mais on y reconnaît l'esprit qui dominait alors toutes les institutions, et dont nos législateurs, à leur insu même, se laissèrent dominer. Ainsi, on réhabilita bien le mariage, on reconnut les obligations que faisait naître pendant la vie cette union des époux ; mais on ne rendit pas au lien conjugal toute sa force, en ne donnant pas à l'un, sur les biens de l'autre, le droit de succession réciproque de l'authentique *præterea*. Ce droit nous paraît dériver comme une des conséquences les plus justes de la nature du mariage, on devait le consacrer comme tel, car indépendant du régime dotal ou de la communauté, de la nature et de l'origine des biens, il n'était pas moins nécessaire dans l'un que dans l'autre régime. Qu'importait alors quelle que fût son origine, qu'il eut pris naissance dans les pays de droit écrit ou dans ceux de coutume, la communauté ou le régime dotal, il comblait une lacune qu'on a, depuis lors, bien des fois reprochée à ce dernier.

Pour le régime d'association conjugale, trois systèmes se présentaient : le régime dotal, celui de la communauté et celui de la séparation des biens ; mais ce dernier n'existant que par exception, n'ayant pas de territoire, la lutte ne pouvait être sérieuse qu'entre les deux premiers ; elle le fut (1). D'abord le contrat de mariage est indépendant du mariage lui-même, et les trois systèmes sont réunis et réglés dans notre Code ; on y laisse à chacun une liberté nécessaire pour régler des conventions où souvent les circonstances obligent à modifier les dispositions de la loi générale.

Le régime dotal de notre code Civil repose sur les mêmes principes que dans nos pays de droit écrit, mais il a reçu quelques modifications dans ses parties accessoires. La constitution d'une dot est toujours nécessaire pour pouvoir s'y soumettre, mais

---

(1) Nous ne rappellerons pas ici la discussion qui eut lieu au conseil d'État à cette occasion. Elle se trouve tout entière dans les procès-verbaux des conférences du conseil d'État, et dans l'analyse de M. Maleville, qui sont entre les mains de tout le monde.

elle n'est plus obligatoire de la part du père. La femme a hypothèque légale tacite pour sa dot depuis le jour du mariage ; la loi de brumaire an VII a été abrogée, et c'est le système hypothécaire romain que notre Code civil a adopté ; mais la loi *Assiduis* n'est pas plus admise que dans la majorité des pays de droit écrit. On a conservé les bases du régime dotal, tout ce qu'il faisait pour la famille ; mais ce qu'il faisait dans l'intérêt des époux a été supprimé, et il n'y a plus aujourd'hui, dans notre Code, ni gain de la dot de la part du mari, ni augment, ni autres droits en faveur de la femme. Le régime dotal consacrait sans doute l'indépendance des époux et de leurs patrimoines, mais ne méconnaissait pas, au moins lorsqu'il était complet, leurs droits réciproques.

Le régime de la communauté repose toujours sur la distinction nécessaire dans ce système des meubles, des conquêts et des propres ; sur la confusion des dettes des conjoints, qui suivent ainsi les meubles, puisque les immeubles ne tombent pas en communauté, et que la femme en y renonçant, se décharge des dettes ; sur le pouvoir exorbitant du mari, qui peut aliéner à titre onéreux, et même perdre les biens communs. Ce pouvoir est toujours la base de ce système, c'est l'ancien *mun-*

dium ou *mainbournie,* mais il a reçu dans notre Code quelques restrictions dans ses conséquences ; on en a aussi laissé subsister d'autres qui ne sont pas moins dangereuses pour les époux que pour la famille, mais qui tiennent nécessairement à la nature de cette puissance, et ne peuvent disparaître qu'avec elle (1). En vain, par le système des récompenses, on a voulu établir une sorte d'égalité entre la femme et le mari, elle n'est pas possible dans ce régime. On donne aussi, il est vrai, à la femme, la ressource de la séparation des biens et de la renonciation contre les abus de la puissance maritale, et on permet de modifier la communauté légale par un très-grand nombre de clauses fort en usage, comme nous l'avons dit dans l'ancienne jurisprudence et que le législateur a pris la peine de régler dans de très-nombreux articles : comme elles sont une exception plutôt qu'une partie de la communauté proprement dite, et qu'elles exigent des

---

(1) C'est la communauté des dettes des époux. On sait que dans l'ancienne jurisprudence, les clauses de séparation de dettes étaient fréquentes, et M. Maleville les conseille dans le mariage, afin d'éviter les suites dangereuses de la communauté en pareille matière. Cette confusion des dettes, qui est le plus souvent la cause de la ruine des familles, est, ainsi que la distinction des meubles et des propres dont elle dérive, une source d'injustice et d'inégalité entre les époux.

conventions particulières, un contrat de mariage, nous n'en parlerons pas.

Quant à la garantie légale, qui servait en quelques sorte de contre-poids à la puissance et aux droits du mari, qui avait été introduite pour relever la dignité de la mère de famille, et qui formait pour elle et pour ses enfants un patrimoine assuré à l'abri des infortunes et des dissipations du mari, on ne la retrouve plus dans notre Code, et cependant c'était là une des parties essentielles de la communauté. Elle disparut avec bien d'autres institutions utiles dans la tourmente révolutionnaire. Dominés par l'esprit de cette époque ou plutôt acceptant ici les errements de leurs devanciers, nos législateurs modernes n'eurent pas la pensée ou le courage de rétablir le douaire. Son abrogation dans nos lois a donc pour unique motif un article de la loi de l'an II, interprété par la Convention !

CONCLUSION.

Le régime dotal et celui de la communauté, tels qu'ils existent dans notre Code, ne sont que deux systèmes tronqués et mutilés par les lois révolutionnaires. Auparavant ils étaient complets, chacun dans leur législation et leur territoire, en harmonie avec les mœurs et les besoins des habitants du pays où ils dominaient. Ils ne le sont plus aujourd'hui ni l'un ni l'autre. Mais, même en cet état, toute transaction est impossible, car leurs principes toujours les mêmes sont opposés, et on a supprimé précisément ce qui établissait quelques rapports entre eux. Aussi lors de la rédaction du Code, on ne put par une combinaison quelconque mêler et réunir l'élément romain et l'élément germanique, on laissa subsister les deux régimes; mais il fallait un droit commun pour toute la France, et ils ne pouvaient l'être l'un et l'autre simultanément; on dut choisir. Le système que l'on adopterait devait être en harmonie avec les mœurs générales et les besoins de cette époque; il devait l'être aussi avec les autres principes de nos lois sur la transmission et la jouissance des biens.

Les propres de succession qui avaient donné naissance à ceux de communauté, n'existaient plus même de nom. Les dettes suivaient les immeubles comme les meubles, toute raison de différence entre eux avait disparu dans les successions et dans les contrats. La loi coutumière était devenue inapplicable en tout ceci : elle avait été remplacée par la loi romaine. La puissance maritale n'était pas non plus la *mainbournie* et c'étaient là les bases de la communauté dans le droit coutumier ; elle semblait même ne pouvoir exister sans eux. D'un autre côté, les fortunes par suite des lois de la révolution se divisaient et se mobilisaient de jour en jour, et la loi coutumière n'était pas faite pour les meubles, elle était même devenue impuissante pour les immeubles, et cependant on préféra la communauté, la loi coutumière !

Depuis lors, les raisons qui auraient dû faire rejeter la communauté sont les mêmes, car la distinction des biens s'efface tous les jours davantage ; les règles du Code se consolident toujours plus par leur application, la richesse mobilière augmente par le commerce et l'industrie, et aussi parce que notre Code a déclaré meubles une partie importante de l'ancienne fortune immobilière, les rentes et les offices. Les dots des femmes sont presque toutes mobilières et sans comparaison possible pour leur importance avec ce qu'elles étaient jadis, dans les pays de coutume où les meubles étaient fort peu de chose et les dots des filles encore moindres. Ce sont les conséquences du nouveau système des successions. Il faut donc à ces dots des garanties de conservation, dont alors elles n'avaient pas besoin. C'est à une époque, avec des mœurs et dans une législation toutes contraires aux nôtres que le régime de la communauté avait pris naissance et s'était développé. Le régime dotal au contraire est nécessairement en harmonie avec les lois nouvelles sur la division et la transmission des biens, et avec nos mœurs, puisqu'il est né des unes et s'est développé au milieu des autres. Il convient aux meubles comme aux immeubles et assure à la famille et à l'épouse la conservation de la dot.

Cependant nos législateurs modernes ont en adoptant le régime romain dans les successions et la division des biens, préféré le régime du droit coutumier, dans le contrat de mariage ; ils ont ainsi mis en présence des principes contradictoires, qu'il était bien difficile d'associer sans tomber dans des anomalies. Aussi partout où l'élément germanique est associé à l'élément romain, dans notre Code, non pas seulement dans le régime de la communauté rapproché de celui des successions, mais dans ce dernier lui-même, on rencontre des contradictions qui choquent et dont on ne peut se rendre compte qu'en remontant à l'origine des deux systèmes et en pénétrant la raison de leur antagonisme constant que n'a pu détruire leur association dans notre Code.

A adopter un régime ou plutôt une législation,

il fallait l'adopter dans son entier, et ne pas le morceler, « d'autant qu'une police (une législa-
« tion), comme dit Montaigne (1), c'est comme un
« bastiment de diverses pièces jointes ensemble
« d'une telle liaison qu'il est impossible d'en ébran-
« ler une sans que tout le corps ne s'en sente. »

En Allemagne où la communauté existe sous toutes les formes possibles, et où chaque province, chaque ville libre a ses lois, a ses statuts, leur système est complet et conséquent avec lui-même. Ainsi dans les villes commerciales où la distinction des meubles et des propres ne subsiste pas, il n'y a pas non plus ce régime de communauté particu-lière qui la rend nécessaire; mais on y a admis le régime de communauté universelle de tous biens meubles et immeubles indistinctement, qui nous paraît bien plus rationnel, que celui de notre Code civil. Dans les provinces, au contraire, où l'on a suivi celui de notre communauté légale, il repose toujours sur ses anciennes bases, il est en har-monie avec les lois des successions; et les propres subsistent encore dans ces pays avec tous leurs priviléges et leurs anciennes règles de transmis-

______

(1) Montaigne, *Essais,* liv. I. chap. XXII.

sion, comme dans la France coutumière avant la révolution de 1789 (1).

En donnant la préférence au régime dotal, nous ne nous dissimulons pas qu'il aurait besoin de quelques réformes, si l'on peut appeler de ce nom le rétablissement d'une institution qui lui convient si bien, le droit de succession de la femme; il est vrai de dire aussi que la communauté a des avantages qu'il n'a pas lui-même ; chaque régime a les siens. Nous avouerons même qu'il apporte quelques entraves au mouvement et à la circulation du patrimoine; mais s'il nuit au commerce, il est avantageux à la famille, et c'est l'intérêt de la famille qui doit prévaloir dans le mariage et dans le régime d'association conjugale qui en est la conséquence.

Le régime dotal est aussi ancien en France, plus ancien même que la communauté, nos conclusions en sa faveur ne sont donc pas indignes d'un Français et ne nous soumettent pas à ces con-

____

(1) C'est là sans doute le motif qui fait que **M. Zœpfl**, dans un article de la *Revue étrangère* déjà cité, maltraite si fort le régime dotal au profit de la communauté de notre Code civil. « Du moins, « dit-il, en Allemagne devons-nous savoir gré au Code civil d'avoir « remplacé par un système purement germanique ce régime dotal « du droit romain qui, à une époque de barbarie pour la jurispru- « dence, avait été imposé à l'Allemagne comme droit commun. »

sidérations de Montaigne (1) qui s'appliquent à tous les novateurs en pareille matière. « Il y a « grant à dire entre la cause de celui qui suit les « formes et les lois de son pays, et celui qui en- « treprend de les régenter et changer; celui-là « allègue pour son excuse la simplicité, l'obéis- « sance et l'exemple, quoi qu'il fasse ce ne peut « être malice, c'est pour le plus malheur. *Quis est* « *enim quem non moveat clarissimis monimentis tes-* « *tata consignataque antiquitas?* L'autre est bien « plus rude party, car qui se mesle de choisir et « de changer, usurpe l'autorité de juger et se « doit faire fort de voir la faute de ce qu'il chasse « et le bien de ce qu'il introduit. »

(1) *Essais*, liv. I. chap. XXII.

FIN.

APPENDIX.

I. — Introduction.

Extrait des *Acta Sanctorum,* mois de mars, tom. III,
pag. 308. — Adrewaldus, *De miraculis sancti Benedicti,*
lib. I, p. II, cap. II, n° 8 : « Decurso exinde non modico
tempore, alia iterum oboritur controversia, inter præ-
fatum cujus loci advocatum atque advocatum sancti
Dionysii, colliguntur ab utriusque partibus plurimi legum magistri et judices qui pro partibus decertarent.
Præterea aderant in eo placito missi a latere regis, Jo-
nas episcopus Aurelianensis et Donatus comes Milidu-
nensium. Sed cum litem in eodem placito finire nequi-
rent, *eo quod salicæ legis judices, ecclesiasticas res sub Romana constitutas lege* discernere perfecte non possent,
visum est missis dominicis placitum Aurelianis mutare.
Venientes itaque ad condictum locum, magistri et judices utraque ex parte acerrime decertabant ; aderant
namque legum doctores, tam ex Aurelianensi quam ex
Wastinensi provincia. Enim vero longiuscule protra-
hebant, eo quod nec hi cedere illis, nec assensum aliis
præbere vellent. *Tandem adjudicatum est, ut ab utraque
parte testes exirent qui, post sacramenti fidem, scutis ac ba-
culis decertantes, finem controversiæ imponerent.* (Ce genre
de preuve n'était certainement pas tiré du droit romain.) Sed cum id justum rectumque visum fuisset omnibus, quidam Wastinensis legis doctor, verens ne si
duo inter se decertarent testis eorum reprobus inveni-

retur judicium protulit; non esse rectum ut propter res ecclesiasticas testes decernerent, imo magis inter se mancipia advocati partirentur. Cujus sententiæ Genesius vice comes favens, rectius dixit esse mancipia dividi quamtestes bello decernere, in eamque sententiam concilium omne deflexit. »

II. — Première partie. Livre II.

Formulæ veteres secundum legem Romanam, de Sirmond.

XVII. *Donatio inter virum et uxorem quæ gestis sit alligata.*

Quicquid enim inter conjugatos de propria facultate, ob amorem dilectionis invicem condonare placuerit, scripturarum necesse est titulis alligari, ne in posterum ab hæredibus eorum possit convelli, quía *secundum legem, si manente conjugio vir uxori, vel uxor marito aliquid donaverit, si is cui donatum est prior mortuus fuerit, apud donatorem ea quæ donata fuerant remanebunt.* Igitur ego in Dei nomine ille, dulcissima conjux mea illa, si prius mortuus fuero quam tu, dono tibi per hanc epistolam donationis, donatumque in perpetuum esse volo, tres partes de omni re facultatis meæ, quantumcumque in pago illo, in villis nuncupantibus illis habere visus sum.... Hæc omnia cum omnibus appenditiis, suisque adjacentiis vel cum omni supraposito tibi dono atque transfundo, *quartam vero legitimis heredibus meis reservo, quia malo hoc habere te, quam me, plus te quam cæteros heredes meos.* Similiter ego in Dei nomine illa dulcissimo jugali meo illo, si prior mortua fuero quam tu, dono tibi per hanc epistolam donationis... Si quis vero, quod fieri non credimus, si fuerit ullus de heredibus nostris vel quælibet persona quæ contra has epistolas uno tenore conscriptas, quas inter nos fieri rogavimus, aliquid agere vel refragare conaverit, illud quod repetit non vindicet et insuper contra cui litem intulerit sol. tantos coactus exsolvat. Et hæ epistolæ contulitionis, cum stipulatione Aquiliana, nostris vel bonorum hominum manibus roboratæ firmæ permaneant.

III. — Formules de Mabillon.

XL. *Incipit jus liberorum.*

Dulcissimo et cum integro amore diligendo Jocali meo illo, illa. Sane in Dei nomine mente sanoque consilio meditantes casus humanæ fragilitatis corpore, ne nos contingit ultimus dies inordinatus, quod Deus avertat, de hujus seculi lustris discederemus (pro *discesserimus*) debitumve naturæ compleverimus, dum in terra nos sobolem non habemus, nostrumque elegimus, conspirante Deo, commune consilio, per cartolæ textum nostrum voluntate conscribere, ideo ego memoratus illi, si tu mihi dulcissima conjux illa superstes fueris, cum ego de hac vita discessero, debitumve naturæ complevero, tunc tu tres portiones de omni corpore facultatis meæ... Si proles interim non fuerint procreati tibi transcribo. . Cum omni jure et soliditate eorum integrum sicut a me fuit possessum possidendum tuo jure recipias et perpetualiter possideas, et quicquid exinde elegeris, faciendi liberum potiaris arbitrium. Quia aliter rem ipsam quam quod heredibus meis, illa vero quarta portione reservaverunt hanc contra vos propinquorum hæredibus legitimis meis reservo, ut tu conjux mea illa, illas tres portiones, et ipsi hæredes mei, illam quartam similiter debeatis percipere et possidere.

IV.

Charte de l'an 1005. — Contrat de mariage passé
à Marseille (rapporté par Ruffi, *Histoire de Marseille*, tom. 1, pag. 484).

« Omnipotens Deus quatuor elementis mundi, condi-
dit hominem, quem ex quatuor litterarum elementis,
Alpha et Delta, iterum Alpha et Mi, ei nomens impo-
nens vocavit Adam; quem intuens alterius egentem so-
latio, ex latere ipsius dormientis formavit Evam quæ
estimatur cunctorum viventium hominum mater, quam
illi dedit sociam. Tali igitur causa copulationis, mox in
orbem inolevit terrarum ut ad solatium quisquis vir habeat conjugium. Quod non voluptatis causa sed potius
amore filiorum exigere volens, ego Fulco desponsæ
mihi, *Juxta legem meam Romanam Odilæ, dans illi primi
osculi per sponsalitium*, præsens in comitatu *Tolonensi*,
et in villa quæ vocant Solarios, similiter et in villa quæ
vocant Cœsamta, dono tibi similiter et in villa quæ nun-
cupant Cugia; dono tibi quantum ibidem habeo in valle
Tretensi in villa quæ dicunt olearias; quantum ibi habeo
dono tibi et insupra dono tibi servos quorum hæc sunt
nomina dominica cum filiis suis et filia sua unde id est.
Ex omnibus supra scriptis rebus quamdiu vixerit, re-
mota omni inquietudine habeat potestatem tenendi et
possidendi heredibus qui de me in illa procreati fuerint
derelinquendi. Si quis autem hoc *sponsalitium* futuris
inquietare voluerit temporibus, quod tentaverit non
vindicet; sed componat cui litem intulerit auri libras
quinquaginta, postea inconcussum obtineat. Auctum publice, septimo calendas maii anno dominicæ incarnationis millesimo quinto indictionis. Signum Fulconis qui
hoc sponsalitium scribi et firmari rogavit.

Ego Fulco dono supradictæ conjugi meæ Odilæ per hu-

jus testamenti, dotem sicut lex Romana jubet ex omnibus quæ per *sponsalitium* suæ, *dotalitium* ei concedo firmissimam donationem et insuper ex omnibus quæ et præsenti
die et deinceps adquirere potero, in mancipiis videlicet, in
auro et in argento, in pecudibus etiam et jumentis, et
in omni re mobiliari quæ dici possunt medietatem tri-
buens ei ex his omnibus potestatem habendi et possidendi, heredibusque qui de me in illo procreati fuerint derelinquendi; si quis autem hanc dotem futuris
inquietare voluerit temporibus, quo tentaverit non vindicet sed componat cui litem intulerit auri libras quinquaginta; et postea hæc conscriptio inconvulsum obtineat vigorem. Auctum publice septimo calendas maii,
anno dominicæ incarnationis millesimo quinto, indic-
tione septima. Signum Fulconis qui hanc dotem scribi
et firmari rogavit manu sua firmat; firmat Pontius episcopus; Willelmus firmat; Garinus firmat; Pontius ju-
venis firmat; alius Pontius firmat; fir. Lambertus.
Arcadis presbyter scripsit, mandante Deodato, cancel-
lario Massiliæ urbis (ex archivis sancti Victoris Massi-
liensis). »

Cette charte est remarquable en ce qu'elle contient,
outre le *sponsalitium*, une seconde donation faite à la
femme *in dotalitium*, qui confirme la première et surtout
en ce que le mari dispose en faveur de son épouse, par
contrat de mariage, de la moitié de tous ses meubles.

V.

Charte de 1095. — *Sponsalitium* de Bernard, fils
de Raymond, comte de Toulouse (*Histoire du
Languedoc*, tom. 11, *Preuves*, n° 311).

« In nomine Domini nostri Jesu Christi, hic est titulus
dotis et donationis quod donat vir nobilissimus nomine

Bertrandus dilectæ sponsæ vel uxori suæ nomine Elictæ. Cum omnipotens Deus in principio similia creavit, noluit ut hominem solum maneret, sed dedit illi adjutorium parmotum sociam, benedixitque illi et ait : Crescite et multiplicamini, et replete terram, et subjicite eam, et dominamini piscibus maris et volatilibus cœli et universis quorum obtinet monarchia orbis. Quorum exemplo ego informatus, nempe Bertrandus, et apostolicis monitis fultus volo nubere, filios procreare, paterfamilias esse; teque, dilecta mea, in matrimonio copulare; et ob amorem tui et decorem filiorum a nobis procreandorum dono tibi in tuo *sponsalitio* et dotatione civitatem Ruthenis cum comitatu, *sicut lex mea Romana est.* Insuper dono tibi in *dotalitio* Vivariam civitatem cum comitatu et episcopio, et civitatem Avinionensem cum comitatu et episcopio, et civitatem Signani cum comitatu et episcopio, sicut *lex mea Romana est.* Hæc omnia superius nominata tibi uxor mea ad integrum dono, quantum ibi habeo vel habere debeo per ullasque voces in tali pacto deliberatum ut dum vivi fuerimus insimul habeamus et teneamus, atque possideamus; *et si infantes habueris qui de me Bertrando fuerint procreati et de te Electa nati, post obitum nostrum ad illos revertatur præscriptum honorem; si vero infantes de me* non habueris et mihi supervixeris, habeas, teneas, et post obitum tuum habeant illi quibus tu dare aut dimittere volueris, omnique tempore. Facta carta ista in mense junii anno dominicæ incarnationis MXCV, ind. IIII, regnante Philippo Francorum rege. Si quis autem hanc cartam donationis homo utriusque sexus voluerit infringere adnihiletur, et componant tibi qui hoc facere voluerint in vinculum, *mille libras* auri puri. Sign. Bertrandus qui hanc cartam donationis fecit, firmavit atque eam testibus firmari rogavit. — Sign. Raymundus Tolosanus comes, dux Narbonæ et marchio Provinciæ, pater suus firmat. Sign. Guilbertus de Sauriaco, firmat. Sign. Dodo de Samatœno firmat. Sign. Ugo Guillelmus firmat. Sign. Willermus de Sabrano firmat. Sign. Petri de Gada firmat. Sign. Pontius Raynardi de Mezennis firmat. Sign. Pontius de Bargiaco firmat. Johannes Raymundi scripsit. »

Dans cette charte comme dans la précédente, on trouve le *sponsalitium* et le *dotalitium* comme donations distinctes dans le même acte, ce qui prouverait que le douaire était associé à la donation romaine, même dans les pays de droit écrit, où l'on retrouve dans les contrats de mariage comme en d'autres points l'influence de l'élément germanique. La formule de la charte suivante est curieuse sous ce rapport.

VI.

Donation à cause de noces de Pons comte de Toulouse. — Charte de 1037 (*ubi suprà*, n° 200).

Multum declarat auctoritas et lex Romanorum et Gothorum sive Salicorum, ut unusquisque homo de propriis rebus suis dare aut cedere aut conservare voluerit licentiam habeat ad faciendum. Quapropter ego in Dei nomine Pontius dono tibi dilectæ sponsæ meæ... In tali vero ratione ut dum tu vivis teneas atque possideas, et post obitum tuum remaneat ipsius alodis ad infantes qui de me Pontio erunt creati, et de utere tuo nati. Et si tu sponsa mea majore me supervixeris teneas et possideas ipsos alodes in vita tua, et si mortua fueris sine legitimo herede ad propinquos meos revertatur.

VII.

Charte de 1105. — Contrat de mariage entre Métiline, fille de Bernard Aton et Arnaud de Béziers (*Histoire de Languedoc*, tom. II, *Preuves*, n° 342).

« Donamus tibi Arnaldo filio nostro et uxori tuæ Metilinæ filiæ Bernardi Atonis, *in sponsalitium et donationem propter nuptias*.... ut habeatis et teneatis totum supradictum honorem vos et infantes vestri; quod si tu Arnalius mortuus fueris postquam habueris illam Metilinam in uxorem quod non habeas infantes de ipsa, habeat ipsa supradictum honorem in vita sua; post mortem ejus, deliberet totus supradictus honos ad prædictos de te filio nostro. »

VIII.

Contrat de mariage entre Tiburge d'Omélas ou de Montpellier, et Aymard de Murviel, de 1149 (*Histoire de Languedoc*, tom. 11, *Preuves*, n° 480).

« In nomine Domini nostri Jesu Christi, anno incarnationis ejusdem MCXLIX mense februario, ego Guillelmus de Omellacio tradens filiam Tiburgiam in matrimonium tibi Ademaro de Muroveteri, dono tibi pro ea in dotem.... totum istum honorem jam dictum, et præterea mille solidos melgorienses quos in eadem dotem tibi numero, tali tenore nomine dotis tibi Ademaro de Muroveteri dono, quod habeas, teneas et utaris et fruaris in vita tua : post mortem tuam, si filiam meam uxorem tuam Tiburgetam supervixeris, ad infantem seu infantes quos ex ea habueris totum revertatur; sin autem, ad me vel ad propinquos meos. Et ego, Ademarus de Muroveteri dono et mitto in *sponsalitium* seu in *donationem propter nuptias* tibi Tiburguetæ uxori meæ,.... quod post mortem, si me supervixeris habeas et teneas, et utaris fruaris in vita tua, et post mortem tuam ad

infantem vel infantes, si quos communes habuerimus,
revertatur; sin autem ad meos propinquos. Hoc autem
sponsalitium juraverunt super sancta Dei Evangelia,
quod ita teneatur et observetur præfatæ Tiburguetæ. »

IX.

Charte du 9 novembre 1363. — Mariage de Guillaume comte de Beaufort et d'Alès, avec Catherine d'Adhémar (Papon, *Histoire générale de Provence*, tom. 111, *Preuves* (n° 46).

« Anno incarnationis 1363, die 9 novembris tractatus
de matrimonio contrahendo. Dictus Hugo Adhemarii
assignat in dotem dictæ dominæ Catharinæ, videlicet
quinque millia florenorum auri de Florentia. Et dictus
dominus comes Bellifortis *in osculum dictique matrimonii
contemplationem*, dedit dictæ dominæ Catharinæ, videlicet castrum et castellaniam sancti Stephani.... »

X. — Deuxième partie, liv. I.

Lex Salica (Pactus antiquior), tit xLIX. — *Reformata*, tit. xLVI, *De adframire*, ou *De affatomie*.

«Hoc convenit observare ut Tunginus aut centenarius
mallum indicent, et scutum in ipso mallo habere debet
et postea tres homines tres causas demandare debent ;
postea in ipso mallo requirant hominem qui ei non pertinet et sic festucam in laisam jactet, et ipsi in cujus
laisam festucam jactaverit, dicat verbum de fortuna sua
festucam ei voluerit dare. Postea ipse in cujus laisam
festucam jactavit, in casa ipsius manere debet et hospites tres suscipere et de facultate sua quantum ei datur in potestate sua habere debet et postea ipse cui
creditum est, omnia cum testibus collectis ista agere

debet et sic postea ante regem, aut in mallo legitimo illi cui fortunam suam deputaverit reddere debet, et accipiat postea festucam in mallo ipso, et ipsum quem hæredem deputaverit ante duodecim (xii) menses in laisio suo jactet nec minus, nec majus, quantum ei creditum est. Et si contra hoc aliquid dicere voluerit, tres testes habere debet qui jurati dicunt, quod ibi fuerint in mallo quod Tunginus aut centenarius indixerunt, et quo modo vidissent hominem illum quod fortunam suam donavit in laisam illius quem jam elegerat festucam jactare, et nominare debent qui festucam in læsam jactavit, necnon et illum in cujus læsam festucam jactavit, et illum quem hæredem appellavit; similiter nominent alii testes jurati et dicant, quod in casa illius qui fortunam suam donavit ille in cujus læsam festucam jactavit ibidem mansisset et hospites tres vel amplius collegisset et pavisset, et ei ibidem gratias egissent et in feudo suo pultos manducassent et testes collegissent. Ita omnia alii tres testes jurati dicere debent quoniam in mallo legitimo, vel ante regem, qui accepit in læsam festucam, fortunam suam donavit, et ille acceperit in mallo, hoc est in Theada vel Tunginum, fortunam illam qua hæredem eum appellavit publice coram omnibus hominibus, festucam in læsum ipse jactasset; et hæc omnia novem testes debent affirmare. »

XI.

Lex Salica, De reipus, tit. xlvii (Pactus Antiquior)
Lex Salica reformata, tit. xlvi.

« Si quis ut adsolet, homo moriens viduam dimiserit et eam quis in conjugium voluerit accipere, antequam eam accipiat Tunginus aut centenarius mallum indicent, et in ipso mallo scutum habere debet et tres homines vel causas mandare, et tunc ille qui viduam accipere vult, cum tribus testibus qui adprobare debent, tres solidos æque pensantes et denarium habere debet et hoc facto, si eis conveniat, viduam accipiat. — II. Si vero ita non fuerit et sic eum acceperit, 2,500 denarios qui faciunt, 62 solidos, cum dimidio culpabilis judicetur.—III. Si autem quæ superius diximus omnia secundum legem impleverit et tres solidos, et denarium ille cui *Reiphe* debetur acceperit, tunc eam legitime accipiat. — IV. Hoc discernendum videtur cui reipus debeatur.... »

Reiphe, Re Effe, matrimonium iteratum.

XII.

Qualiter vidua salica spondetur. Nam de puella fit ut de ceteris (Canciani, tom. II, p. 476).

« Comite missove Regis, cum septem judicibus, in judicio residente, Tungino vel centenario placito banniente, fœmina vidua salica tali tenore et ordine spondetur. Adsunt enim novem homines quorum tres sunt actores, tres qui rei, tres ut testes hujus omnis rei et solidos III et unus denarius æque pensantium ita ut hi actores utantur actionibus quarum due semper jurejurando indigeant terminari, velut controversia de antes testura et de consilio mortis. Tertia vero actio semper duello gaudet examinari, actorem clepio et baculo præparato ut de facto, super sex solid. et deposito 20 et ultra, sed factis actionibus et jure pro iis datis vadimoniis a reis, actores baculos vadimonii reis restituant. Hoc facto et a sponsuro pretio supradicto repario dato, debet mulier inquiri, an eligat eum virum, de quo sit placitum sibi; quod cum mulier affirmaverit, tunc debet pater sponsuri interrogari si filio suo consentit, et post orator incipiat: notum sit vobis quirites, si a Deo factum ordinatumque fuerit, quod Fabius venerit ut sibi Sempronia relicta quondam conjux Thersitis, et quæ est ex *genere Francorum* filio Ciceronis, vobis præsentibus Fabio spondeatur, et Senecæ suo repaldo. Quo a Fabio confirmato, Seneca ab oratore interrogatus respondeat sponsalibus, et primo orator interroget Fabium qua lege vivendo utatur; si dixerit verbi gratia salicha, tunc orator dicat : O Fabi, da Senecæ vadimonium, ut faciat Semproniæquæ, defunto te Seneca, jure tuo securitat em scripturarum, et tertiæ partis omnium quæ nunc habes, vel adquisitionis, tam mobilium quamque immobilium, seu familiæ, et si hoc non feceris ut componas decem libras auri. Quo vadibus firmato, tunc gladius cum clamyde tenditur a Seneca, et orator dicat : Per illum Gladium et Clamydem sponso Fabio Semproniam tuam repariam quæ est ex genere Francorum. Quod cum Seneca firmaverit, tunc orator dicat ad Fabium accipientem Gladium cum Clamyde; dicat ei : O Fabio tu per eumdem Gladium et Clamydem commendatam tibi, donec fuerit inter te et illum conventio. Quo facto, tunc Seneca det Fabio vadimonio quod dederit Semproniam ad legitimum conjugium, et mittat eam sub *mundio*, cum omnibus rebus mobilibus aut immobilibus quæ ei legibus pertinent. Et Fabius det Senecæ vadimonium eam recipiendi, et si quis eorum se subtraxerit componat X libras auri. Quo facto tunc Fabius eam subaret annulo et post tradatur cartula donationis et dotis, et scripta ibi legantur, et Seneca det conjugio Semproniam Fabio.—Hoc facto det Fabius Senecæ crosnam unam valentem xx solidos et orator dicat: O Seneca, tu per hanc crosnam mitte sub *mundio* hanc cum omnibus mobilibus et immobilibus seu familiis quæ ei legibus pertinent, et mundium et crosnam trade propriam Fabio. Quo facto, tunc Fabius cum Sempronia uxore, Lonechild Senecæ tribuat.

XIII.

Charta donationis inter virum et fœminam de eorum rebus.

Marculfe, *Formulæ*, II. 7 : « Quicquid enim inter conjugatos, de propria facultate, manente caritate, pro amore dilectionis, in invicem condonare placuerit, scripturarum necesse est titulis alligare ne in posterum ab hæredibus eorum vel a quocumque possit convelli. Igitur ego in Dei nomine ille, et tu dulcissima conjux mea illa, dum et inter nos procreatio filiorum minime esse videtur, ideo convenit nobis, ut omne corpus facultatis nostræ, invicem usufructuario ordine condonare debeamus; quod ita et fecimus. Proinde dono tibi dulcissima conjux mea, si mihi in hoc seculo superstes fueris, omne corpus facultatis meæ, tam de alode, aut comparato, vel de quolibet adtractu ubicumque habere videor, et *quod pariter in conjugio positi laboravimus*, tam terris, villabus, domibus cum omni præsidio, accolabus, mancipiis, vineis, campis, pratis, aquis, aquarumve decurribus, auro, argento, vestimentis, peculio utriusque sexus majore vel minore; ita ut dum vixeris usufructuario ordine valeas possidere vel dominare ; excepto quod pro animæ remedio ad loca sanctorum condonavimus, ut inspecta nostra delegatione in omnibus conservetur, et quantumcumque de alode nostra post meum discessum, pro communi mercede, ad loca sanctorum legaliter condonare et delegare volueris, hoc licentiam habeas faciendi, et inspecta delegatione inconvulsum permaneat; in reliquum vero omnes res ipsæ, quantum post tuum discessum intestatum remanserit ad nostros legitimos revertatur hæredes. Similiter et ego illa, dulcissime jugalis meus ille, commonet te dulcitudo mea, in compensationem rerum tuarum quas in me visus es contulisse, si mihi in hunc seculum superstes fueris, dono tibi omne corpus facultatis meæ, ubicumque, undecumque, tam *de hæreditate parentum quam de comparato, vel quod pariter laboravimus totum et ad integrum*, tam in villabus domibus, excepto quod pro animæ remedio ad loca sanctorum delegavimus ut inspectis ipsis instrumentis, in omnibus conservetur, et quod de ipsa alode mea post meum discessum pro communi mercede ad loca sanctorum relinquere, vel ingenuos relaxare volueris licentiam habeas, et inspectis ipsis instrumentis, in omnibus conservetur; post tuum quoque discessum quicquid intestatum remanserit, ad nostros hæredes qui tunc propinquiores fuerint revertatur; si vero quod futurum esse non credimus, aliqui de hæredibus nostris, vel quicumque contra interdonationem, unde inter nos chartas uno tenore conscriptas firmavimus, venire aut infringere voluerit, nullatenus valeat vindicare, sed inferat partibus vestris cum cogente fisco, auri lib. tant. argenti tant. præsens vero epistola in nullo possit convelli, sed firma et inlibata permaneat. ›

XIV.

Marculfe, *Formulæ*, II. 17 : *Qualiter in uno volumine testamentum duarum personarum condatur.* « Regnante in perpetuum domino nostro Jesu Christo, anno illo, regnante illo rege sub die illo. Ego ille et conjux mea illa, sana mente, integroque consilio, metuentes casus humanæ fragilitatis, testamentum nostrum condidimus quod illi notario scribendum commisimus, ut quo modo dies legitimus post transitum nostrum, advenerit, recognitis sigillis, inciso lino, ut Romanæ legis decrevit auctoritas, per inlustres viros illos, quos in hac pagina testamenti nostri legatarios instituemus, gestis reipublicæ municipalibus, titulisque eorum prosecutione, ab ipsis muniatur. Igitur, cum jubente Domino de istius vitæ cursu migraverimus, tunc quicquid in omnibus pridie quam moriamur tenere videmur, quicquid et proprietate parentum, vel proprio labore seu ex munificentia a piis principibus percipere meruimus, vel de quibuslibet titulis atque contractu venditionis cessionis, donationis, vel undique Domino adjuvante ad nostram pervenit dominationem, tu tunc dulcissima conjux mea illa, et quos hæredes meos vos esse volo hæreditatem meam habetote. Reliqui vero hæredes, exhæredes sint. Ergo excepto quod unicuique per hoc testamentum dedero, darique jussero id ut fiat, detur præstetur, impleatur, te omnipotens Deus testem committo; villas vero illas, et illas sitas in pago illo filius noster ille recipiat, similiter villas illas filius meus vel filia illa, sitas in pago illo recipiat; villas illas basilica illa vel monasterium sita ibi recipiat. Id ut fiat, detur, præstetur, impleatur te omnipotens Deus ad defensandum committo : licet de omnibus dum advivimus nostrum reservavimus usum. Sed dum in villis quibusdam, quas superius memoravimus quas ad loca sanctorum et hæredibus nostris deputavimus, *quas pariter stante conjugio adquisivimus prædicta conjux tertiam habere potuerat*, propter ipsam tertiam villas nuncupatas illas, sitas in pagis illis, in integritate si nobis superstes fuerit in compensationem recipiat. Et quicquid exinde pro communi mercede, vel in pauperibus aut bene meritis nostris facere decreverit licentiam habeat : Et post ejus discessum si aliquid intestatum remanserit, hæredes nostri recipiant. Liberos, liberas, quos, quasque pro animæ remedio fecimus aut inantea facere voluerimus, et eis epistolas manu nostra firmatas dederimus, obsequium filiorum nostrorum habere cognoscant, et oblata, vel luminaria, juxta quod ipsæ epistolæ continent, ad sepulchra nostra tam ipsi quam proles eorum implere studeant. Et qui-

bus aliquid de facultate nostra contulimus, singulariter
in hoc testamentum nostrum inserere curavimus. Si tu
mihi dulcissima conjux superstes fueris et ad alium maritum, quod tibi Deus non permittat, transire volueris,
omnem facultatem meam quam ad usumfructum possidere tibi concessimus, vel quam a die præsenti deputavimus et habere potueras, hoc præsentialiter hæredes
nostri recipiant inter se dividendum. Itemque ego illa
ancilla tua, Domine et jugalis meus ille, in hoc testamentum promptissima voluntate scribere atque perpe-
tua conservatione rogavi ut si tu domne et jugalis meus,
mihi superstes fueris, omne corpus facultatis meæ,
quantumcumque ex successione parentum habere videor
*vel in tuo servitio pariter laboravimus et quod in tertia mea
accepi,* in integrum quicquid exinde facere elegeris, aut
pro animæ remedio in pauperes dispensare, aut ad vas-
sos nostros, vel benemeritis nostris, absque repetitione
hæredum meorum quod tua decrevit voluntas, faciendi
liberam habeas potestatem. Et post discessum vestrum,
quod non fuerit dispensatum, ad legitimos nostros revertatur hæredes. Hanc paginam testamenti, et manus
nostræ propriæ subscriptionibus, quod ex consuetudine
habuimus subscripsimus, et per personas reliquas stu-
duimus subscriptionibus roborari. Et ut hæc pagina hujus testamenti in disceptationem venire non possit, si
quæ lituræ caraxaturæ, adjectiones, superdictiones
factæ sunt, nos eas fecimus vel facere jussimus, dum
testamentum sæpius recurrimus vel mundavimus.
Si quis nostræ voluntati resistere, aut testamento
nostro cujuslibet calliditas conatus fuerit casu aliquo refragari, id implorantes divini nominis majestatem obtestamur, ut pro nostrorum omnium criminum
peccatis obnoxius in die judicii expers Ecclesiæ catho-
licæ communionis et pacis, ante tribunal Christi, pro
violata defuncti voluntate compellatur subire nego-

fin . : atque eum Dominus sua ultione quam promisit injustis, cum venerit seculum judicare per ignem, feriat, et accipiat in conspectu ejus damnationem perpetuam quam suscepit Judas traditor Domini. Illud namque estimare volumus ut si aliquis de heredibus vel pro heredibus nostris, seu quælibet persona contra hanc testamenti paginam, quam integra voluntate fieri rogavimus, venire aut aliquid pulsare voluerit, inferat contra quem repetit tantum, et aliud tantum quantum in hoc testamento continetur scriptum et insuper faciat fisco auri lib. tant. argenti tant. et quod repetit vindicare non valeat. »

Nous avons rapporté ces diverses formules dans cet *Appendix* parce que leur rapprochement nous a paru tout à la fois curieux et utile. — Les deux premières d'adoption et de mariage renferment les formes et solennités en usage dans l'ancien droit germain, d'après la loi salique ou ripuaire. Les deux dernières de donation ou de testament entre époux, quoique étant faites entre personnes vivant sous la loi salique ou ripuaire, et d'après les dispositions de ces lois ont une forme romaine. C'est ainsi que dans la plupart de ces formules on trouve l'application du droit germanique pour le fond, et de la loi romaine pour la forme ; ce qui nous explique cette association des deux lois, c'est que les formules étaient toutes rédigées par des moines ou des ecclésiastiques qui, suivant la loi romaine, l'appliquaient autant qu'ils pouvaient dans tous les actes ou contrats, en conservant pourtant, quant au fond, les dispositions des lois barbares. C'est ainsi que la nécessité de l'écriture et celle de l'insinuation furent appliquées à un grand nombre d'actes faits d'après le droit germain. Aussi nous pensons que pour juger de pareils actes, il ne faut pas s'en tenir à la forme, comme l'a fait M. de Savigny, pour la formule II. 7. (Voir *suprà*, 1re partie,

liv. II, chap. I.) La véritable forme de donation dans le
droit germain, est celle indiquée plus haut, et qui se
retrouve dans la formule 12, liv. I de Marculfe. Quant
au testament, il est d'origine romaine, et c'est du droit
romain qu'il a été introduit dans les formules, par les
ecclésiastiques. En effet, il était en usage parmi eux et
rendait d'ailleurs plus faciles les actes de dernière volonté en faveur de l'Eglise, donations dont nous avons
tant d'exemples, et presque toutes par testament. D'ailleurs, il suffit de jeter les yeux sur la dernière formule
rapportée, pour se convaincre de cette double origine
romaine et ecclésiastique du testament entre époux ou
entre toutes autres personnes.

FIN.

TABLE DES MATIÈRES.

PREMIÈRE PARTIE.

LIVRE PREMIER.

Du Régime dotal chez les Romains.

LIVRE SECOND.

Du Régime dotal en France.

DEUXIÈME PARTIE.

Droit Germain et Coutumier.

LIVRE PREMIER.

Anciennes lois des peuples d'origine germanique.

LIVRE DEUXIÈME.

Coutumes allemandes.

LIVRE TROISIÈME.

Droit coutumier français.

TROISIÈME PARTIE.

FIN DE LA TABLE.

www.ingramcontent.com/pod-product-compliance
Lightning Source LLC
LaVergne TN
LVHW050249060726